现代体育高职人才培养的五环模式

20 年卓越体育工匠培养的"湘体"创新实践

谭焱良　陆晓燕　柴英博　著

人民体育出版社

图书在版编目（CIP）数据

现代体育高职人才培养的五环模式：20年卓越体育工匠培养的"湘体"创新实践／谭焱良,陆晓燕,柴英博著. -- 北京：人民体育出版社，2021（2023.12重印）
ISBN 978-7-5009-5977-9

Ⅰ.①现… Ⅱ.①谭… ②陆… ③柴… Ⅲ.①体育教学－教育模式－高等职业教育 Ⅳ.①G807.4

中国版本图书馆 CIP 数据核字（2021）第 033116 号

人民体育出版社出版发行
北京中献拓方科技发展有限公司印刷
新 华 书 店 经 销

*

710×1000 16开本 15印张 269千字
2021年3月第1版 2023年12月第2次印刷

*

ISBN 978-7-5009-5977-9
定价：66.00元

___

社址：北京市东城区体育馆路8号（天坛公园东门）
电话：67151482（发行部） 邮编：100061
传真：67151483 邮购：67118491
网址：www.psphpress.com
（购买本社图书，如遇有缺损页可与邮购部联系）

序
PREFACE

职业教育是我国整体教育体系中的一个重要类型，而加快发展现代职业教育，是党中央、国务院作出的重大战略部署。高等职业教育作为我国教育的一个重要组成部分，其在性质上属于职业教育，定位于为社会培养高级应用型人才，而在层次上则属于高等教育，是推进高等教育大众化和普及化的重要力量。随着国家职业教育改革的全面推进，创新发展高等职业教育对加快构建现代职业教育体系具有现实意义。2019年发布的《国家职业教育改革实施方案》明确提出我国职业教育改革的一项重要任务就是要促进高等职业教育的高质量发展，要启动实施中国特色高水平高等职业学校和专业建设计划，建设一批引领改革、支撑发展、中国特色、世界水平的高等职业学校和骨干专业（群）。因此，各高职院校亟须主动探索、积极实践将这一顶层设计落到实处。

湖南体育职业学院作为一所以体育类专业群为优势和特色的高职院校，在体育人才的培养方面业已取得了一系列丰硕的成果。近年来，学校管理者坚持立德树人，以新发展理念为引领，遵循教育规律，注重内涵发展，对学校人才培养模式进行新一轮的精心建构和周密实施，经过长期主动的实践探索，凝聚形成了一种全新的人才培养模式——五环模式。这是一项具有鲜明现实意义和示范作用的改革，也是一项兼具系统性与整体性的改革，改革的成效现也在逐渐显现。本书呈现的正是这一改革成果的核心内容。

所谓模式就是一套相对稳定的可以照着做的程序，是理论联系实践的桥梁。模式不是一种理论上的说教，也不是一种具体的操作方式，而是有可靠的理论基础和实践依据的行动框架。本书把现代体育高职人才培养体系的五个基本方面，即目标、机制、过程、活动、评价看作五个环，这五个环节环环相扣。本书详细介绍了五环模式的内涵、理论依据、政策语境、内在结构和实施效果等，并针对各个环节的具体内容结合湖南体育职业学院的人才培养实践进行了详细的阐述，内容充实，材料可靠，叙述逻辑严谨。

总体而言，尽管本书呈现的改革成果仅代表一种相对特殊的探索，但仍然有一定的借鉴意义和推广价值：一方面可以继续指导湖南体育职业学院开展现代体育高职人才培养工作，并为其他同类高职院校的人才培养模式的改革提供启示与借鉴；另一方面，还可以为高等教育和职业教育的研究者提供研究的个案和素材。期待本成果能够得到进一步的检验、提升和推广，也期待更多更好的同类研究成果问世。

(北京体育大学原党委书记、校长，国务院学位委员会体育学学科评议组召集人，教育部全国高校体育教学指导委员会副主任)

前言
FOREWORD

当今社会发展日新月异，科学技术不断革新我们的生活，改变我们的生产方式，拉近了人与人、人与物之间的距离。经济迅猛发展的同时，也伴随着经久不衰的行业产业之间的竞争。近几年的跨行业、产业的降维攻击态势略微抬头，对行业、产业的变化与发展产生了巨大的影响。万物互联时代，一场席卷全球的疫情更是对所有经济体的发展造成了巨大冲击。与产业紧密对接的现代职业教育在新时代何去何从是职业教育者不得不慎重考虑的问题。

现代体育高职人才培养五环模式理论范畴与实践路径的研究是基于国内现代职业教育历史探索的前提，结合国外现代职业教育的理论与实践，根据当下职业教育的发展特点展开的研究。

人与动物区别的本质在于劳动。根据劳动内容的不同，人类便有了职业的区别划分。对劳动技能的传承与实践，即是职业教育的产生与发展。职业教育历经曲折发展到今天，积累了宝贵的经验。

三次工业革命对国外影响颇深，工业化程度较高的一些发达国家都形成了自身的职业人才培养模式。面对剧烈的政治、经济、生态等方面的变化，国外职业教育从传统学徒制走向了现代学徒制，从无组织到或政府集权、指导，或自发培养。

我国现代职业教育脱胎于近代救亡图存的实业救国运动，中华人民共和国成立后，党中央、国务院对职业教育发展极为重视。在建设工业强国与教育强国的背景下，从2014年起，以国务院办公厅为主的多部门联合下发通知文件，例如《国务院关于加快发展现代职业教育的决定》（国发〔2014〕19号）、《教育部关于开展现代学徒制试点工作的意见》（教职成〔2014〕9号）、《国务院办公厅关于深化产教融合的若干意见》（国办发〔2017〕95号）、《教育部等六部门关于

现代体育高职人才培养的五环模式
20年卓越体育工匠培养的"湘体"创新实践

印发〈职业学校校企合作促进办法〉的通知》（教职成〔2018〕1号）及《国务院关于印发国家职业教育改革实施方案的通知》（国发〔2019〕4号）等对全国的现代职业教育提出了指导性的方针、意见。各省市教育部门依据本地区的地域特征、产业优势制定出台地方性的政策制度，一定程度上促进了我国现代职业教育的发展。

关于职业教育的理论研究，要放到一定的社会经济背景下，要放在教育学的理论指导下，要借鉴其他领域理论研究成果。本书不仅对国内外教育家如卢梭、杜威、马克思、恩格斯、黄炎培、陶行知、凯兴斯泰纳、梅滕斯、顾明远的教育理论进行了探究，还对建构主义学派、经济学机制设计理论、第三部门理论、关键能力理论进行了研究与总结，同时借鉴了大量的职业教育类的新观点、新看法，站在巨人的肩膀上，从体育高职教育出发，以湖南体育职业学院办学经验为基点，总结了一套现代体育高职人才培养五环模式。

湖南体育职业学院是经湖南省人民政府批准、教育部备案，于2002年5月由湖南省体育运动学校（创办于1958年）和湖南职工体育运动技术学院（创办于1984年）合并组建而成的一所全日制公办普通高等职业学院，是湖南唯一一所全日制普通高等体育职业院校，2007年接受教育部人才培养工作水平评估达到"优秀"等级，2015年建成湖南省示范性（骨干）高职院校。学院是"国家高水平体育后备人才基地""体育行业特有工种职业（国家级）培训基地""中国人民武装警察部队士官人才定向培养基地"，被誉为"奥运冠军的摇篮"和"体育工匠的基地"，先后培养了熊倪、龚智超、杨霞、龙清泉、王明娟、田卿、向艳梅7名奥运冠军，唐九红等近50名世界冠军、200余名亚洲和全国冠军以及一大批复合型体育技术技能人才。

湖南体育职业学院特别注重人才培养模式的探索，2007年湖南体育职业学院在接受教育部人才培养工作水平评估时，初步凝练了"产、学、研、训、赛"五环相扣的人才培养特色。2013年，在院长谭焱良的主持下，湖南省教育体制改革试点重点项目"体育高职人才培养的'五环模式'改革"全面推进，借喻"奥运五环"，湖南体育职业学院"五环模式"的探索路径由此始发。谭焱良院长在2014年新学年全体教职工大会上提到建立"四方联动"育人机制，包括学校、家庭、社会、用人单位四方，这是机制环和评价环的理论雏形。他在讲话中同时提到，要构建"六求"素质拓展活动教育体系，这是活动环的理论雏形。此后，在每一年的全体教职工大会上，他都强调院内各部门、各专业要不断推陈出新，反复实践，将"五环模式"不断发展完善，贯穿人才培养始终。在2018年湖南教育政务在线访谈中，谭焱良院长第一次正式提出现代体育高职人才培养五环模式，并进行了系统阐述，这是现代体育高职人才培养五环模式第一次系统地呈现在众人面前。

在2008—2020年，湖南体育职业学院教师以五环模式为指引，在教研教改的道路上不断进行理论探索与实践，先后出版了一系列专著，如《大学生素质拓展活动教育研究》（湖南师范大学出版社2008）、《体育职业测量与评价》（上海科学技术文献出版社2009）；先后获得了一批教学成果奖，如2009年《创建"六求"活动教育体系，促进学生自主全面发展的研究与实践》荣获湖南省高等教育省级教学成果奖二等奖，2013年《提高社会体育专业人才培养质量的理论与实践探索》荣获湖南省高等教育省级教学成果奖三等奖；先后立项了一批课题，如《高等体育职业教育"产、学、研、训、赛"五环相扣人才培养模式研究与实践》（湖南省2013职业院校教育教学改革研究项目重点课题）、《基于"五环相扣"人才培养模式的体育文化融入体育高职院校课程体系研究》《三教改革背景下高职运动训练专业"五环相扣"的人才培养改革研究》《基于"五环相扣"人才培养模式下教学质量与就业率再平衡研究》《高职院校"五环相扣"的活动文化育人体系研究与实践》《"五环相扣"背景下高职健身指导与管理专业人才培养模式的优化研究》等；先后发表了一系列论文，如《高职"学、研、训、赛、产"五环相扣人才培养模式研究》（《教育与职业》2015）、《高职院校学生活动教育探究》（《太原城市职业技术学院学报》2016）、《"五环相扣"人才培养理念下高职社会体育专业教学资源库建设研究》（《高等教育前沿》2019）、《"学产研训赛"五环相扣的人才培养模式指导下高职健身指导与管理专业教学标准开发研究》（《教育科学》2019）、《论高职学生五环相扣职业核心能力体系建构》（《教育与职业》2020）等。

2016年3月，湖南日报发表题为《湖南体育职院：创新人才培养模式产教融合结硕果》的文章，对湖南体育职业学院五环模式进行了宣传报道，肯定了学院的人才培养质量。五环模式第一次经过媒体报道走进公众视野，接受社会各界的点评与指导，先后得到了多家国家级和省级媒体的争相报道，如2019年中国青年报的《打造冠军的摇篮 为中国体育培育"能工巧匠"——湖南体育职业学院特色发展之路》、中国青年网的《打造体育高职教育五环模式"冠军摇篮"育人故事这样写就》、2020年中国教育报的《创"五环模式"育体育匠才——湖南

现代体育高职人才培养的五环模式
20年卓越体育工匠培养的"湘体"创新实践

体育职业学院探索现代体育高职教育"五环模式"》、湖南日报社的《为现代体育高职教育的"五环模式"点赞》、光明日报的《湖南体育职业学院：体教融合培养新型体育人才》等。现代体育高职人才培养五环模式开始更广泛地接受社会评价与指导，得到了广泛的推广。

五环模式深入、系统地回答了高职教育的五个基本问题。五环模式诞生在新时代，它注定必须服务于人民，服务于中国共产党的治国理政，服务于中国特色社会主义制度的巩固与发展，服务于改革开放和社会主义现代化建设，这就从根本上回答了为谁培养人的问题；目标环则将培养德、智、体、美、劳全面发展的社会主义建设者和接班人的任务精准落实到现代体育高职人才培养的方向上，回答了培养什么人的问题；机制环既从育人主体角度，又从保障体系角度回答了谁来培养人的问题；活动环从内容和路径的角度回答了用什么培养人的问题；过程环综合了体育高职人才培养的理论与实践，与评价环一道创造性回答了怎么培养人的问题。

具体来看，针对目前体育高职人才培养目标不明确的问题，我们提出五环相扣职业核心能力体系构建的目标环；针对目前体育高职人才培养机制不顺畅的问题，我们从育人主体角度探索人才培养的受益各方，提出五环相扣机制构建的机制环；针对目前体育高职人才培养过程不健全的问题，我们补充人才培养具体方式方法、理顺人才培养过程，提出五环相扣人才培养的过程环；针对目前体育高职人才培养活动不丰富的问题，从活动育人的理念出发，丰富活动形式，提出五环相扣系统丰富的活动环；此外，我们将多方评价纳入综合的评价环，构建五环相扣的评价体系，恰当解决体育高职人才培养评价不科学的问题。在解决这五个基本问题的同时，围绕人才培养这一核心，现代体育高职人才培养五环模式逐渐得到完善与发展。

目 录
CONTENTS

第一章　现代体育高职人才培养的五环模式的内涵和环扣机理 …… 001
 第一节　五环模式的内涵 ……………………………………… 001
 第二节　五环模式的环扣机理 ………………………………… 004

第二章　现代体育高职教育的政策语境与理论审视 ……………… 006
 第一节　现代体育高职教育的政策语境 ……………………… 006
  一、加快发展现代职业教育成为国家重要的战略部署 ……… 006
  二、高等职业教育的创新发展成为职业教育改革的重要主题 … 010
  三、健康中国规划实施和体育产业快速发展 ………………… 014
 第二节　现代体育高职教育的理论审视 ……………………… 017
  一、系统论原理与现代体育高职教育 ………………………… 017
  二、产教融合理论与现代体育高职教育 ……………………… 020

第三章　现代体育高职人才培养的目标环：学、思、行、竞、创 … 023
 第一节　高职学生五环相扣职业核心能力体系建构的现实基础和理论
   　依据 …………………………………………………… 023
  一、现实基础 …………………………………………………… 023
  二、理论依据 …………………………………………………… 028
 第二节　高职学生五环相扣职业核心能力体系的内涵和特征 … 032
  一、学习能力 …………………………………………………… 032

二、思维能力……………………………………………………… 034

　　三、践行能力……………………………………………………… 037

　　四、竞合能力……………………………………………………… 041

　　五、创业能力……………………………………………………… 043

　第三节　高职学生五环相扣职业核心能力体系的理论模型与实践探索…… 045

　　一、理论模型……………………………………………………… 045

　　二、实践探索……………………………………………………… 047

第四章　现代体育高职人才培养的机制环：政、行、企、校、社…… 055

　第一节　五环相扣机制体系的现实基础与理论依据…………………… 055

　　一、现实基础……………………………………………………… 055

　　二、理论依据……………………………………………………… 060

　第二节　五环相扣机制体系的内涵与特征……………………………… 063

　　一、政府治理机制………………………………………………… 064

　　二、行业指导机制………………………………………………… 069

　　三、企业合作机制………………………………………………… 077

　　四、学校办学机制………………………………………………… 080

　　五、社会参与机制………………………………………………… 086

　第三节　五环相扣机制体系的理论模型与实践探索…………………… 089

　　一、理论模型……………………………………………………… 089

　　二、实践探索……………………………………………………… 090

第五章　现代体育高职人才培养的过程环：学、研、训、赛、产…… 096

　第一节　五环相扣人才培养过程体系的现实基础与理论依据………… 096

　　一、现实基础……………………………………………………… 096

　　二、理论依据……………………………………………………… 103

　第二节　五环相扣人才培养过程体系的内涵与特征…………………… 106

　　一、学知识………………………………………………………… 106

二、研技术 ……………………………………………… 110

　　三、训技能 ……………………………………………… 111

　　四、赛素养 ……………………………………………… 114

　　五、接产业 ……………………………………………… 115

第三节　五环相扣人才培养过程体系的理论模型与实践探索 …… 117

　　一、理论模型 …………………………………………… 117

　　二、实践探索 …………………………………………… 118

第六章　现代体育高职人才培养的活动环：真、善、美、实、创 …… 121

第一节　五环相扣活动教育体系建构的现实基础与理论依据 …… 121

　　一、现实基础 …………………………………………… 122

　　二、理论依据 …………………………………………… 123

第二节　五环相扣活动教育体系的内涵和特征 ………………… 125

　　一、求真格物致知活动教育 …………………………… 126

　　二、求善文明道德活动教育 …………………………… 130

　　三、求美体育艺术活动教育 …………………………… 133

　　四、求实社会实践活动教育 …………………………… 137

　　五、求创就业创业活动教育 …………………………… 142

第三节　五环相扣活动教育体系理论模型与实践探索 ………… 146

　　一、理论模型 …………………………………………… 146

　　二、实践探索 …………………………………………… 147

第七章　现代体育高职人才培养的评价环：行、企、社、师、生 …… 153

第一节　现代体育高职人才培养评价的现实基础与理论依据 …… 153

　　一、现实基础 …………………………………………… 154

　　二、理论依据 …………………………………………… 162

第二节　五环相扣评价体系的内涵与特征 ……………………… 164

　　一、行业评价 …………………………………………… 164

二、企业评价 …………………………………………………… 183

　　三、社会评价 …………………………………………………… 188

　　四、教师评价 …………………………………………………… 196

　　五、学生评价 …………………………………………………… 200

第三节　五环相扣评价体系的理论模型与实践探索 …………… 202

　　一、理论模型 …………………………………………………… 203

　　二、实践探索 …………………………………………………… 204

参考文献 ……………………………………………………………… 221

后　记 ………………………………………………………………… 227

CHAPTER 01 第一章
现代体育高职人才培养的五环模式的内涵和环扣机理

现代体育高职人才培养五环模式是借助奥运五环模型发展变化而来，它既是结合时代特色和行业发展规律总结得出，又厚植于国内外大量的教育学及相关学科理论；既是一套新颖有特色内涵的理论模型，又有丰厚的实践经验基础。本章将具体阐述五环模式的内涵及环扣机理。

第一节 五环模式的内涵

站在前人研究的肩膀上，结合新时代的经济发展特点与我国国情，现代高职教育特别是现代体育高职教育必须注重社会主义化、系统化、个性化，坚持科学性、实用性与为人民服务相统一。据此，我们提出现代体育高职人才培养五环模式。

五环模式的理论包括目标环、机制环、过程环、活动环与评价环五个具体环节。其中，目标环是所有环节的缘起，对其他环节起到宏观导向作用；机制环是其他环节的外延，是现代体育高职人才培养的有力保障；过程环是五环的核心，是五环模式在育人理论方面的具体体现；活动环是所有环节的实践基础与深刻透析，是人才培养精神层面的升华；评价环既是所有环节的终点也是再出发的前哨，是所有环节价值的直观体现（图1-1）。

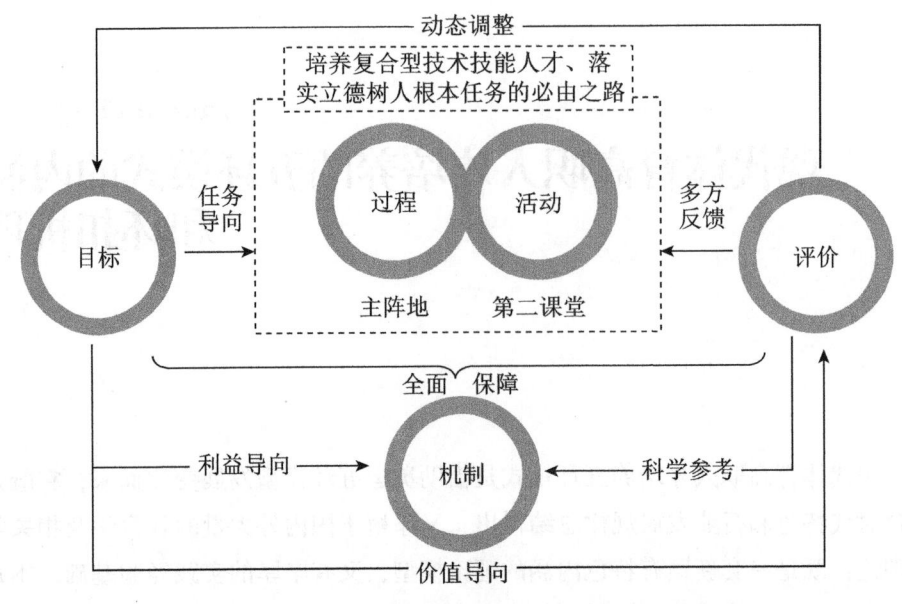

图1-1 现代体育高职人才培养的五环模式的理论模型

具体而言,现代体育高职人才培养的五环模式环环相扣,每个"大环"又由五个"小环"连接而成。

目标环——培养以学习能力、思维能力、践行能力、竞合能力、创业能力为核心的现代体育高职学生的职业核心能力体系。其中,学习能力是基础和核心要义,思维能力是前提和必要条件,践行能力是关键和外在表现,竞合能力是重点和内在保障,创业能力是目标和实现途径,五个维度的能力有机联系、相互促进、各展其功、统一协作,共同构成五环相扣的职业核心能力体系。其内在逻辑关系为:学习能力活化思维能力,思维能力助力学习能力;学习能力指导践行能力,践行能力深化学习能力;竞合能力基于学习能力,学习能力优化竞合能力;创业能力源于学习能力,学习能力强化创业能力;思维能力益于践行能力,践行能力拓展思维能力;思维能力孕育竞合能力,竞合能力更新思维能力;践行能力实现竞合能力,竞合能力美化践行能力;创业能力需要践行能力,践行能力成就创业能力;思维能力促进创业能力,创业能力升华思维能力;创业能力提升竞合能力,竞合能力发展创业能力。五个维度的能力环环紧扣,交联互动,按照认识运动发展规律螺旋式攀升。

机制环——以学校办学机制为核心,坚持政府部门治理机制,借助行业融入机制,活化校企合作机制,丰富社会参与机制。在这一环节,学校办学机制是基础,是其他环节实现的内部制度保障,政府、行业、企业、社会等外在机制的参与都是围绕学校办学机制而进行的;政府在这一环节中起宏观调控作用,确保办学方向并提供强有力的政策支持;行业承接政府的意志又具有专业性的导向作用;校企合作、产教融合既是职业教育的特色也是优势,是职业教育的生命力之所在,需要特别关注;社会参与是灵活性的制度保障,有效规避了其他机制呆板、滞后的问题。

过程环——在人才培养过程中学知识、研技术、训技能、赛素养、接产业。在这一环节中,"学"是前提,指文化和科学技术知识学习,在不断学习中端正学习态度,掌握学习方法,养成良好的学习习惯,树立终身学习理念;"研"是基础,指专业技术研究,积极参与专业技术研究开发、推广和创新;"训"是关键,指专业技能训练,反复训练所学专业技术,使之转化为专业技能并达到熟能生巧的程度;"赛"是动力,既是指职业技能比赛,通过组织、参与各级各类职业技能大赛,增强学生的学习兴趣和动力,又是指在竞赛中展现出来的素养;"产"是目的,指职业技能应用,职业技能对接产业、服务产业、引领产业,应用于企业生产、建设、管理、服务一线,产生社会效益和经济效益。

活动环——开展丰富多彩、特色鲜明的活动,包括求真的格物致知活动教育、求善的文明修身活动教育、求美的体育艺术活动教育、求实的社会实践活动教育、求创的就业创业活动教育。五环相扣的活动教育体系是在活动教育理念和思想指导下,为培养复合型体育技术技能人才采取的新型教育教学组织形式。该体系主要包括求真、求善、求美、求实、求创五方面,这五大方面相辅相成,紧密联系,你中有我,我中有你,真、善、美为内在要求,实、创为外在表现形式,其中以真为活动教育体系的核心和出发点,以善、美为活动教育体系的要求与支撑点,以实、创为活动教育体系的目标和落脚点,从而构成既是目的又是手段的高职活动教育体系。

评价环——人才培养的价值需要借助行业评价、企业评价、社会评价、教师评价、学生评价多方面完成。其中,来自行业的评价是严谨且系统的,有不断完善的指标体系,更具有信服度,体现了评价的科学性;企业评价是现代体育高职人才培养价值的直接体现,更具有效度,体现了评价的结果性;社会评价是在特色的塑造、创新与构建方面进行的检测,重视的是内涵的差异性,而差异与特色正是生命繁衍的动力,因而实质上是在为继续腾飞搭建平台,更具新度,体现了评价的特质性；教师评价在现代体育高职人才培养的主要活动场所中进行，是对培养的人才与人才的培养的第一阶段评价，更具真实度，体现了评价的阶段性；学生评价是近年来新引入的评价方式，增强了评价结果的可信度，为人才培养模式的改进和提高提供更为明确的思路指引，更具角度新颖性，体现了评价的自主性。这五个评价环节共同构建了现代体育高职教育人文本位的科学性、结果性、特质性、阶段性、自主性的多边评价体系。

第二节 五环模式的环扣机理

这里说的环"扣"，不是指像奥运五环那样物理性或直观性的环扣，五环模式构建的概念体系体现了几个理论的特征。我们试着从结构论、路径论两个方面解释环"扣"问题。

借鉴结构论的特点，现代高职教育如果只关注人才培养，那么它是片面的，以人才培养为核心，还要关注其他环节的架构：在人才培养的同时，首先要制定好培养什么样的体育高职人才，这是习近平总书记"教育三问""九个坚持"思想的"落地"。换句话说，现代体育高职培养出来的人才一定要有职业核心能力(学、思、行、竞、创)，在实践活动基础上培养学习者学习知识（学）、激发学习者研究兴趣（研）、为学习者提供更多的训练场所与训练机会（训），鼓励学习者参与竞赛，赛出素养（赛），在培养过程中一直铭记对接产业（产），与此同时，以真育、美育、善育、实育、创育等活动教育作为育人补充。在这样的目标与培养过程中，在丰富的实践活动基础上，培养出的人才外在表现是具有丰富学识、钻研精神、熟练技能、过硬本领、产业特征突出，内层是具有学、思、行、竞、创的核心能力，体现的是真、善、美、实、创品质的卓越工匠后备人才。这种人才是有层次性的、可持续发展的、内涵丰富的技能型人才。这种人才培养是可以按计划实施的，再加上我们新提出的多边评价体系（行、企、社、师、生）与一套人才培养的外部、内部相结合的运行机制（政、行、企、校、社），确保这种人才品质结构的稳定性，确保人才培养目标的达成。

借鉴路径论的特点，我们认为现代体育高职人才培养需要注重人才能力形成的过程，以丰富的职业教育经验为基础，依据我国社会主义办学特点，以政府为起点，分两条线进行人才培养。第一条线，建立法律、资金方面的保障机制，引导行业、企业和其他社会力量在保证社会主义办学方向前提下积极参与办学；第二条线，建立国家标准，指导行业、企业参与教学质量评价。这两条线共同指向育人主体：学校与企业。学校与企业依据地区发展特色与国际形势确定培养目标，完善培养过程，构建活动体系，完善评价环节，最终指向培养合格的现代体育高职人才。

第二章 现代体育高职教育的政策语境与理论审视

体育高等职业院校即以体育类学科与专业为优势和特色的高职院校，随着经济社会的持续快速发展和国家职业教育改革的持续推进，体育高等职业教育开始进入一个现代转型期。现代体育高职院校需要探索与现代职业教育相适应的人才培养体系，这种探索有其相应的政策语境，同时也有必要进行某种理论审视。

第一节 现代体育高职教育的政策语境

在坚定不移地建设社会主义现代化的道路上，必须时刻坚持社会主义办学方向，自觉贯彻落实党和国家关于教育的具体方针、政策。因此，时刻把握体育高职教育的时代特征与政策依据是研究现代体育高职人才培养理论的出发点和归宿。

一、加快发展现代职业教育成为国家重要的战略部署

职业教育是一种特殊的教育类型，主要定位于复合型技术技能人才的培养，而技术技能型人才又是影响社会生产的重要变量。职业教育具有鲜明的职业定向性，所以对接职业世界是其基本原则，如专业设置与产业需求对接，课程内容与职业标准对接，教学过程与生产过程对接，毕业证书与职业资格证书对接，职业教育与终身学习对接等。职业教育的改革发展是一个世界性的主题，发达国家已经建成了自己的现代职业教育体系，并产生了示范效应。

随着经济和社会的持续发展，职业教育已经成为国家整体教育事业的重要组成部分，也是社会生活的重要领域。职业教育的经济功能也越来越显著。职业教育在层次上有高等职业教育和中等职业教育之分，并开始向上延伸到应用型本科

和专业学位研究教育领域，各个层次之间是一种相互衔接的关系。

职业教育的改革和发展一直以来都是一个重要的公共教育政策议题。中国职业教育在古代是被排除在学校教育之外，但是技术与技术教育在社会生活中一直顽强地存在。在近代，中国职业教育开始起步，20世纪90年代提出要大力发展职业教育，2014年提出加快发展现代职业教育，职业教育进入了一个现代转型期。加快发展现代职业教育成为一种重要的战略部署，一种全新的职业教育——现代职业教育开始浮出历史的水面。

2010年，《国家中长期教育改革和发展规划纲要（2010—2020年）》（以下简称《纲要》）的发布是进入21世纪后中国教育发展史上的一个重要事件。职业教育自然也是《纲要》关注的核心议题，《纲要》特别指出，"发展职业教育是推动经济发展、促进就业、改善民生、解决'三农'问题的重要途径，是缓解劳动力供求结构矛盾的关键环节，必须摆在更加突出的位置。职业教育要面向人人、面向社会，着力培养学生的职业道德、职业技能和就业创业能力。到2020年，形成适应经济发展方式转变和产业结构调整要求、体现终身教育理念、中等和高等职业教育协调发展的现代职业教育体系，满足人民群众接受职业教育的需求，满足经济社会对高素质劳动者和技能型人才的需要"[1]。值得一提的是，《纲要》提出要解决的阶段性问题是要提升职业教育吸引力。这说明当时职业教育的吸引力是不够的。有一种社会认知是，职业教育会把学生导向一个相应低端的劳动力市场，这对其社会地位的提升和职业生涯的发展是不利的。随着国家对职业教育的重视程度不断提高，职业教育也被赋予了新的内涵，职业教育的吸引力迅速提升。

2012年，中共十八大召开，这是我国进入全面建成小康社会决定性阶段召开的一次十分重要的大会。在这次会议上，国家提出要加快发展现代职业教育，这是一个重要政策转折点。为了贯彻这一会议精神，2014年《国务院关于加快发展现代职业教育的决定》发布，国家就加快发展现代职业教育做出顶层设计，指出，"我国职业教育事业快速发展，体系建设稳步推进，培养培训了大批中高级技能型人才，为提高劳动者素质、推动经济社会发展和促进就业作出了重要贡献。同时也要看到，当前职业教育还不能完全适应经济社会发展的需要，结构不

---

[1] 新华社. 国家中长期教育改革和发展规划纲要（2010—2020年）[EB/OL]. (2010-07-29) [2020-10-14]. http://www.gov.cn/jrzg/2010-07/29/content_1667143.htm.

尽合理，质量有待提高，办学条件薄弱，体制机制不畅。加快发展现代职业教育，是党中央、国务院作出的重大战略部署，对于深入实施创新驱动发展战略，创造更大人才红利，加快转方式、调结构、促升级具有十分重要的意义"[1]。其后中国职业教育开始进入一个新的发展阶段，开启了中国职业教育的现代转型。

为了回应和配合《国务院关于加快发展现代职业教育的决定》，教育部随即制定了《现代职业教育体系建设规划（2014—2020年）》，并对国家的现代职业教育体系进行了整体性的规划。这一规划提出了国家职业教育发展的整体目标和实践步骤。总体目标是牢固确立职业教育在国家人才培养体系中的重要位置，到2020年，形成适应发展需求、产教深度融合、中职高职衔接、职业教育与普通教育相互沟通，体现终身教育理念，具有中国特色、世界水平的现代职业教育体系，建立人才培养立交桥，形成合理教育结构，推动现代教育体系基本建立、教育现代化基本实现。具体分两步走：第一步，2015年，初步形成现代职业教育体系框架。职业教育服务国家发展战略的能力进一步提升，职业教育吸引力进一步增强。第二步，2020年，基本建成中国特色现代职业教育体系。现代职业教育理念深入人心[2]。《现代职业教育体系建设规划（2014—2020年）》还对发展指标进行详细的量化设计，同时给出国家教育体系的基本框架，在这一框架中，职业教育的位置及与其他教育类型的关系被清晰地呈现出来，如图2-1所示。

---

[1] 国务院. 国务院关于加快发展现代职业教育的决定[EB/OL]. (2014-06-22) [2020-10-14]. http://www.scio.gov.cn/ztk/xwfb/2014/gxbjhzyjyggyfzqkxwfbh/xgbd31088/Document/1373573/1373573.htm.
[2] 教育部. 现代职业教育体系建设规划（2014—2020年）[EB/OL]. (2014-06-16) [2020-10-14]. http://old.moe.gov.cn/publicfiles/business/htmlfiles/moe/s8159/201406/170737.html.

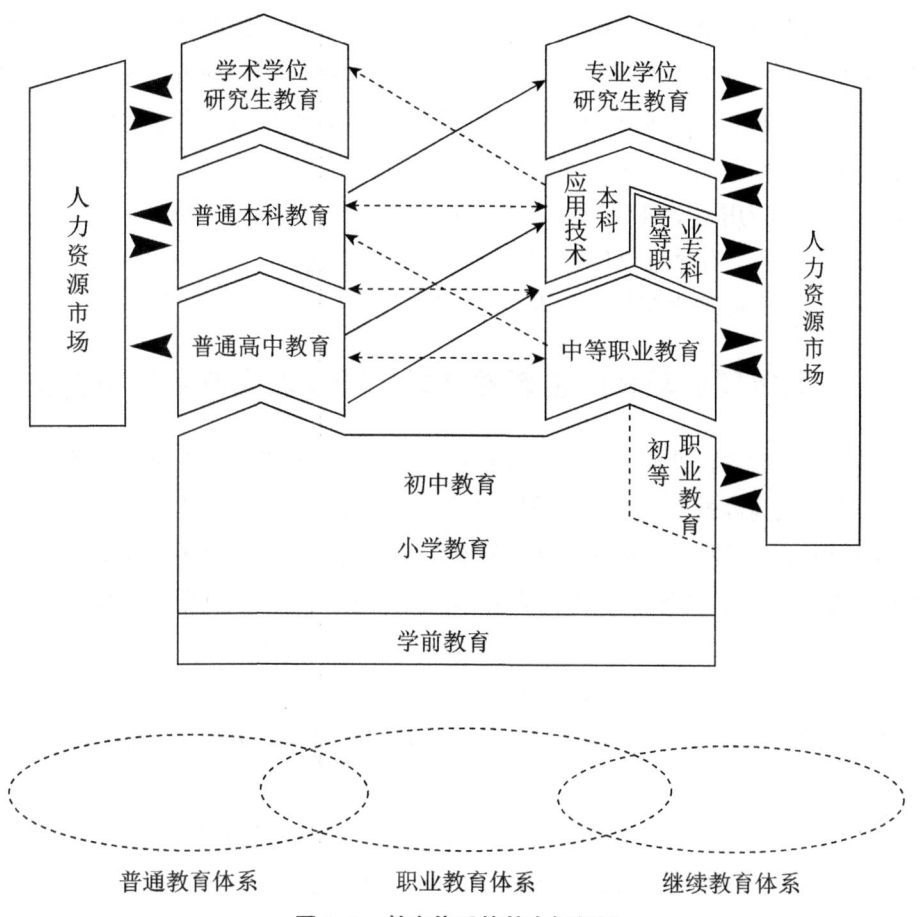

图 2-1 教育体系的基本框架图

2014年前后,国家基本上完成了现代职业教育改革和发展的顶层设计,目标、路径和具体指标都十分明确。到了2019年,历史已经进入了一个新的时代,国家职业教育改革也进入了一个新的阶段,这一年《国家职业教育改革实施方案》发布,新一轮的国家职业教育改革全面铺开。根据《国家职业教育改革实施方案》的设想,经过5~10年时间,要大幅提升新时代职业教育现代化水平,为促进经济社会发展和提高国家竞争力提供优质人才资源支撑。具体指标是到2022年,职业院校教学条件基本达标,一大批普通本科高等学校向应用型转变,建设50所高水平高等职业学校和150个骨干专业(群)。建成覆盖大部分行业领域、具有国际先进水平的中国职业教育标准体系。企业参与职业教育的积极性有较大提升,培育数以万计的产教融合型企业,打造一批优秀职业教育培训评价组织，推动建设300个具有辐射引领作用的高水平专业化产教融合实训基地。职业院校实践性教学课时原则上占总课时一半以上，顶岗实习时间一般为6个月。"双师型"教师（同时具备理论教学和实践教学能力的教师）占专业课教师总数超过一半，分专业建设一批国家级职业教育教师教学创新团队。从2019年开始，在职业院校、应用型本科高校启动"学历证书+若干职业技能等级证书"制度试点工作[1]。为了有序推进国家职业教育改革，在这一方案中提出了20个改革主题，并对每一改革主题的内容进行了解释与说明。

二、高等职业教育的创新发展成为职业教育改革的重要主题

高等职业教育在性质上属于职业教育，在层次上属于高等教育。高等职业教育是推进我国高等教育大众化的重要力量，也是现代职业教育体系的重要组成部分。《2019年全国教育事业发展统计公报》的数据显示，全国各类高等教育在学总规模4002万人，高等教育毛入学率51.6%。全国共有普通高等学校2688所，比2018年增加25所，增长0.94%。其中，本科院校1265所，高职（专科）院校1423所。普通高等学校校均规模11260人，其中，本科院校15179人，高职（专科）院校7776人[2]。高等职业教育在我国高等教育中的地位和作用得到持续巩固。

2014年的《现代职业教育体系建设规划（2014—2020）》提出了关于高等职业教育的改革目标是要优化高等职业教育结构。具体做法如下。

第一，推进高等学校分类管理。建立高等学校分类体系，探索对研究类型高校、应用技术类型高校、高等职业学校等不同类型的高等学校实行分类设置、评价、指导、评估、拨款制度。鼓励举办应用技术类型高校，将其建设成为直接服务区域经济社会发展，以举办本科职业教育为重点，融职业教育、高等教育和继续教育于一体的新型大学。原则上现有专科高等职业学校不升格为或并入普通高等学校。各地科学规划区域内高等教育布局结构，根据国家的有关规定设置专科阶段高等学校。

第二，引导一批本科高等学校转型发展。支持定位于服务行业和地方经济社

---

[1] 国务院. 国务院关于印发国家职业教育改革实施方案的通知 [EB/OL]. (2019-02-13) [2020-10-14]. http://www.gov.cn/zhengce/content/2019-02/13/content_5365341.htm.

[2] 教育部. 2019年全国教育事业发展统计公报 [EB/OL]. (2020-05-20) [2020-10-14]. http://www.moe.gov.cn/jyb_sjzl/sjzl_fztjgb/202005/t20200520_456751.html.

会发展的本科高等学校实行综合改革，向应用技术类型高校转型发展。鼓励独立学院转设为独立设置的学校时定位为应用技术类型高校。鼓励本科高等学校与示范性高等职业学校通过合作办学、联合培养等方式培养高层次应用技术人才。应用技术类型高校同时招收在职优秀技术技能人才、职业院校优秀毕业生和普通高中、综合高中毕业生。各地采取计划、财政、评估等综合性调控政策引导地方本科高等学校转型发展。

第三，加快高等职业学校改革步伐。深化高等职业学校治理结构、专业体系、培养模式、招生入学制度等关键领域改革，提升办学活力和人才培养质量。根据区域发展需要设立的高等职业学校，要强化服务社区导向，为社区提供职业教育、继续教育和普通高等学校基础课程。行业特色明显的高等职业学校，要增强服务产业导向，发挥提升产业竞争力的作用。

第四，探索举办特色学院。鼓励大型企业、科研机构和行业协会举办或参与举办以服务产业链为目标，主要依托企业开展教学实训，人才培养和职工培训融为一体，产教、科教融合发展，专业特色明显的特色学院新增一批优质高等职业教育资源[1]。

在加快发展现代职业教育的背景下，高等职业教育迎来新的发展契机。国家针对中等职业教育的改革定位是要提高中等职业教育的发展水平，而针对高等职业教育的改革定位是要促进高等职业教育的创新发展，为此，教育部在2015年专门出台了《高等职业教育创新发展行动计划（2015—2018年）》，在这一规划中，提出了高等职业教育的近期发展目标，"通过三年建设，高等职业教育整体实力显著增强，人才培养的结构更加合理、质量持续提高，服务中国制造2025的能力和服务经济社会发展的水平显著提升，促使高等教育结构优化成效更加明显，推动现代职业教育体系日臻完善"[2]。不难发现，高等职业教育的创新发展已经整体融入了加快发展现代职业教育的国家战略。

值得一提的是，高等职业教育创新发展还有一个重要的背景就是2015年发布的《中国制造2025》，这是一个推进制造变革的计划。在制造业的变革过程

---

[1] 教育部. 现代职业教育体系建设规划（2014—2020年）[EB/OL].（2014-06-16）[2020-10-15]. http://old.moe.gov.cn/publicfiles/business/htmlfiles/moe/s8159/201406/170737.html.

[2] 教育部. 教育部关于印发《高等职业教育创新发展行动计划（2015—2018年）》的通知[EB/OL].（2015-10-19）[2020-10-15]. http://www.moe.edu.cn/srcsite/A07/moe_737/s3876_cxfz/201511/t20151102_216985.html.

中，高等职业教育必将深度卷入其中。根据这一政策的预期，中国制造业将迎来一场新的变革，通过转型升级、创新发展以整体提升国家制造业的水平，力争用十年时间迈入制造强国行列。制造业被认为是国民经济的支柱产业，是工业化和现代化的主导力量，也是衡量一个国家或地区综合经济实力的重要指标。制造业的变革需要加快培育制造业发展急需的经营管理人才、专业技术人才、技能人才，建设一支素质优良、结构合理的制造业人才队伍，走人才引领的发展道路。发达国家在这一方面积累了许多成功的经验。"美国依托常青藤等一批优秀的高等院校，培养了大批科技创新型人才和专业技术人才，成为最富创造力的制造强国；德国长期坚持并推广双轨制教育，即学徒制，培养了众多高素质的技术、技能型人才，打造了具有工匠品质的'德国制造'。要通过教育、培育等各种途径变'人口红利'为'人才红利'，依靠科技创新、依靠精良品质，推动实现制造强国的战略目标"[1]。人才是建设制造业强国的一个先决条件，制造业的变革需要人才引领。这也给高等职业教育的改革注入了新的动力。

人才培养是在专业这一平台上来执行的，因此，加强专业建设就成了高等职业教育创新发展的一个基本的落脚点。事实上，《高等职业教育创新发展行动计划（2015—2018年）》也对高等职业院校专业建设的重要性进行了特别的强调："加强专科高等职业院校的专业建设，凝练专业方向、改善实训条件、深化教学改革，整体提升专业发展水平。支持紧贴产业发展、校企深度合作、社会认可度高的骨干专业建设。支持专科高等职业院校与技术先进、管理规范、社会责任感强的规模以上企业深度合作，共建生产性实训基地。面向企业的创新需求，依托重点专业（群），校企共建研发机构。面向国家重点发展产业，提高专业的技术协同创新能力，促进区域产业结构调整和新兴产业发展。"[2] 这一段话语表明通过有效的专业建设来提升专业发展水平是促进高等职业教育发展的重要举措。高等职业教育的创新发展更需要各高职院校结合自身的专业特色和资源条件进行多样化的探索。

2019年，关于高职教育发生了两个重要事件。第一是《国家职业教育改革实施方案》的发布意味着新一轮的国家职业教育改革全面铺开。这一文件又称

---

[1] 刘晓莹．创新人才驱动未来制造业 [N]．科技日报，2015-09-06．
[2] 教育部．教育部关于印发《高等职业教育创新发展行动计划（2015—2018年）》的通知 [EB/OL]．(2015-10-19) [2020-10-15]．http://www.moe.edu.cn/srcsite/A07/moe_737/s3876_cxfz/201511/t20151102_216985.html．

"职教20条",即设置了20个重大的改革主题,其中之一就是"推进高等职业教育高质量发展"。具体的指导和措施是"把发展高等职业教育作为优化高等教育结构和培养大国工匠、能工巧匠的重要方式,使城乡新增劳动力更多接受高等教育。高等职业学校要培养服务区域发展的高素质技术技能人才,重点服务企业特别是中小微企业的技术研发和产品升级,加强社区教育和终身学习服务。建立'职教高考'制度,完善'文化素质+职业技能'的考试招生办法,提高生源质量,为学生接受高等职业教育提供多种入学方式和学习方式。在学前教育、护理、养老服务、健康服务、现代服务业等领域,扩大对初中毕业生实行中高职贯通培养的招生规模。启动实施中国特色高水平高等职业学校和专业建设计划,建设一批引领改革、支撑发展、中国特色、世界水平的高等职业学校和骨干专业(群)。根据高等学校设置制度规定,将符合条件的技师学院纳入高等学校序列"[1]。高等职业教育的改革发展也随之进入了一个以提高质量为主题的改革阶段。

2019年和2020年国务院连续两年宣布高职院校扩招。2019年3月5日,李克强总理在《政府工作报告》中指出,要改革完善高职院校的考试招生办法,大规模扩招100万人。随后2019年4月30日,李克强总理主持召开国务院常务会议,讨论通过了《高职扩招专项工作实施方案》。

据教育部副总督学王继平的介绍,高职扩招的背景主要是三个方面:一是国家经济结构变革提出了要求;二是职业教育改革需要深化;三是区域经济发展升级的需要。具体的实施方案包括:一是分省确定招生计划;二是改革考试招生办法;三是向中西部倾斜;四是落实同等待遇;五是强化保障力度。关于强化保障力度的情况是,"中央财政加大对高职院校扩招的支持力度,今年中央财政安排现代职业教育质量提升计划专项资金237亿元,引导地方政府落实生均拨款制度、奖助学金提标扩面政策等"[2]。高职扩招在2020年得以继续,并且规模进一步扩大。

2020年的《政府工作报告》提出"今明两年职业技能培训3500万人次以上,高职院校扩招200万人,要使更多劳动者长技能、好就业"的要求。教育部随后出台了《教育部办公厅等六部门关于做好2020年高职扩招专项工作的通

---

[1] 国务院. 国务院关于印发国家职业教育改革实施方案的通知 [EB/OL]. (2019-02-13) [2020-10-15]. http://www.gov.cn/zhengce/content/2019-02/13/content_ 5365341.htm.

[2] 教育部. 高职扩招专项工作情况发布 [EB/OL]. (2019-05-08) [2020-10-15]. http://www.moe.gov.cn/fbh/live/2019/50620/.

知》，要求各地综合考虑生源情况、办学条件、经济支撑等因素，按照向优质高职院校倾斜，向区域经济建设急需、社会民生领域紧缺和就业率高的专业倾斜，向贫困地区特别是连片特困地区倾斜的原则，合理确定分学校招生计划，并指导学校做好分专业招生计划安排。在对退役军人、下岗失业人员、农民工、高素质农民等群体单列计划的基础上，积极动员企业员工和基层农技人员等在岗群体报考[1]。高职教育的持续大规模的扩招正在对中国经济社会的发展产生持续而深刻的影响，也使得高等职业教育面临着新的机遇和挑战。

三、健康中国规划实施和体育产业快速发展

体育是社会生活的一个重要领域，高等体育职业教育就是为这一领域培养应用型专门人才的一种专业教育。于是，高等体育职业教育要从社会生活，特别是体育产业的发展中获取人才培养的线索和启示。近年来，对社会生活产生重要影响的一项国家层面的政策是2016年发布的《"健康中国2030"规划纲要》，这一规划纲要直接或间接地提到了全民健身和体育产业等。

健康是人类生活的永恒的主题。在经济社会的建设和发展过程中，国家并没有忽视国民健康的问题，意识到"推进健康中国建设，是全面建成小康社会、基本实现社会主义现代化的重要基础，是全面提升中华民族健康素质、实现人民健康与经济社会协调发展的国家战略，是积极参与全球健康治理、履行2030年可持续发展议程国际承诺的重大举措"。这同时也意味着未来10年，是推进健康中国建设的重要战略机遇期。经济保持中高速增长将为维护人民健康奠定坚实基础，消费结构升级将为发展健康服务创造广阔空间，科技创新将为提高健康水平提供有力支撑，各方面制度更加成熟、更加定型将为健康领域可持续发展构建强大保障[2]。《"健康中国2030"规划纲要》设置了2030年具体目标，如人民健康水平持续提升；主要健康危险因素得到有效控制；健康服务能力大幅提升；健康产业规模显著扩大；促进健康的制度体系更加完善等。

《"健康中国2030"规划纲要》提出的系列措施中，就有广泛开展全民健身运动。这一措施涉及"继续制定实施全民健身计划，普及科学健身知识和健身方

---

[1] 教育部. 教育部办公厅等六部门关于做好2020年高职扩招专项工作的通知[EB/OL]. (2020-07-10) [2020-10-15]. https://gaokao.chsi.com.cn/gkxx/zc/moe/202007/20200710/1940392905.html.

[2] 新华社. 中共中央 国务院印发《"健康中国2030"规划纲要》[EB/OL]. (2016-10-25) [2020-10-15]. http://www.gov.cn/zhengce/2016-10/25/content_5124174.htm.

法，推动全民健身生活化。组织社会体育指导员广泛开展全民健身指导服务。实施国家体育锻炼标准，发展群众健身休闲活动，丰富和完善全民健身体系。大力发展群众喜闻乐见的运动项目，鼓励开发适合不同人群、不同地域特点的特色运动项目，扶持推广太极拳、健身气功等民族民俗民间传统运动项目"[1]。

在健康中国规划及其实施的背景下，健身休闲运动产业将迎来难得的发展机遇。关于这一点，国家的设想是，"进一步优化市场环境，培育多元主体，引导社会力量参与健身休闲设施建设运营。推动体育项目协会改革和体育场馆资源所有权、经营权分离改革，加快开放体育资源，创新健身休闲运动项目推广普及方式，进一步健全政府购买体育公共服务的体制机制，打造健身休闲综合服务体。鼓励发展多种形式的体育健身俱乐部，丰富业余体育赛事，积极培育冰雪、山地、水上、汽摩、航空、极限、马术等具有消费引领特征的时尚休闲运动项目，打造具有区域特色的健身休闲示范区、健身休闲产业带"[2]。全民健康需要专业的指导，休闲运动产业的运营等需要专业的人才，这也意味着体育专门人才有着现实的需求，并且还有巨大的潜在的需求正在显现。如何大规模、高效率地培养健康中国背景下的体育专门人才是一个突出的现实问题，这也为高等体育职业教育的发展带来了新的机遇。

体育产业是国民经济中一个重要的产业类别，发展体育产业具有特殊的意义。2014年《国务院关于加快发展体育产业 促进体育消费的若干意见》是近年一个关于体育产业发展的顶级政策文件。文件特别指出，"发展体育事业和产业是提高中华民族身体素质和健康水平的必然要求，有利于满足人民群众多样化的体育需求、保障和改善民生，有利于扩大内需、增加就业、培育新的经济增长点，有利于弘扬民族精神、增强国家凝聚力和文化竞争力。近年来，我国体育产业快速发展，但总体规模依然不大、活力不强，还存在一些体制机制问题"。国家对体育产业发展的一个基本设想是，到2025年，基本建立布局合理、功能完善、门类齐全的体育产业体系，体育产品和服务更加丰富，市场机制不断完善，消费需求愈加旺盛，对其他产业带动作用明显提升，体育产业总规模超过5万亿元，成为推动经济社会持续发展的重要力量。具体的指导包括产业体系更加完

---

[1] 新华社. 中共中央 国务院印发《"健康中国2030"规划纲要》[EB/OL]. (2016-10-25) [2020-10-15]. http://www.gov.cn/zhengce/2016/10/25/content_ 5124174.htm.
[2] 新华社. 中共中央 国务院印发《"健康中国2030"规划纲要》[EB/OL]. (2016-10-25) [2020-10-15]. http://www.gov.cn/zhengce/2016/10/25/content_ 5124174.htm.

善；产业环境明显优化；产业基础更加坚实等[1]。这一意见对我国体育产业"十三五"发展规划有着直接的影响。

我国体育产业发展与体育高职教育密切相关。2020年是"十三五"规划的结束之年，体育产业的"十四五"规划随即制定。国家体育产业发展规划的业务通常归属国家体育总局。根据《体育产业发展"十三五"规划》，我国将在这个时期内，初步构建结构合理、布局均衡、功能完善、门类齐全的体育产业体系，基本形成各种经济成分竞相参与、共同兴办体育产业的发展格局。体育供给更加丰富，体育消费不断扩大，体育产业保持快速增长，成为推动经济社会持续发展的重要力量。具体的指标有产业总量进一步增长；产业体系进一步完善；市场主体进一步壮大；产业基础进一步夯实；产业环境进一步优化。具体的体育产业领域包括竞赛表演业、健身休闲业、场馆服务业、体育中介业、体育培训业、体育传媒业、体育用品业等[2]。体育产业的"十三五"规划已经执行完毕，并为"十四五"规划打下了坚实的基础，人们也开始对"十四五"规划充满期待。

与体育产业密切相关的另一个问题无疑是体育人才的培养，所以与体育产业发展规划配套的另一个文件是《全国体育人才发展规划（2010—2020年）》。这是一个全国性的体育人才发展的十年规划，2020年是这一规划的收官之年。根据这一规划的设想，我国要培养和造就一支数量充足、结构合理、门类齐全、素质优良的体育人才队伍。体育人才资源总量稳步增长，体育人才队伍规模不断壮大。体育人才素质显著提高，体育人才的结构更加优化。体育人才发展机制体制创新取得突破性进展。体育人才发展投入稳步增加，体育人才教育培训体系进一步完善。体育人才管理工作格局不断优化。具体的分阶段目标是：2015年以前，以完善体育人才工作协调机制和实施体育人才培养专项计划为主要抓手，推进体育人才服务体系创新；到2020年，全面落实各项任务，推动体育人才队伍协调发展[3]。

在体育人才中，体育专业技术类人才主要由体育院校来培养，《全国体育人

---

[1] 国务院. 国务院关于加快发展体育产业 促进体育消费的若干意见[EB/OL]. (2014-10-20)[2020-10-15]. http://www.gov.cn/zhengce/content/2014-10/20/content_9152.htm.
[2] 搜狐网. 国家体育总局关于印发《体育产业发展"十三五"规划》的通知[EB/OL]. (2017-03-10)[2020-10-15]. https://www.sohu.com/a/128498362_495062.
[3] 国家体育总局. 全国体育人才发展规划（2010—2020年）[EB/OL]. (2011-03-07)[2020-10-15]. http://www.sport.org.cn/search/system/ldrs/2018/1114/193451.html.

才发展规划（2010—2020年）》关于体育专业技术类人才发展的目标是"以提高专业水平和创新能力为核心，以高层次人才和紧缺人才为重点，打造一支适应和促进群众体育、竞技体育、体育产业及其他各项体育事业科学发展，事业心强、治学严谨，具有国际视野，具有良好职业道德和较高业务能力的各学科和领域的优秀体育专业技术人才队伍"，而具体的措施则包括"进一步扩大体育专业技术人才队伍培养规模，提高体育专业技术人才业务水平和创新能力。构建分层次、分类别的体育专业技术人才继续教育体系，加快专业技术人才知识更新。依托重大科研攻关、重大课题研究、重大赛事备战的组织与实施，发现、吸引、凝聚和培养优秀人才。加强学科带头人、团队核心人才的培养和创新团队建设，组织实施中青年体育专业技术人才培养计划，探索建立总局联系专家制度。加强对专业技术人才的日常跟踪、管理和服务，完善专业技术人才考核、评价体系，强化考核、评价结果与岗位聘任联动机制。进一步加强专业技术职务评聘管理，继续规范专业技术人才岗位聘用程序，强化专业技术职务竞争激励机制。改善专业技术人才待遇和科研环境，完善专业技术人才收入分配等激励办法"[1]。《全国体育人才发展规划（2010—2020年）》为我国体育人才的发展打下了坚实的基础，同时，在新的时代背景下，体育人才的发展也需要进行新一轮的规划。

第二节　现代体育高职教育的理论审视

除了研究相关的政策以外，现代体育高职教育还要注重理论研究的科学指导，理论并不是空想出来的，都是建立在前人的研究成果基础之上，因此，仔细钻研与现代体育高职教育相关的理论是进行研究的另一个前提。

一、系统论原理与现代体育高职教育

系统论研究和分析多种多样系统的共同特性，以及它们的层次、结构与相互作用，揭示出适用于一般系统的模式、原则和规律，并用数学模型去描述和确立系统的结构和行为，以求得系统的最佳效能。系统论、控制论、信息论等都是典型横断科学，"横断科学不是以客观世界某一运动形式或某一物质结构、物质形

---

[1] 国家体育总局. 全国体育人才发展规划（2010—2020年）[EB/OL]. (2011-03-07) [2020-10-15]. http://www.sport.org.cn/search/system/ldrs/2018/1114/193451.html.

态作为研究对象，而是以许多不同的运动形式或是以许多不同的物质结构、物质形态在某些特定方面的共同点作为研究对象"[1]。奥地利生物学家贝塔朗菲被认为是一般系统论的创始人，其在1955年出版的《一般系统论》一书被认为是系统论的奠基性著作，系统论经常被用来解释教育现象和问题。

自然界有无限多样的物质结构，因而也就生发了无限多样的系统。所谓系统可以理解为由多种要素有机联系而组成的整体。系统都有自己相对稳定的结构，系统的功能正是建立在结构的基础上。结构不同，系统的性质也会不同，系统的功能也不同。系统的结构具有稳定性、开放性、整体性和动态性等特征。通过多年的潜心研究与探索发现，现代体育高职教育是一项系统性工程，以教育为纽带，外部连接各方利益，直接或间接促进各方发展；另外，现代体育高职教育自身又是一个以人才培养为核心的复杂系统。本书基于目标环、机制环、过程环、活动环与评价环五个具体环节建立一个相对完整的高职体育教育人才培养体系——五环模式，进而通过体教融合、体医融合、体艺融合、体产融合、军体融合这"五大融合"开辟了一个现代高职教育的专业格局。从结构整体与要素间的关系看，五环模式是一个相对稳定、开放、发展性与前进性相统一的系统科学。

国内系统论研究专家魏宏森与曾国屏在《系统论——系统科学哲学》一书中对系统论进行深入系统的分析，此书是目前国内关于系统论的重要著作。此书对系统科学的产生与发展做了这样的介绍："科学技术的发展，极大地促进了物质生产组织形式、社会组织形式的发展和变化，同时也促进了科学技术研究本身以及社会科学研究的进步。社会物质生产的组织性和复杂性，社会生活系统的组织性和复杂性，社会管理的组织性和复杂性，科学研究对象的组织性和复杂性，都极大地增加了。这些组织性、复杂性事物的特点可以概括为：因素众多，涉及面广；联系紧密，结构复杂；动态多变，随机性强；非线性，非加和性；因果关系反直观性；滞后效应，影响深远。这就注定科学技术研究要进一步突破以往的理论模式和研究框架，由追求基元性向深究组织性挺进，由向往简单性向探索复杂性发展，由崇拜线性律向探讨非线性律而努力。"[2]现代体育高职教育发展到今天已经逐渐变得专门化、科学化、系统化，拥有显著的时代特征，科技的发展

---

[1]金吾伦.跨学科研究引论[M].北京：中央编译出版社，1997：76.
[2]魏宏森，曾国屏.系统论——系统科学哲学[M].北京：世界图书出版公司，2009：1.

又为其注入了新的活力，赋予了更多的发展可能。随着对体育高职教育自身的目标设定、组织形式、参与人员、过程实施、评价反馈等方面的研究逐渐深入，与其相关的外部条件保障、受益群体等要素也逐渐被广泛发掘与探讨。五环模式就是对新时代体育高职教育系统化的研究，它着眼于现代体育高职教育的内部因素与外部条件，在以往研究的理论框架与实践探索基础上，深入探究各元素的本质特征与元素间的交叉性逻辑关系。

系统论有八种基本原理。第一是系统的整体性原理，即系统中各要素相互作用而使系统成为一个有机整体，而整体一经形成就具有独立的性质与功能。五环模式即是由目标环、机制环、过程环、活动环与评价环五个部分相互作用组成的有机整体，它具有鲜明的时代特征与发展潜力，能够正面解答现代体育高职教育所面临的五个问题：为谁培养现代体育高职人才，培养什么样的现代体育高职人才，谁来培养现代体育高职人才，什么培养现代体育高职人才，怎样培养现代体育高职人才。第二是系统的层次性原理。这种情况可以这样解释："由于组成系统的诸要素包括结合方式上的差异在内的种种差异，从而使系统组织在地位与作用、结构与功能上表现出等级秩序，从而形成了具有质的差异系统等级，层次概念就反映了这种质的差异的不同系统等级或系统中的等级差异性。"[1]五环模式是一种较高级的系统性教育理论，它能够有效解决现代体育高职教育所面临的问题，与此同时，它又对其他学科专业高职教育、应用型本科教育有一定的启示性作用。第三是系统的开放性原理，这条原理具有重要指导意义。系统必须是开放的，并通过开放来实现与外界环境的物质、能量、信息的交换，否则，最终的结局就会是活力丧失而走向终结。从发展历程看，五环模式也是经历了不断的探索而逐渐完善的，它本身就是一个适应时代发展变化的理论模式，来源于实践的特征决定其必将随着时代的发展而不断完善。第四是系统的目的性原理。组织系统具有一种趋向于某个目的状态的特性，这就是系统的目的性原理。目的具有调节性，如果系统偏离了自己的目标状态，就需要对其进行控制。五环模式的提出就是为了解决现代体育高职教育所面临的五个问题，在其理论完善与应用实践中，实施主体能够根据这一目标自觉调控进度、强度、广度、深度，真实可靠。第五是系统的突变性原理。系统突变性是指系统从一种状态通过某种突变进入另一种状态。系统突变的积极意义体现在能够导致系统的多样性和丰富性。五环模式的

---

[1] 魏宏森，曾国屏. 系统论——系统科学哲学 [M]. 北京：世界图书出版公司，2009：217.

形成不是一朝一夕，是经历了湖南体育职业学院几代人的共同努力探索而得，厚植于为人民服务这片精神沃土，深耕于现代体育高职教育这一战略高地，二十载风雨困顿，一夕哉灵光迸现。第六是系统的稳定性原理。系统的稳定性意味着系统有一种自我稳定的能力，从而在一定程度上保持和恢复秩序与功能。五环模式的稳定性主要来源于机制环，即强大的保障机制，以既定利益连接起来的五方机制主体会最大限度发挥自己的职责能力，确保现代体育高职人才培养有效、有质、有量，按计划顺利完成。第七是系统的自组织原理。系统从一种组织状态自发地变成另一种组织状态就是系统的自组织。系统的自组织原理是指"开放系统在系统内外两方面因素的复杂非线性相互作用下，内部要素的某些偏离系统稳定状态的涨落可能得以放大，从而在系统中产生更大范围的更强烈的长程相关，自发组织起来，使系统从无序到有序，从低级有序到高级有序"[1]。以过程环为例，前人的研究基本上涉及的是产、学、研、训四个方面，而且对这四个方面的顺序并没有理得很清，讲得透彻。在过程环中，我们仔细梳理了这四者的关系，并结合现代体育高职人才培养的特征，将"赛"加入进来，最终形成了以学为基础的学、研、训、赛、产过程环理论，使人才培养过程环节有理有序。第八是系统的相似性原理。系统论有一个重要的观点就是差异性中具有相似性。系统的相似性主要体现在系统的结构和功能，存在方式和演化过程具有共同性。正是由于在人才培养方面积累得足够深，湖南体育职业学院才能依据系统的相似性原理，提出以过程环为核心的现代体育高职人才培养的五环模式，深入探究其间各环节的相同与不同之处，互相激励完善。

二、产教融合理论与现代体育高职教育

产教融合即产业与教育之间一种融合关系，这是一种社会现象，也是一种教育发展模式。产教融合是一项持久的政策议题，并且围绕产教融合已经形成了一套庞大的理论，这套理论具有很强的解释力。

2017年国务院办公厅发布《国务院办公厅关于深化产教融合的若干意见》，特别指出，"深化产教融合，促进教育链、人才链与产业链、创新链有机衔接，是当前推进人力资源供给侧结构性改革的迫切要求，对新形势下全面提高教育质量、

---

[1] 魏宏森，曾国屏. 系统论——系统科学哲学[M]. 北京：世界图书出版公司，2009：271.

扩大就业创业、推进经济转型升级、培育经济发展新动能具有重要意义"[1]。产教融合的核心是产教协同育人。所以在这一文件中，把产教协调育人作为深化产教融合的一个重要的切入点，"坚持职业教育校企合作、工学结合的办学制度，推进职业学校和企业联盟、与行业联合、同园区联结。大力发展校企双制、工学一体的技工教育。深化全日制职业学校办学体制改革，在技术性、实践性较强的专业，全面推行现代学徒制和企业新型学徒制，推动学校招生与企业招工相衔接，校企育人'双重主体'，学生学徒'双重身份'，学校、企业和学生三方权利义务关系明晰。实践性教学课时不少于总课时的50%"[2]。根据《现代职业教育体系建设规划（2014—2020年）》，到2020年，我国要建立具有中国特色、世界水平的现代职业教育体系，而产教深度融合正是这一体系的基本特征。产教融合正在对高等职业教育人才培养的理念和模式产生前所未有的冲击。

学术界对产教融合的研究也积累了丰富的成果。通常情况下，产教融合是指产业组织与职业院校之间的一种互动关系，通常包括三种情形：第一，指产业组织与职业院校围绕人才培养和产业发展等问题而展开的深度合作行为；第二，指职业院校基于人才培养的需要，举办产业，从而转型为半产业组织；第三，指企业等产业组织举办职业教育，从而部分地拥有教育职能等。生产性实习实训，引企入教，校企一体，园区办学股份制职业院校、混合所有制职业院校、产业学院等都是产教融合的具体形式。

在产教融合的问题上，政府、企业、学校、行业、学生等都是利益相关者，组成了一张复杂的利益关系网。在产教融合情境下，企业将获得更多发展的资源与条件，对职业院校来说同样如此。政府作为另一个重要的利益主体一直在试图促进这种融合，并且也充分认识到要促进产教融合，必须强化企业的重要主体作用。政府在产教融合中的作用就是理顺各种利益关系，激发企业的积极性，拓宽企业参与途径。具体的做法包括，"鼓励企业以独资、合资、合作等方式依法参与举办职业教育、高等教育。坚持准入条件透明化、审批范围最小化，细化标准、简化流程、优化服务，改进办学准入条件和审批环节。通过购买服务、委托管理等，支持企业参与公办职业学校办学。鼓励有条件的地区探索推进职业学校

---

[1] 国务院办公厅. 国务院办公厅关于深化产教融合的若干意见 [EB/OL]. （2017-12-19）[2020-10-17]. http://www.gov.cn/zhengce/content/2017-12/19/content_ 5248564.htm.

[2] 国务院办公厅. 国务院办公厅关于深化产教融合的若干意见 [EB/OL]. （2017-12-19）[2020-10-17]. http://www.gov.cn/zhengce/content/2017-12/19/content_ 5248564.htm.

股份制、混合所有制改革，允许企业以资本、技术、管理等要素依法参与办学并享有相应权利"[1]。产教融合蕴藏复杂的利益关系，产教融合就是要理顺这种关系，这是产教融合理论的一个要点。

在现代社会，教育与产业之间的界限变得日益模糊，政府、产业界和教育界的关系也越来越密切。官、产、学形成一种三螺旋关系。产教融合要诉诸这种关系。美国纽约州立大学的社会学家亨利·埃茨科威兹和阿姆斯特丹科技学院的罗伊特·雷德斯多夫教授在20世纪90年代中期提出了这一关系模式，这是关于现代社会中，政府、产业和大学之间的新型互动关系。政府、企业与大学是现代社会内部创新制度环境的三大要素，它们根据市场要求而联结起来，形成了三种力量交叉影响的三螺旋关系。三螺旋模式试图揭示和精确描述在创新系统中正在出现的制度力量的新结构[2]。这一关系模型不刻意强调谁是主体，而是强调政府、产业和大学的合作伙伴关系，强调这些群体的共同利益是给他们所处的社会创造价值，政府、产业和大学三方都可以成为动态体系中的领导者、组织者和参与者，每个机构范围在运行过程中除保持自身的特有作用外，可以部分起到其他机构范围的作用，三者相互作用、互惠互利、彼此重叠。这一关系模型对现代社会中的产教融合有一定的指导意义。事实上，从《国务院办公厅关于深化产教融合的若干意见》这一政策文件也可以或隐或显地看到这种关系模式的存在。

再回到现代体育高职教育这一议题上来。有研究者指出，"从中国高职教育20年的大发展来看，坚持产教融合是其发展壮大的关键，也是其实践探索取得的重要经验。深化产教融合要求高职教育将产业先进技术、优秀文化和发展需求融入专业教学，深入推进产业界、教育界的有机衔接，以保证高职教育事业的可持续发展"[3]。现代体育高职教育如果不主动开展产教融合，并从产教融合中寻找改革和发展的线索与启示，那么其发展将是艰难的，甚至有可能被时代抛弃。现代体育高职人才培养的五环模式的建构与应用正是在产教融合的氛围中完成的，在这一过程中，体育高职院校、体育产业部门、政府部门之间形成一种或隐或显的三螺旋关系，而协同育人则是五环模式的基本内涵和重要特征。

---

[1] 国务院办公厅. 国务院办公厅关于深化产教融合的若干意见[EB/OL]. (2017-12-19) [2020-10-17]. http://www.gov.cn/zhengce/content/2017-12/19/content_5248564.htm.

[2] 方卫华. 创新研究的三螺旋模型：概念、结构和公共政策含义[J]. 自然辩证法研究, 2003 (11): 69-72, 78.

[3] 马树超, 郭文富. 高职教育深化产教融合的经验、问题与对策[J]. 中国高教研究, 2018 (4): 58-61.

第三章
现代体育高职人才培养的目标环：学、思、行、竞、创

目标环是所有环节的缘起，对其他环节起到宏观导向作用。目前，世界经济发展进入新时代，各国都在重新审视技术人才的培养目标。我国的高职人才培养目标经过多次修订，最终在2019年教育部印发的《教育部关于职业院校专业人才培养方案制订与实施工作的指导意见》（以下简称《意见》）中确定职业教育要加快培养复合型技术技能人才。

本章针对《意见》中对复合型技术技能人才所具备的能力的描述，追溯现代体育高职人才培养目标环的研究缘起，具体阐述现代体育高职人才职业核心能力体系的内涵特征、理论模型与实践探索。

第一节 高职学生五环相扣职业核心能力体系建构的现实基础和理论依据

为了适应新时代各行业对复合型技术技能人才的需求，有必要对各类人才的职业核心能力体系建构的现实基础与理论依据进行探索，进而确定现代体育高职学生职业核心能力体系的内涵特征。

一、现实基础

（一）"工业4.0"时代与职业教育核心能力体系建构

在人类社会发展的进程中，每一次工业革命都导致了人类社会和经济的根本性变革，对职业教育提出了新的挑战。以第一次工业革命为例，人类社会中工业技术的不断发展与应用，使职业教育也随之发生了巨大变化："教学模式从以学

徒制为主转变为以学校式为主；教学内容从以实践经验为主转变为以科学理论知识为主；管理（举办）机构从民间私人机构转变为政府机构。"[1]

"工业4.0"是一次理念催生的"智能化"工业革命。2011年汉诺威博览会，德国首先提出"工业4.0"的概念[2]。"工业4.0"主要是指利用物联信息系统（Cyber-Physical System，CPS），将生产中的供应、制造、销售信息数据化、智慧化，最后达到快速、有效、个人化的产品供应。这一概念是基于工业发展不同阶段做出的划分，也是德国为了在新一轮的工业革命中占领先机的国家战略。继德国的"工业4.0"战略提出之后，各国相继推出自己国家战略和计划。与此概念类似的理念在美国由通用电气于2012年率先提出，称作"工业互联网（Industrial Internet）"[3]，在英国被称为"第四次工业革命"，随着时间的推移，这个概念已得到了其他主要工业国家的认可。

2015年4月，法国经济部、工业与数字事务部也宣布启动"未来工业"计划，明确提出通过数字技术改造实现工业生产的转型升级和以工业生产工具的现代化帮助企业转变经营模式、组织模式、研发模式和商业模式，从而带动经济增长模式的变革，建立更具竞争力的法国工业。该计划也被称为法国版的"工业4.0"[4]。

日本经济产业省在2016年4月发布了《新产业结构蓝图》，指出"工业4.0"将引发产业结构与就业结构变革，要求构建新的适应"工业4.0"需求的教育系统。2017年，文部科学省在"工业4.0"人才育成推进会议上提出，通过职业院校项目开发，实施"超级职业高中计划"等，强化职业教育产教融合，引领职业院校专业设置变革，强化数理情报教育，普及计算机编程教育，以培养日本"工业4.0"适需人才[5]。

不论是"工业4.0"，还是第四次工业革命，都是为了对21世纪以数字革命为基础，以互联网的普及为载体，以物理、生物、数字等领域、技术的融合为核

---

[1] 史旦旦，马洁虹. 第一次工业革命对职业教育之影响——基于技术视角的诠释 [J]. 河北职业教育，2010，6（2）：51-53.

[2] MORRAR R, ARMAN H, MOUSA S. The Fourth Industrial Revolution (Industry 4.0): A Social Innovation Perspective [J]. Technology Innovation Management Review, 2017, 7 (11): 12-20.

[3] 中国新闻网. "落子工业互联网"美国工业4.0着眼软实力 [EB/OL]. (2016-05-13) [2020-10-17]. http://www.gov.cn/zhuanti/2016-05/13/content_ 5072984.htm.

[4] Institut Montaigne. Industrie du Futur, Prêts, Partez [M]. Paris: Institut Montaigne, 2018.

[5] 安培. 日本"工业4.0"与职业教育发展研究 [J]. 中国职业技术教育，2017（27）：28-32.

心引擎，以智能化、虚拟化、数字化、个性定制化、超链接为主要特点的生产力与生产关系的全新变革进行具体描述。这次世界范围内的变革产生了巨大影响，对中国的崛起与中华民族伟大复兴的"中国梦"的实现提出了严峻的挑战。职业教育作为教育强国战略的重要一环，在全球化工业剧烈变革的背景下，面对产业领域对高技能人才质与量的新诉求，人才培养目标修订必须精准对接，职业人才核心能力培养体系必须重塑。

世界经济论坛（World Economic Forum）针对"工业4.0"时代的背景，于2020年1月发布了一份题为《未来学校：为第四次工业革命定义新的教育模式》的报告，提出了"教育4.0"的全球框架，涵盖了学习内容和经验的八个关键特征：全球公民技能（Global Citizenship Skills）、创新创造技能（Innovation and Creativity Skills）、技术技能（Technology Skills）、人际关系技能（Interpersonal Skills）、可及性和包容性学习（Accessible and Inclusive Learning）、基于问题和协作的学习（Problem-based and Collaborative Learning）、个性化和自定进度的学习（Personalized and Self-paced Learning）、终身学习和学生自驱动的学习（Lifelong and Student-driven Learning）。王永固等在解读这份报告的这一内容时，基于全球现有的16个学校案例进行特征分析，将其作为推动教育变革的行动者，进行了未来学校教育内容与教育模式的探讨，提出了教育4.0时代合格公民应该具备的四个维度的能力：创新创造、技能技术、人际交往和全球公民意识[1]。在强调培养学生持续面向未来、深层次融入产业、适应国际化大潮流的能力素养方面为高职人才五环相扣职业核心能力体系的建构提供了一定的研究思路。

（二）"中国制造2025"战略与职业教育核心能力体系建构

席卷全球的"工业4.0"时代的到来，以其智能化、虚拟化、数字化、个性定制化、超链接等特点促使中国政府提出一系列的战略计划与部署。面对在自主创新能力、信息化程度、产业结构水平、资源利用效率、质量效益等方面与发达国家的差距，中国政府于2015年正式提出《中国制造2025》的顶层规划与设计蓝图。其中提出的中国制造向中国智造转型的趋势与目标，尖锐地指出了产业发展与人才供给的矛盾，催生了第一、二、三产业对"智造型"人才的需求，吹响了职业教育改革的号角，直指职业教育中人才培养目标中学生核心能力体系的

---

[1] 王永固，许家奇，丁继红. 教育4.0全球框架：未来学校教育与模式转变——世界经济论坛《未来学校：为第四次工业革命定义新的教育模式》之报告解读 [J]. 远程教育杂志，2020，38（3）：3-11.

重构问题。

与此同时，在2015年，李克强总理又提出了"互联网+"的国家战略，力求利用信息化的便捷优势，将互联网的建设成果与各行业、领域深度融合，推动技术进步效率提升和组织变革，提升实体经济创新力和生产力，形成更广泛的以互联网为基础设施和创新要素的经济社会发展新形态[1]。至此，"互联网+职业教育"的理念与思路逐渐展开，为"中国制造2025"保驾护航。李克强总理在2019年《政府工作报告》中再一次强调"全面推进'互联网+'，运用新技术新模式改造传统产业""打造工业互联网平台，拓展'智能+'，为制造业转型升级赋能"[2]。有关学者研究认为，面对"互联网+"时代产业变革的机遇和挑战，需要积极构建"互联网+职业教育"新体系，培养"专业知识、职业技能和信息技术"三位一体的高素质复合型技术技能人才，主动适应产业转型升级的要求[3]。这种理念也应引起重视。

相较于其他教育类型，职业教育与产业发展的结合度是异常紧密的，有两点表现：第一，产业结构的转型与升级势必对职业教育的办学模式、办学思路、专业设置、课程标准与课程体系的构建、人才培养等方面提出更高的要求；第二，职业教育内涵的提升也定会以输送给行业、企业大量适应地区、社会、全球发展潮流的高端人才的形式，促进产业的蓬勃发展。如何抓住"中国智造"的"智"指导职业教育中高水平人才核心能力体系建构，反哺这一战略目标的完成，是研究的出发点与归宿。换句话说，高技能人才培养，特别是如何搭建适应"中国制造2025"时代背景的高水平人才核心能力体系是"中国制造2025"与职业教育的最佳结合点。2019年，国务院印发的《国家职业教育改革实施方案》（职教20条）中提到"启动1+X证书制度试点工作"改革要求，表明职业教育中人才的培养目标不仅是要培养业务能力精湛的各领域精英，也要求这些精英具备领域相关的关键性技术技能，还能够随时实现"跨领域作业"，利用知识与技能、素质与方法，创造性解决工作中遇到的一系列问题。这就要求职业教育者重新思考，如何搭建职业教育中高水平人才的能力体系才能适应"中国制造2025"的

---

[1] 国务院. 国务院关于积极推进"互联网+"行动的指导意见 [EB/OL]. （2015-07-01）[2020-10-17]. http://www.gov.cn/gongbao/content/2015/content_ 2897187.htm.

[2] 李克强. 政府工作报告——2019年3月5日在第十三届全国人民代表大会第二次会议上 [EB/OL]. （2019-03-05）[2020-10-17]. http://www.gov.cn/zhuanti/2019qglh/2019lhzfgzbg/index.htm.

[3] 韩锡斌，葛连升，程建钢. 职业教育信息化研究导论 [M]. 2版. 北京：清华大学出版社，2019：41-43，7.

战略需要，为"两化"融合，为现代化建设提供"智"力支持。

（三）《中国教育现代化2035》与职业教育核心能力体系建构

百年大计，教育为本。教育是民族振兴、社会进步的基石，是提高国民素质、促进人的全面发展的根本途径，寄托着亿万家庭对美好生活的期盼。历史和实践证明，职业教育不仅解决了现代化建设中对数以亿计的高素质专门化人才的需求，也为人民内部矛盾的解决提供了强有力的帮助。

党和国家一直以来十分重视教育工作。党的十七大以来根据"优先发展教育，建设人力资源强国"的战略部署制定了《国家中长期教育改革和发展规划纲要（2010—2020年）》[1]。党的十九大报告中提到的全面建成小康社会，开启全面建设社会主义现代化国家新征程的"两个一百年"的奋斗目标[2]，归根结底还是要依靠高水平的人才来推动。因此，在2018年的全国教育大会上，习近平总书记就加快推进教育现代化、建设教育强国、办好人民满意的教育做了全面部署，为发展新时代中国特色社会主义教育指明了方向。

2019年2月，中共中央、国务院印发了《中国教育现代化2035》，系统勾画了我国教育现代化的战略愿景，明确了战略目标，部署了战略任务，给出了实践路径。其中提到"更加注重以德为先，更加注重全面发展，更加注重面向人人，更加注重终身学习，更加注重因材施教，更加注重知行合一，更加注重融合发展，更加注重共建共享"[3]，推进教育现代化的八大基本理念，从顶层设计方面指明了职业教育育人方向。因此，需要重新结合"职业教育服务能力显著提升"的分目标中的提升"服务能力"，积极探索人才培养目标，探索在教育现代化的进程中，职业教育要培养具备什么样能力的人才。

结合职教20条中提到的"现代化""工匠精神""高素质劳动者和技术技能人才""实践能力""持续成长"等人才培养方面的关键词汇，加上对2019年4月1日教育部、财政部联合印发的《教育部 财政部关于实施中国特色高水平高职学校和专业建设计划的意见》（双高计划）进行研读后，可以发现，其中提到

---

[1] 新华社. 国家中长期教育改革和发展规划纲要（2010—2020年）[EB/OL]. (2010-07-29) [2020-10-17]. http://www.gov.cn/jrzg/2010-07/29/content_1667143.htm.

[2] 习近平. 决胜全面建成小康社会夺取新时代中国特色社会主义伟大胜利——在中国共产党第十九次全国代表大会上的报告[J]. 石油政工研究，2017（5）：19-42.

[3] 新华社. 中共中央、国务院印发《中国教育现代化2035》[EB/OL]. (2019-02-23) [2020-10-17]. http://www.gov.cn/zhengce/2019-02/23/content_5367987.htm.

的"落实立德树人根本任务,将社会主义核心价值观教育贯穿技术技能人才培养全过程,坚持工学结合、知行合一,加强学生认知能力、合作能力、创新能力和职业能力的培养"[1]是对前面关键词汇的高度概括总结,为本次研究提供了宝贵的思路。

二、理论依据

自工业革命以来,职业教育从一般教育中独立出来,有关职业能力特别是职业核心能力的研究未曾间断。可以说,职业能力是一个不断发展、不断丰富的概念,有着鲜明的时代烙印与社会特征。在早期的学徒制和职业培训领域中,人们将职业能力与操作能力、动手能力相等同,甚至到现在职业教育也有时候被大众误解。但随着时代的变化、产业结构的调整、理论研究的深入,人们开始发掘出职业能力的内涵,同时对相关知识、心理状态、道德品质保持关注。如今,无边界职业生涯时代促使人们思考构建职业教育学习者的综合能力。通过上述的现实基础,职业教育者们可以感受到职业教育中核心能力体系构建的紧迫性,现从理论角度总结古今中外关于职业教育中核心能力体系建构的观点与看法,以期为现代高职学生五环相扣职业核心能力体系的建构提供理论依据。

(一) 国外研究

世界各国围绕职业核心能力进行了广泛研究,比较著名的有德国劳动市场与职业研究所所长梅腾斯阐述的"关键能力"(Key Competencies)[2],在2013年的"工业4.0"规划提出后,德国对员工的能力要求又有了进一步提升,这为职业教育人才培养目标提供了设计思路。这一时期的"关键能力"被分解为相互支持的4个一级指标,下面共设10个二级指标(图3-1),其中专业能力指专业知识技能和判断能力,可保证工作顺利进行;方法能力指运用信息技术的能力和获取解决问题方法的能力,可保证毕业生能通过终身学习适应未来科技发展而不被淘汰;社会能力指沟通能力和团队合作能力;个人能力指自我意识、自我认

---

[1] 教育部. 教育部 财政部关于实施中国特色高水平高职学校和专业建设计划的意见 [EB/OL]. (2019-04-01) [2020-10-17]. http://www.moe.gov.cn/srcsite/A07/moe_737/s3876_qt/201904/t20190402_376471.html.

[2] 杨娣. 德国职业教育"关键能力"及其践行的研究 [D]. 苏州:苏州大学,2017.

同、自我管理以及自省能力，是顺利应用其他能力的基础[1]。从中不难看出，德国的从业者能力需求有专业技能精、思维灵活度高、社会性强、个人素质突出的特点。

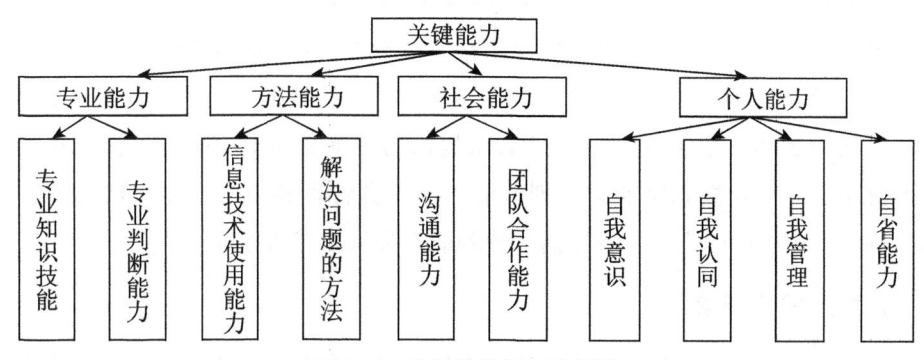

```
                            关键能力
        ┌───────────┬──────────┼──────────┬───────────┐
     专业能力      方法能力    社会能力    个人能力
     ┌──┴──┐     ┌──┴──┐     ┌──┴──┐   ┌────┬────┬────┐
   专业  专业   信息  解决   沟通  团队  自我  自我  自我  自省
   知识  判断   技术  问题   能力  合作  意识  认同  管理  能力
   技能  能力   使用  的方法        能力
              能力
```

图 3-1 关键能力指标分解图

英国职业教育中的关键能力培养已经在多年的实践探索中形成了独特的培养体系，积累了许多值得我们借鉴的经验。在1979—1983年的发展历程中，关键能力从广泛细致的11项缩减到迁移普遍的5项；在结构上，在1984—2011年实现了层次分明的转变并最终确定下来，即交流、数字应用、信息技术、与他人合作、学习与业绩的自我提高、问题解决。其中，前三项是主要关键能力，后三项是广泛关键能力。每一项关键能力又分为简单到复杂的5个等级[2]。英国在关键能力培养问题上不仅详细阐释了关键能力构成，而且在培养与实施、组织与机构、评估与认证方面都对关键能力的养成给予了保障，积累了比较成熟的经验。这是值得职业教育者们从宏观角度去思考与借鉴的。

澳大利亚的TAFE学院是主要负责职业教育的培训机构，依据"培训包"开发的职业能力标准设定教学内容。这些能力标准的制定由能力标准委员会来完成。因为其成员主要是雇主、职员以及权威部门代表，故而具有"行业参与、标准具体、双标融通"的特色。以信息技术行业培训为例，其包括174项职业能力标准，并且规定了标准的不同组合，依据这些组合开发了16种课程，与国家认可的资格证书一一对应。TAFE根据"培训包"的内容总结出普适性较高的关键

---

[1] 金雪云，杜金莲. 借鉴德国经验的中国工程人才关键能力优化培养 [J]. 计算机教育，2019 (8)：179-182.
[2] 余慧娟. 中英关键能力培养现状的分析与比较 [J]. 职教通讯，2014 (22)：30-35.

能力单元：收集、处理信息的能力；交流观点、传递信息的能力；计划与组织活动的能力；掌握数学概念并运用数学技术的能力；解决问题的能力[1]。

美国国家能力标准委员会出台了"核心能力"标准，分为学术型能力和就业型能力两大部分[2]；新加坡劳动力发展局发布了"基本能力"架构[3]。值得一提的是，世界经济论坛出版的《未来工作报告（Future of Jobs Report）》对目前15个经济体的10个工业部门的大型雇主调研的结果进行了归纳，其主要结论是：到2020年，工作世界对从业者所提出的最重要的十项能力，包括复杂问题解决能力、批判性思维能力、创造能力、人员管理能力、人际协调能力、情商、判断力和决策能力、服务导向、谈判能力和认知灵活性等[4]。

（二）国内研究

职业教育虽然始于西方，但在我国也经历了一个多世纪的发展。近代的职业教育最初由日本传入我国，在内外交迫的沉重历史背景下，被称为"实业教育"的职业教育在一定程度上推动了社会的变革与产业结构的变化。直到1917年，黄炎培、蔡元培、梁启超、张謇等业界名人在上海创立了中华职业教育社，开展职业教育与职业指导服务，职业教育在中国大地上正式生根发芽。

作为近现代职业教育的开拓者和奠基人，黄炎培的职业教育理念是当时实业救国思想的重要体现，也为现代职业教育提供了理论指导。李梦卿、杨秋月在概述黄炎培职业教育思想时，将其思想归结为实践性、人本性、社会性三个基本特征[5]。在实践性方面，黄炎培直接对学生核心能力之一的实践能力做出细致的体系划分，构建基础实践、专业实践、社会实践等一体化的实践教学体系；在人本性方面，他注重爱国情操的培养，将个人的发展与国家命运紧紧联系在一起；在社会性方面，他强调人才的培养、专业的设置要与时、地的特点相吻合，而且要培养敬业乐群的优秀人才。所谓"敬业"，是指"对所习之职业具嗜好心，所在之事业具责任心"，"乐群"是指"具优美和乐之情操及共同协作之精神"，要

---

[1] 肖化移，邱滢滢. 国外高职学生职业能力标准的比较与启示 [J]. 职教论坛，2016（4）：87-91.
[2] 谭焱良，罗薇. 大学生素质拓展活动教育研究 [M]. 长沙：湖南师范大学出版社，2008.
[3] 肖化移，邱滢滢. 国外高职学生职业能力标准的比较与启示 [J]. 职教论坛，2016（4）：87-91.
[4] World Economic Forum. The Future of Jobs [EB/OL]. (2019-11-18) [2020-10-17]. http://reports.weforum.org/future-of-jobs-2016/.
[5] 李梦卿，杨秋月. 黄炎培职业教育思想的基本特征、影响及现代应用 [J]. 教育与职业，2017（2）：5-10.

有"利居群后，责在人先"的高尚情操。这实际上是将人才培养的目标与学生的岗位、工作生活相挂钩，培养面向未来的高水平、高素质、协作性强的人才。

我国政府十分重视教育在国家发展中的地位，据此，对学生核心能力培养也做了一定的规范标准。1998年，《国家技能振兴战略》课题通过部级鉴定，按照国家职业分类大典中所提到的1838个职业，根据我国的实际情况和技能开发的需要，提炼出了核心技能的八个大类并进行表述：交流、演算、创新、自我提高、与人合作、解决问题、信息处理、外语应用，并将个人核心能力与企业核心竞争力的关系进行明确的阐述[1]。

在之后的教育改革中，职业教育者们不断地丰富核心能力内涵，国家中长期教育改革和发展规划纲要工作小组办公室在《国家中长期教育改革和发展规划纲要（2010—2020年）》中指出，教育应"强化能力培养。着力提高学生的学习能力、实践能力、创新能力，教育学生学会知识技能，学会动手动脑，学会生存生活，学会做人做事，促进学生主动适应社会，开创美好未来"[2]。

尽管古今中外的政府机构或学者对职业核心能力的表述不一，内涵范围有所出入，但不可否认，上述的职业核心能力有一定的共性。除了技术技能的基础能力外，核心能力的跨专业性决定了它能够支持从业者几乎能在相同领域不同岗位间切换、面向未来、应对跨行业挑战、终身发展，同时它也是任何行业都要具备的最基本、最关键、最重要、最基础的能力。

职业教育是就业教育，受教育者最终要在职场上获得成功，职场能力是检验职业教育质量的主要标准。体育高等职业教育的目标是培养应用型体育人才，结合相关的现实背景与理论基础，我们在对体育类应用型人才的能力结构进行深度剖析时发现，在人才培养目标上要构建"学、思、行、竞、创"五环相扣的人才培养目标，形成终身学习发展能力、思维能力、践行能力、竞合能力和创新创业能力五环相扣的职业核心能力体系。这五种能力不是一个简单累加，而是系统整合环环相扣，以五种能力为中心，构建一个高职学生的职业核心能力体系。以此体系搭建的职业核心能力可以让学生熟练完成职场工作任务，创造性解决生产中可能发生的意想不到的问题，是人们职业生涯中除岗位专业能力之外的基本能

---

[1] 中国劳动和社会保障部.《国家技能振兴战略》研究报告［EB/OL］.（2013-11-22）［2020-10-17］. http://www.docin.com/p-709850141.html.

[2] 新华社.国家中长期教育改革和发展规划纲要（2010—2020年）［EB/OL］.（2010-07-29）［2020-10-17］. http://www.gov.cn/jrzg/2010-07/29/content_1667143.htm.

力，它适用于各种职业，不随工作岗位的变化而变化，是伴随人终身的可持续发展能力。

第二节 高职学生五环相扣职业核心能力体系的内涵和特征

高职学生五环相扣职业核心能力体系是瞄准未来世界职业发展，匹配学生职业生涯规划，蓄积驰骋职场智力资本的孵化器，是现代体育高职人才培养的重要"环"节，具有丰富的内涵，它主要包括好学勤学善学的学习能力、审问慎思明辨的思维能力、爱劳精技笃行的践行能力、竞争合作立人的竞合能力和乐业精业敬业的创业能力五个维度。

一、学习能力

学习能力是指围绕学习目标，综合运用各种方法，深化和完善对现实世界的认知，是增知强识的本领，是唯一能持久的竞争力。高职学生的首要任务仍旧是学习，与基础教育阶段相比，更要明确学习目的、提高学习兴趣、自主激发学习动机、优化学习方法、养成良好的学习习惯，为终身学习奠定坚实基础。

（一）学习与学习观

学习是指通过阅读、听讲、思考、研究、实践等途径获得知识或技能的过程。学习分为狭义与广义两种。

狭义：通过阅读、听讲、研究、观察、理解、探索、实验、实践等手段获得知识或技能的过程，是一种使个体可以得到持续变化（知识和技能，方法与过程，情感与价值的改善和升华）的行为方式，如通过学校教育获得知识的过程。

广义：人在生活过程中，通过获得经验而产生的行为或行为潜能的相对持久的行为方式。

学习观是指学习者要把自己当成学习活动的主人，掌握学习主动权，从而积极、主动且创造性地进行学习。学习观包括终身学习观、全面学习观、创造学习观等。其要义是学习主体对学习客体主动探索、不断创新，从而不断发现客体新质、不断提升已有认识和经验，建构自己认知结构的过程。现代体育高职学生应树立好学、勤学、善学的学习观。

"好学"取自"敏而好学，不耻下问"。无论是从遗传与人类文明社会发展的历史进程，还是从高职院校新生入学录取分数线来看，职业院校的新生智力水平称得上是越来越高。在这个前置条件下，需要在"好学"方面加以引导，一方面是为了帮助他们快速适应大学生活，将他们在基础教育与中等教育过程中养成的良好的学习习惯固化并逐渐形成一种持久受益能力，另一方面能使他们尽快迁移观念，将注意力与观察力对接具体专业、行业，迅速树立正确的择业观与从业观。在好学的初步引导下，要注意培养学生的勤学观念，逐渐提升难度与科学性，通过加强操练频率提升学习的主动性，从而达到一种勤学的意识与习惯，在有限的大学生活中不断厚积自己的人文素养，充分调动主观能动性为学习专业知识与技能助力。有了前面好学、勤学的铺垫，就可以做善学观念的进阶塑造。孟子曰："徒善不足以为政。"从学习能力养成的角度来讲，只是一心向学、主观上乐学是不够的，为了树立好未来的技术技能型人才终身学习的理念，还要培养他们善学的观念，即高阶的学习方法的掌握，包括记忆力的科学利用、想象力的合理使用、创造力的灵活运用、理解力的深度运用、听/视/知觉能力的辅助配合利用等。

学习与学习观之间相互联系，相互促进，彼此影响。学生通过积极主动地不断学习，获取知识与实践技能，从而可以得到一个潜移默化的变化，久而久之，就会形成一种稳定的学习观。学习观的形成也是不断改进与发展的，也是一种知识的建构过程。

（二）学习能力指标体系

学习能力的产生一般是人们在正式学习或非正式学习环境下，自我求知、做事、发展的能力，也可以指学生通过教师的指导而掌握科学的学习方法，也就是通常所说的"会学"。所以，学生只有懂得"会学"，才能实现"学会"，才能不断提高学习能力。

现代体育高职学生的学习能力指标体系应紧随时代发展步伐，区别于基础教育与一般本科类学习能力指标，保留学习能力一般特性的同时凸显现代体育高职学生自身特色。现代体育高职学生的学习能力指标分为专业知识学习能力、信息搜集能力、学习策略管理能力。

1. 专业知识学习能力

专业知识学习能力是指在职业教育背景下，有意识、主动地学习专门化知识的意识与能力。与基础教育学习能力、一般本科类学习能力等培养目标不同，现代体育高职人才培养特别强调要培养学习者的专业知识学习能力，这既是对接产业、培养复合型技术技能人才的要求，也是个人价值实现的内在驱动指向。从发展的眼光看，它也是业务能力构成的基石，是业务能力逐步提升的保障，是个人终身学习发展的主要道路与选择。

2. 信息搜集能力

信息搜集能力是指学习者主动采集自身需要的信息的能力。这些信息包括专业课学习内容、专业课学习辅助内容、个人发展所必备的信息内容、个人兴趣指向内容等。根据"工业4.0"时代特征中"云"（云计算）、"大"（大数据）、"物"（物联网）、"智"（智能化）的描述，学习内容与形式相较以往也有了极大变化。受上述特征影响，信息（学习内容）存储的介质、存储量、存储方式有了极大变化，相应地，信息（学习内容）的获取方式也在不断革新——不再是传统的查阅纸质书籍、材料。这就需要学习者具备一定的信息（学习内容）搜集能力，不仅能够在浩如烟海的同类对象中准确获得必要信息（学习内容），还要能够掌握一定的"信息库"或与专业相关的"信息搜索渠道"，为专业知识基础学习乃至于专精保驾护航。

3. 学习策略管理能力

学习策略是指为了提高学习效率，达成一定的学习目标而在学习方面采取的措施与办法。高职教育背景下的学习策略管理能力应该包括有意识地总结与运用学习策略，主动掌握一般学习策略与发觉专业知识学习策略。经过长时间的基础教育，学习者在初步明确职业面向与树立人生理想的前提下，应该有意识地总结过往的学习经验、教训，并上升为学习策略。对形成的各种各样的学习策略进行管理，包括进一步地去粗取精，向专业学习方面靠拢，也包括直接地学习一些相关策略，使自身在新知识、新工艺、新领域方面都能够迅速转变学习态度，更有效率地完成学习任务。

二、思维能力

柏拉图说："思维是灵魂的自我谈话。"因此，思维是人类所具有的高级认知活动。按照信息论的观点，思维能力是对新输入信息与脑内储存知识经验进行一系列复杂的心智操作的能力。高职学生身心发展到了一个新的阶段，必然要在思维能力方面提出更高的要求。

(一) 思维与思维观

人们在工作、学习、生活中每逢遇到问题，总要"想一想"，这种"想"就是思维。思维是人脑对客观现实的间接的、概括的反应。它涉及的方面主要有两个部分，一个是对事物本质的探寻，另一个是对事物与事物之间关系的判断。它的物质基础是人的大脑，凭依语言和类语言的手段作用于客观事物，或对感性材料进行加工并转化为理性认识及解决问题。与感觉、直觉等基础认知不同，它是认识过程的高级阶段。按方式方法可分为分析（演绎）与综合（归纳）、比较与分类、抽象与概括；按形态可分为形象思维、动作思维、抽象思维等，近代也出现了一些对虚拟思维、核心思维、逆向思维等特殊思维形式的研究。

思维观是指学习者要建立成体系的思维观念，根据自身需要有意识地补全完善自身的思维观念，恰当地运用已掌握的思维方法解决学习、实操、实习、生活中遇到的各种问题，总结经验，提升应变能力，完善自身的世界观，实现自身物质追求与精神追求的统一。现代体育高职学生应树立审问、慎思、明辨的思维观。

在学习能力的基础上，学习者可算作是做到了初步的"博学"，接下来要进行审问、慎思、明辨的一系列思维活动。一般看来，学习者所学的大部分知识可以算是间接经验，必须经历思维能力的"去芜存菁"，才能为"我"所用。从思维能力培养的过程来看，第一阶段需要注重审问观念的培养，这是对所学知识的第一次"加工"，主要通过培养学生的理解力、分析力、概括力和抽象力来解答心中尚存的疑惑。接下来就是慎思观念的培养，这一步就要多进行推理、论证与判断。在此基础上着重进行明辨观念的培养，经过分析、比较，最后综合。思维能力的培养可以看作是一个过程性的能力培养，在此过程中，能力培养的实践对象经过审问、慎思、明辨三个阶段，自然会达到学习者本身急切所需思维的水平。

思维与思维观之间相互联系，相互促进，彼此影响。思维方式的完善与适时的转变可以带动思维观的稳步形成与适当调整；思维观的完善与发展可以更好地指导具体的思维活动，如结合已有的观念体系与现实需要，可以衍生出新的思维形式，更好地作用于实践。

(二) 思维能力指标体系

思维能力的产生与发展一般是人们在感觉和知觉的基础上发展而来，既来源于实践活动,又反作用于实践活动。无论是学生的学习活动,还是人类的一切发明创造活动,都离不开思维。

现代体育高职学生的思维能力指标体系不应局限于过往的思维类型,也不能脱离生产生活实践。它应该包含现代体育高职学生一般思维类型,也应该具有时代特色。现代体育高职学生的思维能力指标分为判断力、推理能力、批判性思维、语言表达力。

1. 判断力

人们在一定的思维观基础上形成了自身独有的判断力。它是指个人在思考问题或实践生活中基于自身利益或集体利益进行判定或选择的能力。个人在进行判定或选择的同时,附着其性格特点、思维观,是个人意志体现形式的一种。它是一种高级的思维形式,也是高职学生必备的一种思维能力。在过往的学习生活中积累的实践经验转化为学习者的思维观的基础上,有必要对学习者的个人利益与集体利益的关系进行更深入的引导。除此以外,也要注重对学习者专业判断力的塑造,从而实现对一般情况与专业化问题的精准、得当的判断,为下一步的实践打好基础。

2. 推理能力

推理能力是根据已储存的经验,加上分析(演绎)与综合(归纳)的思维活动,得出与原有经验紧密联系的衍生判断。它是一种能够让学习者迅速把握问题的核心要义,使学习者的能力外延不断扩大,独立处理新产生的问题的能力。它的形成基础是抽象逻辑思维,从幼儿期即开始发展,是"假设—推理—验证"的创新思维的重要环节。这种思维模式原本多用于数学学习当中,但现在已经越来越广泛地被应用在各个领域。现代体育高职教育在培养复合型技术技能人才时,也要注意对学习者推理能力的培养,这样学习者才能够不断扩大自己的能力外延,提升自己的核心竞争力,积极适应不同职业、不同岗位的需求。

3. 批判性思维

批判性思维于20世纪40年代在美国教育改革中兴起,20世纪70年代成为发达国家教育改革的焦点和目标。它旨在决定信念和行动的合理的、反思性思维,决定信念与行动[1]。这一概念由美国伊利诺伊大学的罗伯特·恩尼斯提

---

[1] ENNIS R. Critical thinking: a streamlined conception [J]. Teaching Philosophy, 1991, 14 (1): 5-24.

出，他将批判性思维的习性分为三大类、14个具体的小类。它最突出的特点是培养学习者敢于合理质疑、慎重断言的精神，倡导独立、多维度思考，反对盲从。现代体育高职教育需要培养具有批判性思维的人才，具备这样思维的人才能够更好地接受别人的意见以充实自己，才能在纷杂的信息中保持清醒的头脑，才能勇于创新，促进产业发展升级。

4. 语言表达力

语言是思维的物质外壳，是思维的重要工具。从劳动角度来看，人们在劳动过程中进展到了有协作交流的需要时，语言就产生了。从中可以看出思维产生于语言之前，但思维的表达需要借助语言来实现。目前我国第三产业发展迅猛，大量的就业岗位需要职业院校培养的复合型技术技能人才填补。除去职业特性明显的技术技能外，复合型的人才还应该具备较高水平的语言表达力，突破传统的技术技能型人才"讷"于言、敏于行的特点，要多说多练，对外与客户能够进行良好、有效的沟通，对内能够团结同事，协作共进，做到敏于言与敏于行，这样才能精准对接各自的服务产业，以更具优势的姿态上岗，发挥个人价值。

三、践行能力

践指的是实践，行指的是行动。践行能力是一种以实践能力为核心的实践、行动能力，是行动主体根据行动目的主动地改造客体的能力。这是一个非常广泛的概念，既包括个人的践行，也包括有组织的活动，既包括项目任务类的执行参与，也包括日常生活类的问题解决。它的多样性由社会分工的多样性所决定。为培养符合新时代要求的复合型技术技能人才，有效地转化理论知识，必须重视学习者践行能力的培养。

（一）践行与践行观

1. 践行

践行有着诸多含义，经典的观点是主观见之于客观，包含客观对于主观的必然及主观对于客观的必然。践行就是人们能动地改造和探索现实世界一切客观物质的社会性行动。它接受一定的主观意识引导，凭借坚定的意志品质"续航"，最终达到一定的践行效果。

2. 践行观

践行观是一种在长期的践行过程中形成的稳定的观念，是意志品质的重要构成要素。现代体育高职学生应树立爱劳、精技、笃行的践行观。

实践是认识的基础和来源，实践是检验真理的唯一标准。因此，注重践行能力的培养不仅可以对从实践中获得的直接经验进行有效积累，也可以在实践中检验所学，用认识去指导实践。另外，作为职业教育最突出的特点——实用性，又要求学生所学一定能够应用到当下、本地区的生产、服务活动中。在建设社会主义道路上，在实现伟大复兴中国梦的征程上，培养爱劳、精技、笃行的践行观念尤为重要。

2020年3月，中共中央、国务院印发《关于全面加强新时代大中小学劳动教育的意见》（以下简称《意见》），《意见》指出：劳动教育是中国特色社会主义教育制度的重要内容，直接决定社会主义建设者和接班人的劳动精神面貌、劳动价值取向和劳动技能水平。要引导学生树立正确的劳动观，崇尚劳动、尊重劳动，增强对劳动人民的感情，报效国家，奉献社会。帮助学生树立"劳动是幸福，劳动是财富的源泉"的重要观念，让学生懂得幸福、财富源于自身的亲手创造，使其爱上劳动。针对目前劳动教育尚存在被淡化、弱化和软化的倾向，在培养建设社会主义现代化的主体——"时代新人"的目标制定上，不可缺少的一环就是培养其"爱劳"的正确价值观，发挥劳动教育的价值导向作用。在马克思看来，"劳动创造了人类生存所必需的全部物质条件和精神条件"。与人们物质生活紧密相连的衣、食、住、行是需要通过劳动产生和维持的，人民生活水平的提高、人民内部的矛盾也是主要依靠辛勤、诚实劳动来解决的。劳动带来的不仅是人类社会的进步与发展，更是劳动者个人价值、个人理想追求实现的保障。对体育类复合型技术技能人才来说，在校期间就要培养其"爱劳"的正确价值观念。利用身体素质优势，着重强调亲手创造财富、创造幸福生活的意义，将这种必要的引导贯穿在劳动课程、校内劳动实践、专业技能实践、就业创业活动等过程中，与社会主义核心价值观中的爱岗、敬业联系起来，坚决反对社会上的享乐主义、不劳而获、悲观主义等错误思想。

要让学生正确认识普通的、重复性的劳动是积累经验、提升水平、改革工艺及方法的基础，在这个基础上精进自己的技艺，是个人价值实现的必由之路。在培养学生"爱劳"的同时，也要注意"精技"培养目标的贯彻落实，具体说来就是牢固树立劳动最光荣、劳动最崇高、劳动最伟大、劳动最美丽的观念，将劳动与国家复兴、民族富强联系起来，在学生心里将劳动价值从个人层面上升到国家、民族层面，使学生懂得空谈误国、实干兴邦的深刻道理。在职业院校中更加着重落实精益求精"工匠精神"的塑造与培养。确定职业方向与目标后，专注于自身技能的锤炼与提高，在平凡、重复性的工作过程中注意总结规律，精湛、精进技艺，再达到技术技能创新的目标。树立较高的职业理想，争取通过"精技"能够带动技术链条、产业链条的发展与进步。自觉承担国家富强、民族复兴相统一的时代重任，内化中华民族优秀传统文化。在体育（产业）类人才培养的目标中，要坚持"精技"与奥林匹克精神的有机融合，在千百次的练习实践中一次次地勇攀高峰，不安于现状。特别是在体育服务行业，要注重服务质量的提升，在内容设计、宣传营销、服务实施、跟踪反馈、反思总结的过程中专注坚守、勇于创新。

与劳动价值与成果相比，劳动过程更值得重视，要培养具有"吃苦耐劳、艰苦奋斗"精神的新时代劳动者，在实现劳动价值、获取劳动成果的过程中笃行如初。知与行合一的过程是缓慢的、有阻力的。但职业教育的要义就是注重"产教融合"，将所学迅速应用到生产实践，在实践中总结、修正学习内容，促进知与行的协调、良性、循环发展，这种目标的实现需要"笃行"来支持，即帮助学习者树立吃苦耐劳、艰苦奋斗的价值取向。吃苦耐劳、艰苦奋斗是先辈给我们留下来的优良传统，是中华优秀传统文化中的精华部分。在建设社会主义现代化国家的道路上，在个人理想目标实现过程中，必然会遇到各种各样的挫折与失败，必然会经历枯燥、重复性的劳动，因此，要注意培养学生继承和发扬坚韧的劳动品质。体育专业更要以培养吃苦耐劳、艰苦奋斗的技术技能型人才为目标。在训练中、在服务中、在攻克技术难关中、在创新创业过程中都要发扬"吃得苦、霸得蛮、耐得烦"的精神，在坚持中提升自我，在恶劣的条件下锤炼自身，在奋斗中实现理想。

践行与践行观相互联系，相互影响。践行观是由践行概念结合新时期劳动教育要求而产生的。先践行，在不断地践行当中形成自己的践行观，确保践行过程稳定、践行目标高效率完成。

（二）践行能力指标体系

践行能力产生于大量的有意识或无意识的践行活动中，在高职教育这一人才培养的重要阶段，有必要目标明确地对学习者的践行能力进行系统性的培养与塑造，让其能够在保障个人践行活动的前提下实现团队践行活动利益最大化。

现代体育高职学生的践行能力指标应该有别于一般的实践能力内涵，它的特征既要注重个性化发展，也要注重一般性的训练。具体说来，应该包括生活能力、操作能力、执行能力。

1. 生活能力

生活能力是学习者需要具备的一项基本能力。高职教育需要强调培养学习者的生活能力，基于以下几点原因：第一，对于大部分学习者来说，大学生活是集体生活的开端，要独立面对生活上的一些问题。生活能力也是学习者毕业后独立生活的必备能力，影响生活质量、生活幸福指数；第二，通过生活实践的积累，可以沉淀一些生活经验并迁移到工作中，解决所遇到的一些问题。现实生活中的一些学习者在物质条件丰富的现代，亲自动手解决个人生活问题，如卫生清扫、洗衣做饭等实际劳动机会较少，逐渐产生一种惰性，不利于个人身心健康发展的同时也影响积极工作的态度。因此，高职教育需要对学习者的生活能力进行关注和塑造。

2. 操作能力

操作能力一般是指动手能力。这里特指操作仪器或一般办公硬件、软件的能力。从专业角度讲，技术技能的提高很大程度上也依赖于仪器设备的操作。由此衍生的设备异常发现能力、设备运营维护能力、设备基本维修能力和新设备改进研发能力等都是需要通过专业培养完成的。从一般办公技能角度讲，熟练运用 Word 文档进行文字编辑、格式修改，熟练运用 Excel 表格的函数功能统计数据，利用 PowerPoint 做出简单的工作计划、总结汇报材料，利用手机或电脑的相关软件进行音频、视频的处理等计算机、智能化办公设备的操作能力也应是复合型技术技能人才应具备的一般操作能力。

3. 执行能力

执行能力是指按照预定目标与制订的工作计划，坚持不懈地完成工作任务的一种能力。"行百里者半九十""靡不有初，鲜克有终"都是古人对后人执行能力提升的警示。人们往往会陷入一种"虚假期望综合征"里，即沉醉、满足于自己制订的计划中，提前享受计划完成带来的快乐而自动忽略工作完成的过程。这就需要我们坚持笃行如初的理念，注重对学习者执行能力的培养，使学习者不轻易放弃自身设立的目标，锤炼吃苦耐劳、艰苦奋斗的意志品质。

四、竞合能力

竞合能力实际上就是指人与人之间的竞争与合作关系。它不是竞争能力与合作能力简单地相加，而是在新时代团队协作背景下产生的一种在竞争中寻求合作，在合作中良性竞争的一种能力。它对春秋战国时期"合纵连横"的思想进行了扬弃，对近代垄断与反垄断的经济贸易现状进行了批判，综合了现代企事业单位的团队协作特点要求，是现代体育高职人才培养的新方向。

（一）竞合与竞合观

竞合，简单来讲就是在竞争中合作，在合作中竞争。个体有意识地团结组织其他行为个体，以更高的效率完成工作任务或目标，在合作的过程中，个体对照其他人的各方面素质，借助任务完成过程，有意识地对自身实力进行判定，对潜力进行开发，实现自我的提升即是竞合。

竞合观是随着团队协作的深入而逐渐发展完善的一种观念、看法。现代体育高职学生应树立竞争、合作、立人的竞合观。

随着科技的发展进步，行业内部及跨行业的竞争愈演愈烈。在学校学习期间，要培养在本行业有一定竞争能力的技术技能型人才，就一定要引导学习者形成公平、公正的竞争意识。这是竞合观形成的基础。体育行业从业者在此方面有一些得天独厚的优势，更要善于把握利用。当然，随着竞争形式多样化的演变，目前主流的竞争形式已转变为团队间的比拼，这就要求学习者不仅要把个人能力锤炼好，也要注意与人合作能力的培养，即注意团队中的合作效率，与此同时，要在合作中仔细对照其他人的优缺点，有意识地加强自我认知，在完成工作任务的过程中有意识地自我提升，实现竞合中立人的目的。

以体育人才培养中的竞合观为例。体育作为人类的一种社会活动，是在人们的社会生产和生活中产生和演变的。它与社会的政治、经济、科学、文化、教育、军事等密切相关。它以人的全面发展为目标，通过身体锻炼增强人的体质，通过体育的社会实践促进社会发展和文明进步。公正、平等、竞争、合作的精神在体育运动中不断产生和积淀，形成规范人类行为和思想的体育精神，这是体育工作的指导思想和灵魂。体育精神让人们之间更容易沟通，让合作更广泛，让处处出现新的可能性。培养、厚植中华民族体育精神文化是立"高素质体育人"的基础，是社会主义精神文明建设的重要组成部分，对提升人的道德素质、提高社会文明水平起到非常重要的作用。

竞合观以竞合概念为基础，根据新时期的工作组织形式特点而提出，具有一定的时代性。竞合概念由竞合观得到发展完善，逐渐被人们理解和接受。

（二）竞合能力指标体系

竞合能力是一种混合式能力，有明显的内核与外延。它不同于普通的竞争能力与合作能力，更不是二者简单地相加。具体来说，现代体育高职学生的竞合能力应该包括自我认知能力、自我提升能力、人际协调能力。

1. 自我认知能力

自我认知伴随个体成长与发展。在高职教育阶段，学习者的思维方式趋于理性，与其他学习者之间的比较意识、竞争意识逐渐凸显，对自身的认知逐渐加深，但这种认知是零散的、不成体系的、无意识的。这与个体的身心发展相矛盾，不利于个体的良性发展。因此，在培养人才的技术技能和一般性能力的同时，也要注意个体自我认知能力的培养。具体来说，要加强学习者对自我性格特征的定位，对本身现有专业水平与一般能力进行客观判定，对自身的弱势与优势有正确的、客观的认知，对自身的心理素质有客观性的评定等。提升自我认知能力才能产生稳定的、符合实际的自我效能感，这是竞合能力提升的基础。高职专业的学生受社会心理影响，容易产生自卑心理，特别是新生可能存在考试失利的心理落差，容易表现出自我降低偏见。及时、恰当的自我认知能力培养是很有必要的，应该将其设立为人才培养全过程目标。

2. 自我提升能力

在对自身所具备的能力有了一定的、具体的认知后，结合国家命运与自己的前途发展，学习者应当注重自我提升能力的培养。这里指的自我提升能力应与践行能力区别开来。自我提升能力是指在稳定的自我认知基础上，在与其他学习者相处、共同学习的过程中产生的一种积极的自我偏见，即能够对自己进行正面的鼓励与引导，从而对自己产生满意感、能力感。在与他人的竞争或合作中，无论是成功还是失败，都能做到荣辱不惊，且能够对自身给予正面的评价与肯定，以更好、更饱满的姿态迎接接下来的工作挑战是自我提升能力的重要作用。

3. 人际协调能力

人际协调能力也称交往合作能力，竞合能力中的人际协调能力是为了完成协作目标与任务，有效地协调合作者间关系的能力。它是人的本质属性——社会性的内在要求，也是自我认知与自我提升的良性土壤。它不仅关系个人的生存与发展，更关系行业、社会的稳定与进步。在与他人进行沟通，维持良好的合作关系的同时，具有一定人际协调能力的学习者可以近距离观察他人的一般素质与业务能力，有意识地发展自己与之匹配的能力或注重优质能力的提升促进，实现团队互补式发展与个人能力在竞争中的提升。

五、创业能力

创业能力指拥有发现或创造一个新的领域，致力于理解创造新事物（新产品、新市场、新生产过程或原材料、组织现有技术的新方法）的能力，能运用各种方法去利用和开发它们，然后产生各种新的结果。创业能力分为硬件和软件，硬件就是人力、物力和财力；软件就是创业者的个人能力，包括专业技能和创业素质。这里讲的创业能力主要是指创业素质。

（一）创业与创业观

创业是创业者与其搭档通过对自身资源的优化整合，以协作的形式创造出更大的经济价值或社会价值，实现个人理想的活动。它来源于资源的积累与结构的优化，与时代发展和行业潮流同向，在共同奋斗的基础上得以成功。

2014年夏季达沃斯论坛上，李克强总理提出要在中华大地上掀起创业浪潮，形成"大众创业、万众创新"的新态势。此股态势席卷了所有行业，体育行业也不例外，许多企业、商家乘着创新创业的浪潮在业内崛起。现代体育高职学生应树立乐业、精业和敬业的创业观。

乐业是指沉浸于事业的快乐，是创业成功的基础之一。《老子》有言："安其居，乐其业。"这虽然是一种消极避世的思想，但其中提到的乐业是值得我们思考的。诚然，工作给人带来许多负面的影响乃至身体、心灵的创伤。但深入工作之中，探寻其发展规律，寻找其与其他工作的接驳点，从而明悟个人价值在集体社会链条中所起的作用，通过奋斗将个人价值不断扩大是一种乐趣。填补自己的生活空白，让自己的精神世界更加丰富稳固即是乐业。孔子说的"知之者不如好之者，好之者不如乐之者"，讲的就是学习者的乐业。

精业是指在工作过程中不断提升自己的技能与业务水平，是创业成功的另一个基础。几乎所有的创业者都是在自己的行业领域摸爬滚打多年，练就一身"本领"，积累了丰富的资源，寻找到了一群志同道合的同伴才开始创业的。另外，创业成功后的经营也需要精业的态度。争做行业领先、国内外闻名是每一个公司、企业努力的目标，也是每个从业者的个人发展目标。没有哪个创业者只是为了创业而创业，而不在乎创业之后的经营。

敬业是指对所从事的事业有强烈的责任心。朱熹讲"主一无适便是敬"，就是说做事专心致志即是敬。梁启超在《敬业与乐业》中讲到"百行业为先，万恶懒为首"，且"凡可以名为一件事的，其性质都是可敬"。他举了拉黄包车和当大总统的例子，提出"凡职业没有不是神圣的，所以凡职业没有不是可敬的"。职业者在从业过程中需要做到专心致志、心无旁骛，慎重对待自己的职业内容与职业性质，在其中实现个人价值，是每一个从业者必备的觉悟。

创业与创业观之间是水乳交融的关系。创业要有创业观作为指导，创业观反过来指导创业实践。两者之间相互影响，相互制约，相互促进。

（二）创业能力指标体系

创业能力是在积累丰富的从业经验与资源的基础上产生的，并经过团队协作、团队中角色定位、开发研制新产品并广泛应用、得到反馈的过程不断完善与发展。

现代体育高职学生的创业能力指标体系应建立在熟练掌握并运用前面提到的学习能力、思维能力、践行能力、竞合能力四种核心能力基础上，具体可分为组织领导能力和监控评价能力。

1. 组织领导能力

个人英雄主义的时代已经过去，集约化经济发展启示我们创业需要整合团队的力量。从宏观角度来说，一个成功的创业者要具备一定的团队组织领导能力，在团队中出现否定、疑问、拒绝、放弃、冲突等问题时，能够利用乐业、精业、敬业的观念迅速将问题转变成肯定、释疑、接纳、保持、和解。现代的领导能力又逐渐地从命令、强制服从转向组织调解、激励引领、服务方面。从微观角度来说，一个成功的创业者要具备对自己所负责的生产要素的组织领导能力，例如，能够根据实际需要调配各生产要素，在某个要素缺失时能够找到补充替代等。

2. 监控评价能力

创业的成功也包括成功运营。从发展的眼光看，现代体育高职人才培养不应该仅培养前期的创业能力，更应该关注创业之后的良性运营与提升。常言道，创业容易守业难，其中需要突破的一个难点就是监控评价。创业之后，向外对市场的把握监控不到位，对内的员工、硬件、财务等监管不到位，忽视内部与外部各方各层级的评价，必将步履维艰、难以为继。

高职学生五环相扣职业核心能力体系是高职人才培养目标创新的有益探索，具有鲜明的特征：一是通用性，即指能被广泛运用的规律。职业核心能力是人们在职业生涯中甚至日常活动中所需的能力，因此具有普遍的适用性，其影响能辐射到各行各业，是普遍存在的。二是可迁移性。可迁移性主要表现在某一岗位职业能力的获得，能有效促进另一相关岗位职业能力的学习，呈现动态效果及可持续发展的趋势，达到"变则通，通则达"的境界。三是主体性。学生逐步养成终身主动学习、主动思考、主动践行、主动竞合、主动创业的习惯。四是社会性。人存在于社会中，其本质是一切社会关系的总和。该体系的构建基于社会发展的变化与当前的人才需求，高职学生五环相扣职业核心能力的习得有利于学生在职场灵活自如应对各种工作环境，持续保持领先地位，不被社会淘汰。五是系统性。"整体大于部分的总和"，五个维度的职业核心能力既独立又贯通，你中有我、我中有你，逻辑严密、结构清晰，共同构成高职学生五环相扣职业核心能力体系。

第三节 高职学生五环相扣职业核心能力体系的理论模型与实践探索

基于对职业核心能力体系构建的现实基础与理论依据的研究以及内涵和特征的探寻，一套五环相扣的职业核心能力体系理论模型即现代体育高职人才培养目标环节已逐渐成型，并拥有了大量的实践积累。

一、理论模型

高职学生五环相扣职业核心能力体系是在以学生为本、以能力为纲、以发展为要的教育理念指导下建构起来的高职教育人才培养目标，它遵循以下原则。

一是职业关怀原则。高职学生职业核心能力类型的确立与结构的优化要体现职业关怀，引导和促进学生的职业发展。根据教育部颁发的《高等职业学校专业教学标准制订指南》，高职院校的专业教学要意识到"学生的职业生涯发展是实现学生自身发展和社会经济发展需要的结合点；专业定位要立足于学生职业生涯发展，尊重学生基本学习权益，给学生提供多种选择方向，使学生获得个性发展与工作岗位需要相一致的职业能力，为学生的职业生涯发展奠定基础"[1]。职业能力开发不是训练人的机械性的技艺，而是为个体未来的工作生活做准备，其核心是让学习者获得他们未来职业世界中所需要的重要能力[2]。

二是多元互补原则。高职学生职业核心能力类型不是一种孤立的存在，而是整个职业核心能力体系中的一个有机组成部分。每一种能力类型有其相对固定的价值，有其相对稳定的作用边界，有其特有的功能，具有阶段性作用；而从整体上看，它们之间有相互促进、共生共荣的正相关作用，是一种多元互补关系，多维关联，异曲同工，构成动态发展的有机统一整体。基于"多元智力"理论，在建构高职学生职业核心能力模型时，要尽可能保证这种多元互补关系多元融通、互动提升，在互相映衬下不断发展，从而产生更为显著的整体效应。

三是动态开放原则。高职学生职业核心能力体系是一个动态开放的体系，一方面要关注各职业核心能力内涵的变化，另一方面要根据职业世界的变化来适时补充新的内容或对既有的结构关系进行必要的调整。系统论原理告诉人们，系统在一定的环境中总是处在开放之中，并不断与外界环境进行各种物质、能量、信息交换，而这种交换正是系统存在和发展的重要前提条件之一。据此，只有保持高职学生职业核心能力体系的动态开放性才能保证这个体系的持续发展。

根据以上原则建构的高职学生五环相扣职业核心能力体系结构模型如图 3-2 所示。

---

[1] 教指委. 高等职业学校专业教学标准制订指南 [EB/OL]. (2017-06-29) [2020-10-20]. https://wenku.baidu.com/view/e0e91615af1ffc4fff47ac4a.html.

[2] 劳耐尔, 赵志群, 吉利. 职业能力与职业能力测评：KOMET 理论基础与方案 [M]. 北京：清华大学出版社, 2010.

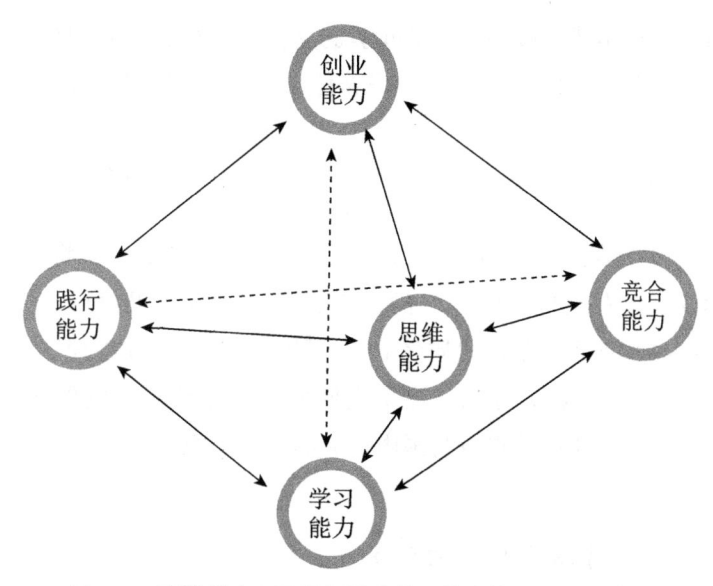

第三章
现代体育高职人才培养的目标环：学、思、行、竞、创

图 3-2　高职学生五环相扣职业核心能力体系的理论模型

由图 3-2 可知，学习能力是基础，思维能力是前提，践行能力是关键，竞合能力是重点，创业能力是目标，五个维度的能力有机联系，相互促进，各展其功，统一协作，共同构成五环相扣的职业核心能力体系。其相互间的逻辑关系为：学习能力活化思维能力，思维能力助力学习能力；学习能力指导践行能力，践行能力深化学习能力；竞合能力基于学习能力，学习能力优化竞合能力；创业能力源于学习能力，学习能力强化创业能力；思维能力益于践行能力，践行能力拓展思维能力；思维能力孕育竞合能力，竞合能力更新思维能力；践行能力实现竞合能力，竞合能力美化践行能力；创业能力需要践行能力，践行能力成就创业能力；思维能力促进创业能力，创业能力升华思维能力；创业能力提升竞合能力，竞合能力发展创业能力。五个维度的能力环环紧扣、交联互动，按照认识运动发展规律螺旋式攀升。

二、实践探索

党的十八大以来，习近平总书记围绕"培养社会主义建设者和接班人"发表了一系列的重要论述，特别是 2018 年全国教育大会上系统总结的"九个坚持"，深刻回答了"培养什么人、怎样培养人、为谁培养人"这一教育的根本问题。在高职学生五环相扣的职业核心能力体系构建问题上，湖南体育职业学院进行了大量的探索与实践，最终确立了办学定位、专业人才培养、课程目标建设三大层级分明、和谐统一的体系，在"培养什么样的体育职业型人才"方面给出了答案。

（一）办学定位

经过多年的办学实践，学院不断完善自身的办学定位，学院将继续坚持"办有灵魂的学校、育有品格的学生"的办学目标，坚持"根植行业、育人为本、服务社会"的办学理念，坚持"质量立校、特色兴校、人才强校"的办学战略，"以服务为宗旨，以就业为导向，注重内涵发展，注重特色发展，注重科学发展"的办学方针，把学院建设成为国内一流的体育高职院校和具有引领力的现代体育培训中心。

（二）专业人才培养目标的确定

"专业人才培养方案是职业院校落实党和国家关于技术技能人才培养总体要求，组织开展教学活动、安排教学任务的规范性文件，是实施专业人才培养和开展质量评价的基本依据"[1]。随着职业教育改革的不断深化，制定落实党和国家相关政策、服务地方经济社会发展、凸显学校办学特色的各专业的人才培养方案是每所学校首先需要考虑的事情，这既是办学定位在专业人才培养层面上的落实，又是职业核心能力体系建构的战略布局。

湖南体育职业学院一直积极对接国家教学标准，优化自身11个专业（方向）的人才培养方案，提高自身办学水平。其中，在职业核心能力体系建构的战略布局上，各专业人才培养方案在培养目标与培养规格两个方面认真落实五环相扣的职业核心能力体系建构，形成了各专业人才培养的特色。

在人才培养目标项目中，学院结合了《教育部关于职业院校专业人才培养方案制订与实施工作的指导意见》（教职成〔2019〕13号）、《关于组织做好职业院校专业人才培养方案制订与实施工作的通知》（教职成司函〔2019〕61号）等相关文件要求，根据体育高职院校的特点，创造性地融入了"鲜明国格、聪颖智格、健康体格、健全人格和高尚品格"的"五格"人才培养目标。"五格"人才培养目标是五环相扣职业核心能力体系在各专业人才培养中的具体应用与探索。

---

[1]教育部. 教育部关于职业院校专业人才培养方案制订与实施工作的指导意见［EB/OL］.（2019-06-11）[2020-10-20]. http://www.moe.gov.cn/srcsite/A07/moe_953/201906/t20190618_386287.html.

在人才培养规格上，聚焦能力目标，将五环相扣职业核心能力体系结合体育高职学生培养实际，使"好学、勤学、善学的学习能力，审问、慎思、明辨的思维能力，爱劳、精技、笃行的践行能力，竞争、合作、立人的竞合能力，乐业、精业、敬业的创业能力"与具体的专业能力一道构成培养规格中的能力目标体系，保证了人才培养的质量，提高了人才培养的预期水平，在目标上凸显了人才培养特色。

（三）课程目标制定

无论是办学定位还是人才培养目标的制定，最终都要细化到具体课程目标制定。湖南体育职业学院在公共基础课、专业（技能）课和集中实践教学环节等方面既按照知识、能力、素质三个维度明确了具体的课程目标，又结合课程内容、性质将五环相扣的核心能力体系具体化，这对于教师在教材内容结构、教学方法的选择、思政教学的融入等方面起到了很好的导向作用。

具有五环相扣特色的课程目标体系的构建，既处理好了其与人才培养目标的衔接，确保了人才培养目标的落地，又对外结合了专业特色、行业产业需求、学科发展等特点，确保了其行之有效，对内在具体操作上做到了教师的教与学生的学在目标上的统一。

（四）人才培养质量不断提升

在目标导向指引下，学生职业核心能力培养成效显著，用人单位普遍反映我院毕业生就业竞争力强，毕业生初次就业率和对口就业率逐年提高，上岗起薪点明显高于其他院校同类专业。用人单位的满意度高，多数毕业生在短期内迅速成长为技术骨干和中高层管理人员。体育教育专业毕业生成为省内幼教明星；健身指导与管理专业毕业生成长为国内知名健身俱乐部，如中体倍力、一兆韦德的五星级教练、教学部经理，甚至是总经理；体育保健与康复专业毕业生成为康复医院金牌技师；体育运营与管理专业特步店长班学生迅速成长为店长，甚至是区域经理。

毕业生创业意识和能力强。学院一大批毕业生以所学专项为创业项目，创立了金仑、晨熙、高丽、聚英等道馆品牌。金仑武道文化传媒有限公司致力于推广武术和跆拳道；晨熙体育文化有限公司成立了湖南省第一家击剑俱乐部——湖南晨熙击剑俱乐部，填补了湖南省击剑项目培训的空白。毕业生还创办了凯珈健身有限公司、美立方等综合性健身俱乐部。

毕业生社会责任感强。毕业生通过创办各类体育文化培训机构，积极服务于社区教育和全民健身，参与建立"念湖"公益群，为云南曲靖市会泽县磨盘卡村小学的贫困孩子募集衣物，并结成帮扶对象；参与中国社会福利基金会发起的免费午餐、大病医保、女童保护、"e农计划"和水土保护等中国乡村联合公益活动，解决偏远、贫困地区乡村儿童缺衣少粮等问题；参与义仓公益推广中心壹星期计划，关注留守儿童；参与"关爱老兵"、慰问老兵之家等大型公益活动。

成功创业的毕业生主动与学校建立校企合作关系，如湖南晨熙青少年体育俱乐部、长沙博思德文化教育咨询管理有限公司、湖南菲特尼斯体育健康发展有限公司、长沙市金仑道馆、湖南多艺猴艺术体育培训有限公司、湖南壹比壹教育有限公司等，设立订单班，设置奖学金，资助贫困学子完成学业，为广大学弟学妹提供就业机会，真正体现了体院学子立足体育、服务社会、勇于担当的社会责任感。

创新创业能力培养案例一：

韩金仑：汗聚金，仑生道——金仑武道梦

金仑武道会馆是全国首个武道思维领先品牌，由湖南体育职业学院2000届毕业生、湖南省跆拳道示范团副团长、长沙跆拳道协会会长韩金仑先生创办。

惟楚有才，于斯为盛。湘江北去，谁主沉浮。人，为什么有梦想？为了理想，为了功夫，为了事业，一个年轻人，一身行囊，一辆破单车，40块钱，所有资本，书生意气，年少青春，寄托了所有对未来的承诺，辗转全国各地，风餐露宿，只为了一个梦想——金仑武道。劳累、辛苦、委屈，一路成长，洒下的是汗水，是坚持。努力、拼搏、奋斗，一路走来，留下的是脚印，是信心。十二年，一个轮回的起始，韩金仑从一家拳馆，到十二家道馆；从几位学员，到11000名学子；从单打独斗，到校企合作与行业联合；从封闭式办馆，到与MOOTO的国际接轨；从单一的跆拳道项目，发展成为集合武道培训管理、影视拍摄、武打特技、武道赛事运营、攀岩运动和武道办公家具的综合性武道馆；多次担任电视剧《旋风少女》杨洋、胡冰卿、陈翔等主演的跆拳道特技动作指导员；与湖南国际频道和芒果TV联合打造播出一档少儿健康互动励志秀——《武道之星》；面向全世界5岁至12岁的广大热爱武道项目表演和喜欢武术、搏击、柔道、跆拳道、双截棍的少年，在校园课余生活中给学生提供一个展示的平台；

参与武道之星系列电影《少女阿一》等演员选拔与拍摄工作。

成长源于专注,坚持源于热爱。12年,他们和11000个家庭在金仓,见证了一代又一代跆拳精英的成长和荣光。汗聚金,仓生道,回首过去,挫折、磨难,他们无怨无悔。只为了一个曾经的梦想,金仓武道梦,惜取少年时。

创新创业能力培养案例二:

陈进:从跆拳道书写的精彩到击剑正当时

2004年9月入校后,陈进就有了危机意识。跟综合性院校比,综合素质不占优势;跟专业院校比,专业技能稍逊一筹。社会上对体育专业学生的认识还是"四肢发达,头脑简单",毕业后只能当体育教师、陪练和保安。

但他坚信:鸟飞先振翅,立身先立学。课余时间,他尝试各种社会实践,帮企业做市场调查,对周边交通市场进行深入考察,验证相关职业的可行性,学写调研报告,一份份调研报告开始写得有模有样;多次陪师兄师姐参加招聘会,积累职业选择和就业创业经验。

开学后不久,他对跆拳道产生了兴趣,就每天早上六点跟省跆拳道队一起出早操,开始是一个人偷偷模仿,后来主动向省队教练请教,最后干脆和他们一起训练,勤奋、好学,让他成了当时那一届里面进步最快的学生。

后来,在教练的推荐下,陈进开始到跆拳道馆当助教,积累教学经验,也发现了知识和技能上的不足,于是开始补心理学,补教育学,这些都为他以后的创业打下了坚实的基础。

从偷师开始,陈进利用一切可学之时、可学之处学习跆拳道,先后由助教变为主教,再由主教变为总馆主教练,由原来的白带变为黑带二段。他在创业的同时也没有放弃学习,最终成为韩国国际院院士、世界跆拳道联盟黑带九段金基洞博士得意门生,由金博士亲授黑带三段。

陈进创业伊始,可以说是非常不顺利,甚至到了弹尽粮绝的境地。在多方筹集到了近十万元资金后,他租了一个100多平方米的门面,开始做创业的美梦,但随之而来的冰灾冻裂了他所有的梦想。他凭着"忍耐·百折不屈"的跆拳道精神,挺过了2007年10月至2008年3月这段创业寒冬,逐渐开启成功的创业之旅。

"晨熙红似火，宿鸟绕林飞"。陈进的晨熙道馆，正如其名，承载着一个大学毕业生的创业梦想，也记载了一个创业者的艰辛与喜悦！

自2007年12月自创品牌"晨熙"跆拳道馆，陈进以一年一店的节奏，分别创建五里牌店、广电圣爵菲斯店、大润发店；2012年，考察北京、上海、深圳的击剑市场，开拓湖南市场；2013年8月，成立湖南省首家青少年击剑训练基地——圣爵菲斯训练基地，随后积极推动击剑运动进校园计划，分别成立晨熙大同二小训练基地和晨熙青竹湖湘一训练基地；2016年，正式成立晨熙青少年体育有限公司。陈进因业绩出色，担任湖南省击剑协会副主席。

创新创业能力培养案例三：

王亮华：从一个到一百一十个

来源：中国青年报　2018年07月03日10版

刚刚从湖南体育职业学院毕业的2015级学生李哲，已经在湖南壹比壹教育科技有限公司工作近一年时间，并在其中的一个体育场馆担任馆长一职。和他一起走进这家风头正劲的体育产业公司的，还有同届的30多位学生。

这些刚出茅庐的男女运动员，很多已经成为这家在全国多个省市拥有110多个场馆、14个综合体，年营业额过亿元体育公司的骨干。其麾下聚集了一大批来自各地的体育教练和体育院校学生。

打造这一体育产业梦想的是一个刚年过30岁的青年人、湖南体育职业学院2008届毕业生王亮华。

按照父母的意愿，来自湖南邵东县的王亮华应该成为一名优秀的体育教师，安安稳稳地过日子。2005年走进湖南体育职业学院后，这位体育高考生迷上了跆拳道，并与家人设计的人生轨道渐行渐远。"开学那天试训了一次，觉得这项运动能调动激情，自己内向的性格开始改变了。"2018年6月，王亮华告诉记者，苦练两年后，他晋级到了黑带一段。从大山里走出来的他，开始期待有自己的拳馆。

他在校内找到了一个合伙人、同学张超杰，两个来自农村的穷小子并无财力开馆，便利用空余时间兼职打工，终于攒下2万多元。

两人的第一个跆拳道馆设在长沙市雨花区井湾子附近。场地租的是社区居委会的200平方米的房子，1个季度1.8万元。买了一个二手桌子、道垫，挂上一幅喷绘，自己刷完墙壁后，兴致勃勃的两位学生四处发传单，期待梦想起航。

然而，2008年年初，罕见的冰灾让他们的梦想破灭。整整大半年时间，一个学生都没有招到。两个创业者苦苦坚持，卖早餐、做保安，一直等到当年暑假才迎来第一批学生。当年，他们用心经营，不懈坚守，一共培训了80个跆拳道爱好者。

两年间，王亮华团队打造了自己的体育品牌——"高丽会"。第二个拳馆开在几十公里外的长沙县。凭着一腔热血，开着两台电动车，寒来暑往，每天奔波数十公里，他们很快从一个场馆发展到12个场馆。

创业的路一旦走稳，王亮华马上想到的是学校里学弟学妹们的就业问题，很快招来十多个师弟们。每人负责一个场馆。

"前期走得不错，大家心态有些膨胀。"王亮华回忆，由于没有财务管理制度，每个馆长既是卫生员、教练，又兼任收银员。场馆生意不差，但却由盈转亏。眼见"三个和尚没水喝"的局面形成，他索性把10个馆送给师弟们，自己仍然坚持做原来的两个场馆。

此后的几年中，他一边照顾生病的母亲，一边在打理生意中反复思考"究竟应该如何创业"。

王亮华认为，创业者的学习和创新能力至为关键，有了明确的目标后，必须有清晰的组织架构和管理体系。而组织架构就是聚集优秀人才的架构。因此，他开始攻读MBA，并寻找梦想合伙人。

在他的努力下，新的团队组建，聘请了一位优秀的企业负责人做公司的职业经理人，并比对文化类培训行业的"新东方"，试图打造素质教育的新引擎。

2016年，他将原有的两家拳馆升级改造并新开了6家，之后成立了新公司——湖南壹比壹教育科技有限公司，以体育为支点撬动整个素质教育培养体系，开创了自己的新品牌——新引擎。

2年多，他们的校区从单一项目经营到多元项目共同经营，创建了模式多样的经营发展平台。目前，该公司在全国多个省市开办了110多家场馆。

企业高速发展,需要更多人才加入。2018年6月,该公司在湖南体育职业学院设立"湖南壹比壹教育科技有限公司新引擎馆长班"。所有进入该班就读的学生,由企业无偿提供定向帮扶资金,其专业技能课程的教学由企业方安排高水平教师承担,并且利用周末与寒暑假等时间免费对该班学生进行专业技能的强化与实训,实行工学结合的教育教学模式。若学生毕业后自愿入职公司,工作满三年后由该公司一次性支付学生在校期间的全部学费。

王亮华说,企业的发展必须以人才为支点,他们与母校联合创立深度融合的模式,是因为他本人及企业的发展一直都有母校及母校学子源源不断的支持。同时,他们着眼于打造一个平台,将学生们培养成体育行业经营人。对于不同专业的人才,他们建立合伙人机制,为加盟者提供扶助基金,针对其专长开办场馆,一起创业成长。(中国青年报·中青在线记者 洪克非)

第四章
现代体育高职人才培养的机制环：政、行、企、校、社

机制环是其他环节的外延，是现代体育高职人才培养的有力保障。这里的相关要素主要指多方位机制保障。政策的贯彻实行需要相应的机制进行保障，复合型技术技能人才的培养单向性的特征更需要多方面的要素联合参与，发挥特征优势，确保人才培养的质与量。

本章在回溯现代体育高职人才培养机制环研究缘起的基础上，具体探讨政府治理、行业指导、校企联合、社会参与等机制的内涵特征，建构机制环理论模型，阐述实践探索经验。

第一节 五环相扣机制体系的现实基础与理论依据

根据各国政治、经济体制的不同，相应的职业教育保障机制各有特色。现代体育高职人才培养五环相扣机制体系的建立也需要立足我国具体国情，紧扣时代脉搏，博采众长，钻研相关的理论，找寻依据。

一、现实基础

（一）国外职业教育体制机制的沿革与启示

1. 从"学徒制"到"双元制"

19世纪，德国迎来了工业革命，以言传身教为基本特征的学徒制为传承工业技术、培训工人技能、完成产业变革、迈进工业强国行列做出了巨大的贡献。为了不断适应产业发展对人才的需求，德国十分注重技能型人才的培养，从1900

年的进修学校到后来被纳入义务教育框架中的职业技术学校的实践探索中，德国在20世纪六七十年代形成了一大批"双元制"的职业院校。所谓"双元制"是职业培训的一种模式，强调职业培训人员要经历传授专业知识的职业学校的"一元"培训外，还要在校外实训基地接受职业技能方面的另"一元"培训，是一种校企共建的育人制度，目前在德国已开展180多年，涉及350个专业领域[1]。德国的"双元制"职业教育围绕学校与企业两大主体，背后包含着强大的保障体系：法律动力保障机制、统筹协调保障机制、技能需求预测机制、经济激励保障机制、多元参与的行业协会指导保障机制等，使其成为职业教育体制机制的突出代表，被各国研究效仿。

2. 日本实践型高职教育体制机制："产""学""官"合作

日本"产""学""官"合作的教育体制机制是指通过大学等教育研究机构和产业界的合作，政府及地方公共团体提供制度及预算财政支持，达到研究开发新技术及创出新产业的目的[2]。它在日本企业教育与职业教育双轨并行的职业教育体制无法满足产业发展的背景下应运而生，经过日本政府在2006年对《教育基本法》的修订而确立。在这种体制机制中，政府部门为主导，行业企业为主体，职业院校为辅助。这样的模式给我们的启示是重视行业企业的主体地位，由政府调控，设立行业指导协会，健全法律制度保障，通过研究合作、教育合作、社会服务合作三种模式促进产教深度融合。此外，它强调的高职教育应以区域产业集群为依托的理念是值得我们思考与借鉴的。不过这种模式也有一定的弊端，比如院校合作对象倾向于大企业，财政支持的资金运转不畅、效率低下，院校主体地位未得到体现而只是作为辅助。这种机制只重视学校对于学生技能的培养，忽视了对学生综合素养与核心能力的构建，不利于长远发展，不符合我国社会主义办学特色。

3. 规制性代表——法国

以杨文杰、祁占勇的《法国职业教育制度的发展历程、基本特征及启示》的研究为基础，纵览法国职业教育制度的萌生期（17世纪末18世纪初至20世纪初）、确立职业教育体系和规范职业资格证书为主的发展期（20世纪初至"二战"期间）、强调职业教育体系的衔接和改善职教地位为主的发展期（20世纪

---

[1] 陈之西. 浅析现代学徒制与双元制的区别 [J]. 科技视界, 2018 (26): 171-173.
[2] 李博. 基于"产学官合作"的日本实践型高职教育模式 [J]. 教育与职业, 2017 (13): 104-109.

50—80年代末）以及深化职业教育制度改革和促进普职教育平等发展为主的教育制度期（20世纪90年代至今）四个时期的特点[1]，可以发现，法国政府在职业教育制度方面高度重视，从立法指引、经费投入、政策调整、体系制度方面，特别是职业资格认证方面的建立与完善、人文关怀（学生的终身发展）、舆论导向等方面进行了积极治理、探索，充分地发挥了政府的宏观调控与治理职能。这对我们国家对职业教育的政府治理方面给予了非常具体的启示。

除上述国家以外，其他国家和地区的职业教育体制机制也有各自的特点，比如新加坡通过搭建管理合作平台和团队，实现"无界化"的校企融合、院系协作、项目协同和资源共享[2]；美国社区学院为职业学院搭建了包含转学教育、成人教育和补偿教育的完整、多元化进阶教育，完善了职业教育体系；澳大利亚的职业教育中，产业发展起着重大导向作用，校企联合开发"教学包"，企业捐赠大量生产设备供学生实践，积累经验。

从中不难看出，在各国探索职业教育体制机制的道路上，政府、行业、企业、学校发挥了自身的角色作用，只不过根据自身国家和地区的发展特色、发展理念，侧重点略有不同。机制上，具体特色体现在以下几个方面：第一，多元利益主体都参与职业院校的课程开发，使得课程更加具有适切性。第二，建立多元利益主体之间的亲密合作关系和持续反馈机制。第三，建立完善的认证资格制度与质量保障机制，保证高职院校教学质量。第四，构建与学术机制互通开放、互相包容的动态职业教育机制，使学生获得体系内认可，并实现体系间的转换[3]。另外，国外的董事会制度也是值得重点研究的。"它设立在各个学校，成员主要来自政府、高校和行业企业，多元利益相关者权责明晰，系统配合，对学校进行共治共享。它通过外引内修的方式促进学校的发展，对外负责联络政府、行业、企业、社区和校友，争取各种资源；对内通过校长负责制和成立专门的委员会来完善学校自治，提升发展能力。"董事会制度是职业教育体制中各方意志的代表，对内对外都起到了桥梁纽带作用，为研究、完善职业教育体制机制提供了窗口。

---

[1] 杨文杰，祁占勇. 法国职业教育制度的发展历程、基本特征及启示[J]. 教育与职业, 2018（3）: 30-36.

[2] 孙兴洋，王万川，邓光. 国外行业特色型高校办学特色及其对我国高职院校的启示[J]. 教育与职业, 2018（9）: 49-54.

[3] EICHHORST W, RODRIGUEZ-PLANAS N, SCHMIDL R, et al. A Roadmap to Vocational Education and Training Systems Around the World [J]. IZA Discussion Papers, 2012, 3 (3): 20-23.

（二）我国职业教育体制机制的缘起与改革

在中国漫长的历史发展变革中，欠发达的生产力对生产关系未做多样化的要求，加上长久的重农抑商、儒家文化等思想观念的影响，传统的职业教育只存在于口口相传的农业、手工业等领域，且未能得到正统的知识教育和当时社会的认可。现代意义上的职业教育在我国发展的时间并不长，由于历史原因，我国错过了第一、第二次工业革命，未能积累雄厚的工业基础，也未能形成比较成熟的产业链条，因此，专业人才的需求缺口并不是很大，还未达到量化培养的阶段。但在鸦片战争后，洋务派人士出于国防与外交的需要，先后创办了一系列的实业学堂来对接军用、民用企业，如于1862年、1866年分别成立的京师同文馆、福建船政学堂等。当时的清政府也于1902年推出了"壬寅学制"，效仿西方列强，培养专门化的技术人才。随后颁发的"癸卯学制"更是再一次从政府的角度对职业教育定性和定型，一些洋务派人士、封建地主等作为社会力量纷纷投入中国近代职业教育，创办了许许多多的新式学堂，如天津水师学堂（1880年）、天津武备学堂（1885年）、广东陆师学堂（1887年）、湖北自强学堂（1893年）等，大力培育军事等专门化的人才。

国民政府于1912年通过当时的教育部门公布《学校系统令》，这与1913年间颁布的《专门学校令》《实业学校令》《实业学校规程》互为补充，从政府角度通过立法对实业教育进行规范，比如设立了补习学校，为从业者的继续学习提供了便捷；专门学校的门类由原来的四种扩展至政法、医药等九种。1922年又颁布了《学校系统改革案》，提出了以职业教育取代实业教育，建立了自成体系的、从初级到高级的职业教育系统[1]。

1932年12月17日，当时的国民政府教育部门颁布了《职业学校法》，较之以往的政策法规，特别提到了"私人或团体亦得设立职业学校"，并且明确了省、市、县各级设立职业学校的具体办法，作为政府代表的教育部门直接规定学校的教学科目、设备标准、课程标准及实习规程[2]。

1949年至1965年，在新民主主义建设和社会主义改造的背景下，政府颁布了《中国人民政治协商会议共同纲领》，将职业教育更名为"技术教育"，为了适应国家工业化建设发展的需要，在政府主导下，形成了技术教育和技工教育两

---

[1] 马成荣. 新时代中国特色职业教育体系理论研究报告[J]. 中国职业技术教育，2019（28）：16-21.
[2] 顾明远. 教育大辞典[M]. 上海：上海教育出版社，1998.

种类型的职业教育，产业链条的建立和逐渐完善从另一层面推动了职业教育的发展与类型的多样化演变。

经历了十年的"文化大革命"，面临着改革开放的新机遇，中央制定出台了一系列的技术技能人才培养相关政策。1985年出台的《中共中央关于教育体制改革的决定》中提出要"逐步建立起一个从初级到高级、行业配套、结构合理又能与普通教育相互沟通的职业技术教育体系"。在市场经济的影响下，职业教育在参与主体、服务导向方面均发生了较大的变化。2002年，国务院颁布的《国务院关于大在推进职业教育改革与发展的决定》中提到，要构建"适应社会主义市场经济体制，与市场需求和劳动就业紧密结合"的现代职业教育体系，再次强调了职业教育的多元化服务导向，凸显了市场背后的企业导向作用。

到了2014年，面对工业4.0时代的机遇与挑战，结合职业教育发展的现状，国务院印发了《关于加快发展现代职业教育的决定》，首次提出"深化产教融合"，明确了企业参与在职业教育的地位。2015年，国务院印发《统筹推进世界一流大学和一流学科建设总体方案》，三部门印发《教育部 国家发展改革委 财政部关于引导部分地方普通本科高校向应用型转变的指导意见》，再到2016年，中共中央印发《关于深化人才发展体制机制改革的意见》，直到2017年，国务院把出台深化产教融合的政策措施明确列入年度深化经济体制改革重点工作，产教融合一直作为推动高等教育、职业教育领域综合改革的"高频词""关键词"和"热点词"出现。

2017出台的《国务院办公厅关于深化产教融合的若干意见》（以下简称《意见》）中明确指出："逐步提高行业企业参与办学程度，健全多元化办学体制，全面推行校企协同育人，用10年左右时间，教育和产业统筹融合、良性互动的发展格局总体形成，需求导向的人才培养模式健全完善，人才教育供给与产业需求重大结构性矛盾基本解决，职业教育、高等教育对经济发展和产业升级的贡献显著增强。"[1]《意见》的提出，确立了政府、行业、企业、学校、社会组织等方面在职业教育中的地位，又从宏观、中观、微观等层面就如何深化产教融合提供了指导方案。

纵观我国职业教育体制机制的缘起与沿革，不难发现，政府始终处于主导地

---

[1]国务院办公厅.国务院办公厅关于深化产教融合的若干意见[EB/OL].(2017-12-05)[2020-10-20]. http://www.gov.cn/zhengce/content/2017-12-19/content_5248564.htm.

位，随着经济水平的发展，产业链条的不断完善，行业作为第三部门积极参与到职业教育的各项活动中来，填补政府与市场无法涵盖职业教育发展的全部领域的缺口；学校作为职业教育的单一主体也演变成校企协同育人机制，社会组织的参与为职业教育发展补充了最后一个要素。这是我国职业教育体制机制发展的必然趋势，这一机制也是值得我们深入研究与探讨的。

二、理论依据

（一）国外理论依据

1. 凯兴斯泰纳经典职业教育理论

19世纪70年代，德国社会经历了普通教育体系与就业体系的结构分离状态下普通教育与职业教育的疏离状态，面对职业教育、国家公民教育与个人教育相互分离的传统职业观念，凯兴斯泰纳提出了新人文主义概念，特别强调职业教育可以实现个人道德培养与个人价值实现的统一，这与马克思主义的教育是促进人的全面发展的途径的相关论述有共通之处。在1933年，凯兴斯泰纳通过发表学术著作《教育组织理论》修正了他的职业教育观点，将职业教育定义为"基于外向的定向活动"，与"基于内里的定向活动"的学术教育相区别。在20世纪90年代，外部环境对职业教育发展影响越来越大，他的双元属性职业教育理论被不断研究深化，围绕职业教育（学校）与工作场所（企业）的差异，库沙（Günter Kutscha）深化了职业原理的研究，哈尼（K. Harney）提出了"职业—企业—差异"学说，强调了企业与职业人才培养的密切关系，高任（Phillip Gonon）在前人理论研究的基础上，突出了职业教育理论的关联性和迁移性，特别强调职业教育需要满足更多基于企业需求的职业资格和能力要求[1]。这些理论的提出与发展对职业教育中企业与学校之间的关系问题进行了理论探索，对各国的职业教育体制机制的建立与完善提供了理论指导。比如，上述"教学包"的设计与调整也是为了平衡职业教育与企业等外部环境变化而提出，新人文主义教育也对职业教育机制的各个组成部分的职责与使命提出了具体的要求。

2. 机制设计理论

20世纪20—30年代，西方经济学界爆发了一场关于分散化的社会主义经济

---

[1] 徐纯，谢莉花，钱逸秋. 凯兴斯泰纳经典职教理论在现代职教理论中的延伸与创新[J]. 教育与职业，2018（7）：26-33.

机制能否最终实现资源有效配置的大论战，随着论战的深入，经济学家们更多考虑的是什么样的经济机制才是好的经济机制，当一个国家面临多种经济机制选择的时候，它的判断依据应该是什么。在这样的背景下，由赫尔维茨开创，马斯金、迈尔森进一步发展的机制设计理论较好地回答了上述的问题，并获得了2007年的诺贝尔经济学奖。这一理论实际上讨论的问题是在选择自由、信息不完全、自愿交换等决策条件下，对于给定的目标，设计出一种使活动参与者的个人利益与机制设计者的既定目标相吻合的管理机制[1]。这一理论虽然源于经济学领域，但是它对其他领域的研究具有一定的方法论层面的指导意义。鉴于职业教育的体制机制确立涉及多方的利益博弈，那么从机制设计理论视角对职业教育的体制机制的建立进行多元审视与模型设计是有必要的。

3. 第三部门理论

基于政府与市场在商品经济社会中双重"失灵"的现实，1974年，美国经济学家伯顿·韦斯布罗德在提出了政府失灵理论的同时，用"需求—供给"的关系阐述说明第三部门存在的原因。"社会由政府组织、市场组织与非营利中介组织三类组织架构而成。第三部门作为中介组织调节政府与市场的关系，在诉求表达、利益分配等方面发挥积极作用，从某种意义上能够克服政府统筹与市场自由的缺陷"[2]。我国历史上的计划经济体制与现行的市场经济体制在某些方面都有一定的"失灵"现象，对资源特别是职业教育的资源配置都有各自的缺陷，或者是"一刀切"现象严重，或者是不规范、恶性竞争等特点凸显。在职业教育体制机制改革的十字路口，需要积极利用第三部门理论进行职业教育体制机制的重新构建，总结第三部门参与职业教育的国际化经验，依靠第三部门积极参与到职业教育的各项活动中，充分发挥第三部门的职能与作用。

（二）国内理论依据

目前，国内学者对职业院校的体制与运行机制的研究成果颇丰，通过对相关文献的搜集整理，将其分类如下。

1. 关于体制机制的对比研究

我国的职业教育发展历史并不是很长，同时与发达国家存在工业基础上的差

---

[1] 潘丽云，何兴国．基于机制设计理论谈职业教育校企合作机制［J］．教育与职业，2020（8）：46-50.
[2] 刘晓梅．行业协会参与职业教育产教深度融合研究［J］．教育与职业，2018（17）：29-35.

距,为了少走弯路,同时又要保持我国职业教育的社会主义办学特色与坚持职业教育与我国具体国情相适应的特点,我国学者对国外的职业教育体制机制进行了一系列的研究。比如,徐丹的《西方国家第三部门参与社区治理的理论研究述评》,徐纯、谢莉花、钱逸秋的《凯兴斯泰纳经典职教理论在现代职教理论中的延伸与创新》,王海莹、秦虹的《现代职业教育治理机制理论、条件与趋势》,潘丽云、何兴国的《基于机制设计理论谈职业教育校企合作机制》等研究分别从不同的理论角度对国外的相关理论研究作出了介绍与评论,这为我们在"工业4.0"时代的全球化背景下重新建立符合我国国情的职业院校体制机制提供了理论参考。与此同时,刘香妹的《德国职业教育产教融合机制浅析》,宋婷的《企业参与职业教育产教融合保障机制研究——基于德国、澳大利亚、加拿大三国比较》,李俊、李东书的《职业教育产教融合的国际比较分析——以中国、德国和英国为例》,孙兴洋、王万川、邓光的《国外行业特色型高校办学特色及其对我国高职院校的启示》等文章则先是介绍与评述不同国家职业教育机制体制,再将其与中国现状相对比,最后对中国职业教育体制机制的发展趋向进行了论述,具有一定的参考价值。

2. 不同视角下的理论研究

从知网论文检索情况来看,国内的相关研究主要是从不同的视角对体制机制的建立与运行进行了设想或评论。比如梁克东的《"双高计划"背景下高职院校治理现代化的理性思考及实践路径》的研究是在"双高计划"背景下对高职院校治理现代化的思考与建议,其中提到高职教育的多元利益主体为行业、企业、社会、政府和学校,但是对多元主体并未做详细的论述。丁天明的《产教融合集团(联盟):江苏高职教育发展新的突破口》,王福建、王坦的《职业教育校企合作的问题及深化策略——基于山东省职业教育校企合作的现状分析》则是结合了具体地区的发展特点,从产教融合或更为具体的校企合作等角度进行了研究论述,更具有针对性和具体性。王琴、马庆发的《扩招背景下高职教育教学制度变革探析》则是在扩招背景下对学校的教育教学制度进行分析与设想。龚方红、周桂瑾、俞林的《职业院校现代学徒制的理论架构及运行机制》则从现代学徒制的视角对涉及的多元主体(政府、行业、企业、学校、学生)进行了研究探讨[1]。

---

[1] 龚方红,周桂瑾,俞林. 职业院校现代学徒制的理论架构及运行机制[J]. 教育与职业,2016(17):15-18.

3. 聚焦产教融合的论述

国家对职业教育的发展一直高度关注，尤其是在建设社会主义工业化强国与教育强国的背景下，职业教育的发展作为其中的重要一环，是近些年教育改革的主要着力点。尤其是国务院于2017年出台的《意见》，为国内学者对产教融合的理论研究指明了方向。如张辉的《产教融合的方法学研究：机理与逻辑》创造性提出了"三个融合"的机理、"一个平台"的机制和"九对链接"的方法，构建了产教融合的理论基础和应用框架，围绕人才的培养，对企业与学校的具体融合提出了自己的具体见解[1]。潘海生、王佳昕的《产教融合命运共同体的时代意蕴、路径选择与行动指南》中提出了"产教融合命运共同体"的概念，同时强调职业教育体制机制改革一定要扎根中国大地，对政府、企业、学校、社会力量的角色定位进行了一定的论述[2]，但是不够针对和具体。董树功、艾頔的《产教融合型企业：价值定位、运行机理与培育路径》一文中提到产教融合性企业的建设需要政府、行业、学校与企业四方联动，对产教融合的企业与学校的运行机制进行了办学型、教学参与型和产品服务型的三个理论模型探索[3]，对机制运行主体的确定与责任的划分有一定的参考价值与借鉴意义。

综上，国内外的学者对职业教育的体制与运行机制的论述各有特点，具有明显的时代特征与地域元素，他们对职业院校的体制与运行机制的主体的相关论述基本上围绕着企业与学校，经过历史性探索过程，对政府的角色定位有了一定的转变，或多或少都涉及了行业与社会力量的参与，但是论述相对不是很充分，在这样的理论框架下，我们对现代高职院校特别是体育高职院校的体制与运行机制进行了探索与实践，总结出了一些经验，对高职院校特别是体育高职院校的体制与运行机制的主体进行了界定。

第二节 五环相扣机制体系的内涵与特征

在目标环的指引下，我们认为，现代高职教育特别是体育高职教育中机制环

---

[1] 张辉. 产教融合的方法学研究：机理与逻辑 [J]. 中国职业技术教育，2019（31）：30-35.

[2] 潘海生，王佳昕. 产教融合命运共同体的时代意蕴、路径选择与行动指南 [J]. 中国职业技术教育，2019（28）：22-27.

[3] 董树功，艾頔. 产教融合型企业：价值定位、运行机理与培育路径 [J]. 中国职业技术教育，2020（1）：56-61.

的各个主体及角色应为政府治理、行业指导、企业合作、学校办学、社会参与，这样围绕高职院校的五环相扣的运行机制是一种系统的、健康的、可持续发展的长效运转机制。在机制环这一中间环节，每个主体不但要做好自己的分内之事，更要相互合作与帮助，为推动体育高职教育的健康发展不断努力。

一、政府治理机制

政府拥有人民赋予的公共权力，掌握和控制着大量公共资源，是国家事务和社会事务的决策者和管理者，也是公共服务的重要提供者。从前面的综述可以看出，高职教育作为教育系统中的重要一环，它的发展进程与方向的把握离不开政府的宏观指导。

（一）治理

治理的概念最早由法国国家科研中心的高级研究员让·皮埃尔·戈丹提出，经过多年的发展，其内涵演变成政府实现其职能的多种途径与形式。从经济发展角度来看，世界经济曾衍生出殖民经济、垄断资本主义经济、市场经济、计划经济、战时共产主义经济、社会主义市场经济等多种经济形态，这背后折射的都是政府在经济活动中扮演的角色。从这一点我们可以略窥政府治理的内涵：即政府以达到某一群体利益最大化为目标对公共事务的管控。在建设社会主义现代化的历程中，我国积累了相当丰厚的政府治理经验。具体在现代化职业教育的道路上，我国总结出了一条坚持以社会主义办学为核心的政府治理机制，并随着时代的变化而不断发展完善。

具体来说，机制环中的政府治理机制是通过政府的管理行为对高职院校进行调节的方式和过程。在治理理论看来，政府的命令等强制性手段不一定取得好的效果，在处理具体的公共事务中，除了利用公共权力下达命令之外，还应注重管理的方式方法，采用多样化管理，比如引入市场机制、契约管理等。教育问题也是重要的民生问题之一，为了有效解决社会问题，更好地提供公共服务，政府应当在坚持社会主义办学的原则与基础上，革新管理工具与方法，转变政府职能，积极指导、引导多主体参与，形成相对丰富的治理体系。

（二）"服务型"政府治理

2013年，党的十八届三中全会将推进国家治理体系和治理能力现代化作为全面深化改革的总目标，强调政府要转变职能，从"全能型政府"转为"提供公共服务和保障市场良好运行的服务型政府"。党和国家已经明确管理模式转型目标，教育领域特别是与产业联合紧密的职业教育深化改革的方向也已明示。

职业教育改革的深化推进中，必须要解决的问题就是政府治理的问题，也就是要建立以政府治理为基础的一套保障机制。政府要贯彻服务的理念，在制定政策时，在保证社会主义办学的前提下，将利益获得方中的行业、企业、学校、社会的利益最大化，实现目的性服务；积极参与到政策的贯彻与落实过程中，而不是只注重结果的评价，实现过程性服务；根据时代的变化重组部门，厘清部门职责，实现针对性服务。

(三) 政府治理要素

在现代高职教育机制理论中，政府治理的主要对象是高职院校，方式方法应是多元化、多角度的统合。现代教育治理体系是由谁治理（政府主导，以学校为中心，行业、企业和社会共同参与），治理什么（协调政府、行业、企业、学校与社会的关系，协调各级各类教育的关系，协调教育活动、教育体制、教育机制和教育观念的关系和这四个范畴子要素的关系），以及如何治理（治理依据、治理原则、治理程序、治理过程和治理结果处理）的结合。

综合来看，政府治理主要包括五大要素。

要素一：目标制定。政府履行其服务职能的一个前提条件是保证目标制定的决定权力。与其他国家不同，我国高职教育必须坚持以社会主义办学为目标，贯彻落实立德树人这一根本任务。这一点是绝对不能动摇或者改变的。在此基础上，结合各方利益关系，参照时代发展与市场需求，制定符合现实状况的发展目标与战略是政府治理的应有之义。

要素二：内部组织。高职院校的内部组织结构不够稳定，管理上也存在一系列问题，需要与政府一同解决，使高校形成良好的、稳定的、可持续发展的内部组织结构。这里要做到三个方面的平衡：第一，指导建立组织架构。有效的组织机构是高校成功发展的有力保证，为了达到发展预期目标，对组织结构及职责划分做出规划是非常必要的。政府对于有自身特色的院校要在组织架构上给予特色发展的引导与支持。第二，丰富组织要素。建立由来源丰富的高层领导者组成的高校治理委员会，学习、讨论政府理论政策，下发高校具体事务的治理计划。各部门、不同组织单元也要在坚持业务背景相似的同时，组建其他背景元素丰富的人才队伍,保持整支队伍的活力。第三,形成稳定的组织职责。根据高校各项具体工作的实际需要,在教学部门、人事部门和学生工作等部门、团队、团体间要确定各个工作人员的职责。

要素三:制度章程。政府治理要协助高职院校进行制度章程的确定。这种协助应分为两个方面:第一,确定办学性质。高职院校的办学性质一定是要坚持社会主义办学道路,以立德树人为任务核心。第二,确定学校的权利与义务。在自主办学程度、资金管理使用办法、专业设置与招生、就业办法的制定、境外办学单位的合作、人员管理和法规遵守等方面进行严格把控。

要素四:高校流程管理。政府在实际操作中可结合高校的流程管理。第一,做好事前预防。上至高校的战略文化,下到规章制度的贯彻落实,外加突发性应急事件处理,都要做好事前预防措施。第二,加强事中监测。有关部门应组织分析高校毕业生就业数量及质量问题,监测报告本系统的数据结构变化情况和数据分布情况。第三,进行事后评估和整改。定期对高校系统开展全面的数据治理状况评估,从问题率、解决率、解决时效等方面建立评价指标,通过系统记录并跟踪需要整改的高校发展过程中存在的问题,要求按期整改优化,必要时进行一定的考核。第四,要综合各种方式进行高校管理的治理。

要素五:技术应用。政府要协助高校引进一些教学方面和管理方面的高新技术。只有运用多样的治理工具和平台,才能从各个方面有效地进行技术管理和治理,才能有效推进高校的可持续发展。

(四) 政府治理方式

推进高职院校教育管办评分离是当前教育改革发展的重要战略,也是现代治理格局下政府教育治理方式转型的现实诉求。教育管办评分离进程和政府教育治理方式紧密相连,大致经历了萌芽启动、逐渐推进和深入推进三个阶段。政府教育治理方式也逐步从注重"行政管理""行政管理和学校办学"转型为注重"行政管理、学校办学和社会评估"。国家治理体系和治理能力现代化的建设,促进了高职院校教育管办评分离的深入发展,更加快推进了政府教育治理方式向善治发展,这就需要在纵向上加大中央政府向地方政府和学校的放权;在横向上加大教育权力向社会的让渡,在权力内部,强化核心权力,加大其他权力的下放。具体来说,政府治理方式主要分为四个方面。

第一,政府治理要实现市场式管理。所谓市场式管理,指的是在市场工作中实现按劳取酬；利用市场经济的价值规律，将企业内部上下工序之间的关系和服务与被服务之间的关系由行政关系变为等价交换的经济往来关系。由此类比，教育领域要借鉴市场经济中的这种市场化管理，要根据全球高职院校发展的规律，对高校内部的管理层面和教学层面进行一个关系的评定，要跟着市场的角度走，发展迎合政府、行业、学校、企业、社会所需的教育。

第二，政府治理要实现参与式管理。高校要想实现高质量管理，就需要政府的全面质量管理；在学校团队管理上，既要有宏观的政治导向，又要有中观层次的地域特色发展导向，还要有专门的负责人员对高职院校发展过程中遇到的具体问题进行具体的指导，实现不同层次、不同程度的参与式管理。

第三，政府治理要实现弹性化管理。高校编制对于许多的人来说是一个"铁饭碗"，总认为进入了一个"保温箱"，但是高校的人事管理要向市场学习，要做到时刻谨小慎微，对做得不到位的老师，也可以解雇，也可以给更多新型老师机会，加入临时聘用制，合理管理临时雇员，使组织系统整体能随外界环境的改变而在一定余地内自我调整以具有适应性。

第四，政府治理要实现解制型管理。这意味着要有更多管理自由。其基本内涵是放松政府规制，使政府的活动更具有创造力、效率和效能。这一点就可以借助第三部门——行业指导来进行间接地治理。

（五）政府治理的现状

1. 明晰中央和地方政府的教育管理权限与职责范围

深化教育管理体制改革，建设服务型政府，就是要使政府定位更加准确，责任更加明确，行为更加规范，组织更加科学，政府间关系更加合理，政府、学校和社会的关系更加和谐。围绕政府职能转变和管理创新，教育规划纲要提出要明晰中央和地方政府的教育管理权限与职责范围，促进管办评分离，在规划、方针政策制定，标准建立，专业、学科布局，试点试验项目确立与推广等方面建立规范有序的治理体制。加强省级政府以地方发展实际情况为依据，加强教育统筹以及转变政府教育管理职能，维护职业教育在本地区经济、社会发展中的支撑地位，规范法规，加大职业教育投入，合理调配教育资源，优化专业、学科布局，加强区域联动。政府在行使职能的过程中，要各司其职，要到位，不越位，不缺位。

2. 建立多元协同联动机制

为推动职业教育进一步发展，应建立多元协同联动机制：包括中央与地方上下协同联动，相关部门横向协同联动，政、行、企、校、社多位协同联动机制。2004年，经国务院批准，教育部、国家发改委、财政部、人事部、劳动保障部、农业部、国务院扶贫办建立了职业教育工作部际联席会议制。目前，国家层面已建立国务院部际联席会议制度，各省市也要相应建立统筹协调机制。同时，部门之间的协调很重要，比如"1+X"证书制度试点建设，就需处理好技能等级证书和职业资格证书的关系，技能等级证书和学历证书的关系[1]。

修订《职业教育法》，借鉴其他国家职业教育发展经验，从法律层面重新界定和调整教育部门与劳动就业保障部门的业务范围，明确由教育行政部门负责职业教育的统筹规划、综合协调、宏观管理，人社部门负责职业资格证书制度和就业准入制度的实施与管理。在学校的主办单位、属性、经费渠道、产权等不变的情况下，将劳动部门的技能型人才培养的业务、技工学校和社会培训机构相应的业务归并为教育部门统一管理，教育部统一负责技工学校招生计划的编制和落实工作，各校基本情况的年度统计工作，技工学校的审办停办等涉及学校生存的一些重大变更。对教师的培训、职称评定和资格认定工作，学生管理工作，学生的考试和考核工作，课程设置和教学，专业技能考核，办学质量评估等，特殊情况下，教育部邀请人社部等部门参与。

3. 健全职业教育预算和投入机制

健全职业教育预算和投入机制，依法落实政府财政投入，合理确定并切实提高职业教育财政性教育经费占国家财政性教育经费总投入的比例，提高职业教育经费保障水平。进一步推动各地建立并完善职业教育生均拨款制度，制定科学合理的职业院校生均拨款标准，不断提高中等职业学校和高等职业学校的生均经费，使其高于普通高中和普通本科院校的生均标准；拓展职业教育经费来源，完善企业等民间力量参与职业教育的政策制度，采用税收、土地、奖补等方式鼓励和引导企业和社会民间资本参与职业教育办学；完善财政投入机制，在中央财政投入职业教育的经费持续增长的基础上，不断加大对老少边穷岛地区的倾斜，对家庭经济困难学生的倾斜，对职业教育发展薄弱环节、关键领域的倾斜；加强职

---

[1] 邢晖. 多元协同联动 推动职业教育发展 [N]. 光明日报，2019-01-22（13）.

业教育经费监管，确保使用规范，提高职业教育经费使用效益。

4. 完善校企合作产教融合的保障机制

各级政府应当建立健全深化校企合作产教融合的支持政策、服务平台和保障机制，改革、教育、人力资源社会保障、财政、工业和信息化等部门应当建立工作协调机制，行业主管部门和行业组织应当统筹、指导和推动本行业的产教融合校企合作；在落实好新修订的《民办教育促进法》、国务院出台的《关于深化产教融合的若干意见》、教育部等六部门印发的《职业学校校企合作促进办法》的同时，积极引导各地制定具体可行的操作办法，切实明晰企业参与产教融合校企合作的责任、权利和义务，确保激励企业参与产教融合校企合作的税收、财政、土地、金融、奖补等优惠政策的落地；健全政府、行业、企业和其他社会力量参与举办职业教育的体制机制，探索发展股份制、混合所有制职业院校，增强职业教育发展活力[1]。

二、行业指导机制

（一）行业与体育行业

行业是指从事国民经济中同性质的生产、服务或其他经济社会的经营单位或者个体的组织结构体系，又称产业。但严格来说，产业的概念范畴比行业要大，一个产业可以跨越（包含）几个行业。

行业的发展必然遵循由低级的自然资源掠夺性开采利用和低级的人工劳务输出，逐步向规模经济、科技密集型、金融密集型、人才密集型、知识经济型的组织结构转变，从输出自然资源，逐步转向输出工业产品、知识产权、高科技人才等。

按照《国家统计局关于执行国民经济行业分类第1号修改单的通知》（国统字〔2019〕66号），采用经济活动的同质性原则划分国民经济行业。即每一个行业类别按照同一种经济活动的性质划分，而不是依据编制、会计制度或部门管理等划分。国民经济行业分为20个门类，共计97个大类，各大类下还细分为更多的中类和小类。

其中，与体育相关的行业分布在教育门类以及文化、体育和娱乐业门类中。

---

[1] 平和光. 关于推进职业教育体制机制深化改革的建议[EB/OL].（2018-08-17）[2020-10-21]. http://www.civte.edu.cn/zgzcw/jcll/201808/9c94ede9d114420487d7e223cbfa09a0.shtml.

在教育门类的教育大类中，体校及体育培训划归技能培训、教育辅助及其他教育中类，指各类、各级体校培训以及其他各类体育运动培训活动，不包括学校教育制度范围内的体育大学、学院、学校的体育专业教育。

在文化、体育和娱乐业门类中，与体育相关的行业涉及体育与娱乐业两大类。

在体育大类中，涉及体育组织、体育场地设施管理、健身休闲活动和其他体育四类。体育组织指专业从事体育比赛、训练、辅导和管理的组织的活动。体育场地设施管理指可供观赏比赛的场馆和专供运动员训练用的场地设施管理活动。健身休闲活动指主要面向社会开放的休闲健身场所和其他体育娱乐场所的管理活动。其他体育指上述未包括的体育活动。在娱乐业大类中，涉及彩票活动和文化体育娱乐活动与经纪代理服务两类。

与体育相关的行业类别具体见表4-1。

表4-1 与体育相关的行业类别

大类	中类	小类	说明
教育	技能培训、教育辅助及其他教育	体校及体育培训	指各类、各级体校培训以及其他各类体育运动培训活动，不包括学校教育制度范围内的体育大学、学院、学校的体育专业教育
体育	体育组织	体育竞赛组织	指专业从事各类体育比赛、表演、训练、辅导、管理的体育组织
		体育保障组织	指体育战略规划、竞技体育、全民健身、体育产业、反兴奋剂、体育器材装备及其他未列明的保障性体育管理和服务
		其他体育组织	指其他由体育专业协会、体育类社会服务机构、基层体育组织、全民健身活动站点、互联网体育组织等提供的服务
	体育场地设施管理	体育场馆管理	指对可用于体育竞赛、训练、表演、教学及全民健身活动的体育建筑和室内外体育场地及相关设施等管理活动，如体育场、田径场、体育馆、游泳馆、足球场、篮球场、乒乓球场等
		其他体育场地设施管理	指设在社区、村庄、公园、广场等对可提供体育服务的固定安装的体育器材、临时性体育场地设施和其他室外体育场地设施等管理活动，如全民健身路径、健身步道、拼装式游泳池等

续表

大类	中类	小类	说明
体育	健身休闲活动	健身休闲活动	指主要面向社会开放的休闲健身场所和其他体育娱乐场所的管理活动
	其他体育	体育中介代理服务	指各类体育赞助活动、体育招商活动、体育文化活动推广,以及其他体育音像、动漫、影视代理等服务
		体育健康服务	指国民体质监测与康体服务,以及科学健身调理、社会体育指导员、运动康复按摩、体育健康指导等服务
		其他未列明体育	指其他未包括的体育活动
娱乐业	彩票活动	体育彩票服务	
	文化体育娱乐活动与经纪代理服务	文化活动服务	指策划、组织、实施各类文化、晚会、娱乐、演出、庆典、节日等活动的服务
		体育表演服务	指策划、组织、实施各类职业化、商业化、群众性体育赛事等体育活动的服务
		体育经纪人	

(二) 行业是我国现代职业教育体系机制环节的重要内容

行业在我国现代职业教育体系机制环节中起指导作用。

行业主要依托行业指导委员会(以下简称行指委)发挥其指导作用。行指委是受教育部委托,由各行业主管部门或行业组织牵头组建和管理,对相关行业职业教育和培训工作进行研究、咨询、指导和服务的专家组织,是已确定分类的行业权威性组织。2020年,教育部拟设置安全、包装、财政等共55个行指委,再次明确行指委是受教育部委托组建的专家组织,其主要职能包括开展本行业人才需求预测分析,提出本行业技术技能人才的职业素质、知识和技能要求,指导职业院校教师、教材、教法改革,参与职业教育教学标准体系建设,开展产教对话活动,指导推进校企合作、职教集团建设,指导实训基地建设,指导职业院校技能竞赛,组织课题研究,实施教育教学质量评价,培育和推荐优秀教学成果,组织本行业相关专业教学经验交流活动等[1]。

行业在严格就业准入制度，加强职业教育与就业的联系方面也发挥了重要的作用。一方面，行业通过行指委直接参与教学标准体系建设，另一方面，它通过联合制定推广就业准入制度，倒逼职业教育改革。2019 年，国务院颁发了《国家职业教育改革实施方案》，把"启动 1+X 证书制度试点"作为改革要点单独列出，计划在职业院校与应用型本科高校启动"学历证书+若干职业技能等级证书"制度试点工作。在职业技能等级证书的开发与实施的主体上，面向行业招募培训评价组织。评价组织主要负责职业技能等级标准的制定，职业技能考核、评价，证书发放。截至 2020 年年底，共有 4216 所中、高职院校，应用型本科院校积极参与到证书试点工作中，目前已经设立 270 多种各级各类的职业等级证书。

（三）行业在职业教育教学改革中的困境

1. 外部困境

我国的行业发展有浓厚的政治色彩，严重依托政府的同时又缺少相关的制度保障。这就造成了行业在现代职业教育体系中未能、"不敢"发挥"主观能动性"，以更好、更活跃的姿态参与进来。从本章第一节的国外实践研究来看，无论是"双元制"代表的德国，还是"产""学""官"紧密合作的日本，他们在鼓励行业参与的力度上投入很大。一些发达国家针对职业教育形成了较系统的法律保障体系，特别是以法律的形式明确规定了行业、企业参与职业教育和职业培训的权利、责任和义务，并建立了一整套包括立法监督、司法监督、行政监督、社会监督在内的职业教育监督系统。从政府角度讲，我国职业教育相关法律系统不够完善，中央、地方性法规不够健全，对行业参与职业教育的权利、责任和义务的规定不够明确、不够具体。同时，在落实层面也存在各种各样的问题。"其原则性规定未能在民事诉讼法和行政诉讼法等程序中得到具体体现，缺乏可操作性。同时，行业的职业教育经费投入和使用无法可依，执法主体执法无据，亟待制定《教育投入法》，规范和约束行业企业的职业教育经费投入行为"[2]。

---

[1] 中华人民共和国教育部. 教育部办公厅关于推荐全国行业职业教育教学指导委员会（2020—2024 年）委员的通知 [EB/OL].（2019-12-25）[2020-10-21]. http://www.moe.gov.cn/srcsite/A07/moe_953/201912/t20191227_ 413755.html.

[2] 黄才华. 职业教育教学改革中行业企业发挥作用的现状与模式研究 [J]. 中国成人教育，2008（21）：15-18.

2. 自身困境

行业严重依托政府这一特征使其自身发展充满被动。随着政府职能的转变，行业的定义与行指委的定位、职能在对应职能部门的重构中不断变化，一方面适应了时代的发展，但另一方面也滞后于产业的发展。一些行业举办、参与职业教育的职能逐渐减弱或消失，行业主管部门对高职教育不够重视，投入逐渐减少，并没有真正重新规范行业在高等职业教育的新职能。行业自身的不稳定性不利于形成较高水准的指导队伍，不利于积累大量的实践经验。很多新兴的行业自身刚刚建立或尚未建立行业协会，更不能发挥其预见性的指导作用。

（四）完善机制，充分发挥行业指导作用

2011年，教育部职成司发布《教育部关于充分发挥行业指导作用推进职业教育改革发展的意见》（教职成〔2011〕6号），对行业作用的挖掘与行业发展与教育改革的关系进行了详细的说明与指导。十年间的探索成果表明，必须要完善行业指导机制，充分发挥其有利优势，深化职教改革，促进业态良性发展，促进多边共赢。

1. 切实加强行指委指导能力建设

打铁还需自身硬。行指委是每个行业的权威机构，也是行业发展的先锋力量。各行指委要坚持党的领导，不断加强自身的思想建设、组织建设和业务建设。研读新的教育法规、政策，对行业新兴动态进行跟踪反馈，建立预警机制，不断提高工作质量和服务水平。在具体工作实施上，要坚持科学严谨、务实进取的工作态度，以服务行业发展为原则，建立完善自律性管理约束机制。特别加强对职业教育的引导与服务，做到指导有方、有效。同时加强与政府部门和各级主管部门、相关单位密切沟通、积极配合。与此同时，也要重视加强行指委之间的交流与合作，做好普适性的经验推广与创新。

2. 健全行业指导职业学校教育教学制度和工作机制

作为为行业发展提供主要智力支撑和人才支持的职业院校，行业应重视对职业院校教育教学的指导，建立一套完备的指导制度和工作机制。在职业学校内部，行业通过常驻、定期等方式派人积极参与到职业院校办学咨询、专业设置评议和教学指导机构中。行业要根据当地产业发展的实际，针对区域产业发展和企业需求，与学校、企业共同制定实施人才培养方案和教学计划，编写校本教材，培养培训师资，组织实施教学，使学校人才培养最大限度地与区域产业发展需求相吻合，实现职业教育服务地区经济社会发展的功能。要以行业、企业的实际需求为本，遵照复合型技术技能人才成长规律组织教育教学。要依靠行业相关专业优势，充分发挥行业在人才供需、职业教育发展规划、专业布局、课程体系、评价标准、教材建设、实习实训、师资队伍、企业参与、集团办学等方面的指导作用，促进行业在职业学校专业建设和教学实践中发挥更大作用，不断提高职业教育人才培养的针对性和适应性。

3. 强化职能，在提供教育服务、标准建设、制度建设方面"重拳出击"

行业根据发展需要，提供教育服务或亲自举办职业教育，并对本系统、本行业的职业教育发挥组织、协调和业务指导作用；或整合行业内职业教育资源，引导和鼓励本行业企业开展校企合作、组建职教集团；发挥资源、技术、信息等优势，参与校企合作项目的评估、职业技能鉴定及相关管理工作；或收集、发布国内外行业发展信息，鉴定与推广新技术和新产品，引导职业教育贴近行业、企业实际需要；或鼓励企业、社会组织举办中短期职业培训，满足从业者接受继续教育的需要。在标准建设方面，积极参与国家对职业学校的教育教学评估、教材评估、组织竞赛相关管理等工作。在制度建设方面，要建立行业指导例会制度，经常性地开展教育行政部门、职业学校与行业、企业的对话交流，通过与政府沟通获取相应的政策和资金等方面的支持。

4. 推进建立和完善"1+X"证书制度

积极组织开展本行业所负责的职业资格认证及行业相关专业的多证书实施工作。以"1+X"证书试点推广为契机，采取线上线下资源相结合的方式，依据产业发展和行业企业岗位所需的动态职业能力标准所涵盖的知识、技能和职业素养要求，指导相关试点专业的人才参与专门化的培训，完成一专多能的职业能力认证等工作。利用行业自身与行业间的资源，推动职业学校和职业技能鉴定机构、行业企业的深度合作，确保学生顺利毕业的同时，获得相关专业的职业资格证书和本行业或跨行业的更多种类岗位职业能力证书。

（五）各级体育主管部门及体育行业协会的指导例示

1. 举办体育行业职业技能竞赛

为深入贯彻《全民健身条例》，落实全民健身国家战略，提升全民健身专业化水平；选拔培养一批体育行业优秀高技能人才，带动、激励和引导体育行业从业人员立足本职，提升为民服务的能力；营造有利于体育行业技能人才成长的良好社会氛围，推动体育行业技能人才队伍建设与发展；提升体育多元功能的社会认知度；普及健康生活方式，推进全民健身与全民健康深度融合，服务与推动健康中国建设，国家体育总局、中华全国总工会、中华全国体育总会主办，国家体育总局人力资源开发中心、中国教科文卫体工会全国委员会、国家体育总局职业技能鉴定指导中心、国家体育总局游泳、航空无线电模型运动管理中心承办，中国救生协会、中国航空运动协会、中国滑雪协会、中国登山协会等协办，每两年举办一次全国体育行业职业技能大赛。各省体育局、省人力资源和社会保障厅、省总工会主办、省体育人才交流服务中心和省体育行业特有工种职业技能鉴定站承办各省体育行业职业技能竞赛。

2. 指导职教集团的建设

2012年3月，经湖南省教育厅、省体育局批准同意，由湖南体育职业学院牵头组建"湖南体育职业教育集团"。在成立大会上，国家体育总局科教司教育处处长谢燕歌宣读了国家体育总局科教司的贺信，湖南省教育厅职成处处长张大伟宣读了《关于同意组建湖南体育职业教育集团的批复》，湖南省教育厅副厅长王键和湖南省体育局副局长熊倪为湖南体育职业教育集团揭牌。王键指出，湖南省正处在加快建设教育强省的重要时期，省委、省政府高度重视职业教育发展，作出了《中共湖南省委、湖南省人民政府关于大力发展职业教育的决定》，为进一步深化职业教育改革，推进职业教育大发展指明了方向，提出了新的更高要求，为职业教育赢得了新的发展机遇和政策环境。由具备条件的高职院校牵头组建职业教育集团是推动公办职业学校资源整合和重组，走规模化、集团化、连锁化办学路子的生动实践，作为湖南省职业教育工作的重要内容和措施之一，自2008年实施以来，取得了显著的成效，实现职业教育大发展，就必须大力推进校企合作、工学结合、顶岗实习的人才培养模式改革，深入推进职业教育集团化办学，建立和完善校企深度合作、共生发展的长效机制。

组建湖南体育职业教育集团是贯彻落实"对接产业（行业）、工学结合、提升质量，推动职业教育深入融入产业链，有效服务经济社会发展"职教工作方针、《中共湖南省委、湖南省人民政府关于大力发展职业教育的决定》文件精神，大力实施教育强省和省体育局"一大三带动"建设体育强省战略的重要举措；是进一步深化办学体制机制改革与创新，增强体育高职教育发展活力和后劲的具体表现；是建设省级示范性（骨干）高职院校，加快培养复合型技术技能体育人才步伐，为体育产业大发展提供人才和智力支持的现实需要，有利于推进校企深度融合，聚集优质职业教育资源，拓展社会服务功能，改革体育高职人才培养模式，优化人才培养途径，提高学生素质和发展能力，促进学生就业，实现集团成员资源共享、优势互补、共同发展。

湖南体育职业教育集团是以推动体育高职教育发展，培养更多更好的复合型技术技能人才，满足行业和社会需求为目标，以校际合作、校企合作和产学结合为主要形式，按照平等自愿、合作交流、创新共赢的原则，由职业院校、职业培训机构及企事业单位组成的具有联合性、互利性、非营利性的行业组织。由全国各省市体育高职院校、省内高职院校、省体育局系统各相关单位、省内外知名体育企业、各市州体校及相关体育教育机构加盟，成员单位达70余家。

集团的主要任务：一是实现教育教学资源和企业资源的共享，开展校企合作和产学研结合，通过"订单式"培养，举办企业冠名班，满足职业院校毕业生就业和企业用人的需求；二是加强教育教学、科研、师资培训、企业员工培训、体育产业化等项目的合作申报；三是积极争取国家在招生就业、专业设置、项目建设、（企业）税收减免等方面对集团成员给予的政策优惠；四是搭建信息交流平台，共享信息资源，加强集团宣传，努力提高集团成员的社会影响力和知名度；五是开展交流活动，举办体育职业教育发展高层论坛，加强体育职业教育集团化理论研究和实践探索；六是结合专业特点，建立由职业教育专家、企业领导、专业技术人员等组成的集团专业建设指导委员会，分析企业专业需求，掌握技能需求重点，合理进行专业设置、课程改革与创新，强化学生技能训练，提高学生专业素质，加强课程开发、教材编写，并优先在集团内使用；七是实现师资和专业的优势互补，探索教学改革，在招生、就业、教学、科研等方面进行有效合作，实现体育高职人才培养对接，沟通人才供求和教育改革信息，开展联合办学；八是实现职业资格、培训考核鉴定的合作，加强实习实训基地、图书馆、学报学刊等短缺资源的共享，为职业院校学生实习实训及专业课教师培训提供支持，建立新型的校企合作基地；九是加强横向交流，与其他省市体育职业教育集团开展协作活动，以集团名义开展各类国际国内交流活动，与国内外职业机构开展合作。

三、企业合作机制

(一) 企业与企业合作

洋务派主导的洋务运动时期至康有为、梁启超等人主导的戊戌变法时期，一些词汇从日语中被大量引进现代汉语，其中就包括现代汉语中的"企业"一词。《辞海》中关于"企业"的解释为："从事生产、流通或服务活动的独立核算经济单位。"较常见的用法指各种独立的、营利性的组织（可以是法人，也可以不是），并可进一步分为公司和非公司企业，后者如合伙企业、个人独资企业等。

职业教育是多种教育形态中与生产、流通或服务最为接近的一种，因此，职业教育的运行机制与企业的关系是最为紧密的。从前面的研究情况来看，无论是国内还是国外，政府都在大力提倡、积极推进校企合作，产教融合，探索市场经济条件下职业教育校企合作的新模式，如"订单式"培养、委托培养、专业共建、实习基地共建、"工学交替""2+1"产学合作等。这些模式在国外或者国内部分地区已经取得一定的成效，但是，在整体的环境中，这些合作仍然是由学校主导、以感情联络为主的浅层次合作，企事业单位接收学生实习的积极性仍然不高，校企合作面临种种瓶颈。

(二) 校企合作的意义

在多年的校企合作实践中，我们也深刻体会到校企合作的重大意义。

第一，校企合作是发展中国特色社会主义经济的必然需要。以经济建设为中心，是党和国家的基本路线，发展中国特色社会主义经济也是职业院校的历史使命。在社会主义新时期，面对多元化办学主体的倡导，我们更要坚持社会主义办学方向，在人才培养方面紧密结合企业需求的同时，通过为企业输送有较高政治素养、道德素养、专业素养的一专多能类人才，间接维护经济建设的社会主义路线，发展中国特色社会主义经济。

第二，校企合作符合双方利益。企业要发展，需要学校不仅为其输送合格技能人才，而且还要为其提升在岗员工的技能，相较而言，重新培养一个技能娴熟、素质过硬的员工成本更高；学校培养人才的出发点是培养出对社会、国家有用的人。随着社会的发展变化，学校也需要与企业紧密合作，培养学用结合的人才。企业和学校双方各有所图又各得其所。

第三，只有校企合作，才能产生规模效应。校企合作往往是学校的一个专业与一批企业合作，培养的也是一批技能人才，解决的也不是一个企业，而是一批企业技能人才的需求，具有明显的规模效应。

第四，只有校企合作，才能走上技能人才培养的快车道。校企合作培养制度不仅能够解决技能人才培养的规模问题，还能解决速度问题。与传统培养制度不同，校企合作培养模式下的职业院校都拥有校内实训条件，使学生在校内实训的基础上，再到企业跟岗、顶岗实习。使用这种培养方法，初中毕业生五年，高中毕业生三年就可成为基本合格的高级技工，与传统的师带徒和企办校模式相比，效率更高，优势更明显。

第五，只有校企合作，才能保证培养质量。校企合作培养技能人才兼具校内文化知识教学和企业岗位能力实训两个领域、两种空间、两种能力教学的特点，是理论与实践的零距离结合，也是教育与生产劳动相结合方针的切实体现。

（三）校企合作中企业的困境

企业既然是独立性的、以营利为目的的组织单位，其基本构成元素为企业员工，那么它对高素质、专业化的技能人才的需求就是一种刚需。高职院校以复合型技术技能人才培养为目标，是企业天然的合作伙伴。然而校企合作的通道未能积极构建、打通，其根本原因还是在于企业自身。

对于一些大企业来说，由于价值观不同，或新兴产业、新工艺的出现，他们更多地将员工的素质培养与技能提升放在企业内部，单独开辟一个部门来组织实施，基本上能够实现自给自足，并没有积极主动地与相关院校建立甚至是尝试建立合作关系，更不用说积极主动参与制订、修订人才培养方案，也不能实现共同育人这一过程，更不用说成为校企合作的受益方之一了。

对于一些中小企业来说，他们更多的是处于追寻自身的发展定位与短期的利益矛盾之中，在竞争激烈与变幻莫测的市场环境背景下，很少有企业具备长远的发展目光，积极与相关高职院校建立合作关系，主动提供行业走势预测，积极参与阶段性与后续评价并反馈给院校，不能与高职院校构成良好的育人循环机制。

甚至有些企业盲目追求自身利益最大化，钻税收等校企合作利好政策的空子，与高职院校合作流于表面，或以合作为名义用高职院校学生实习机会榨取劳动价值，非法占有部分劳动报酬，使高职院校逐渐失去人才输送的出口乃至信心，影响校企合作的风气。

（四）校企合作的出路

校企合作是企业和高职院校为共同发展、谋共同利益的一种合作形式，是一种培养复合型技术技能人才的方法。高职院校在行业的引导下，为学生传递新的专业知识，把学生真正培养成为真正具有竞争能力、适应社会发展的高素质专业人才，学生们通过在企业中获取实践经验来实现个人价值，企业借由这些高精尖人才在产业中保持核心竞争力，形成独特的企业文化，凝聚向心力，发展壮大自身的利益，为国家的稳定、社会的发展、人民生活的幸福做出贡献。因此，校企合作中高职院校和企业都是直接受益者，政府、社会、行业都是间接受益群体。我们在仔细思索校企合作出路的同时，也不能忽略另外三个方面的努力。

1. 发挥政府组织职能，健全校企合作的政策保障机制

简单地把校企合作看作学校与企业之间的一种资源交换、一种涉及不同社会与经济主体之间的社会合作是片面的。在现代化政府治理角度看，校企合作是一种共荣共生的状态，它有多方的受益群体，直接指向政府治理价值，最终受惠者是广大人民群众。政府部门可以充分发挥社会主义制度优越性，明确自身在校企合作、产教融合过程中的主导地位，通过政策将多方受益群体纳入进来，利用宏观手段对资金管理、人员管理（技术职称、社会名誉）、资源调配等方面统筹推进，营造良好的社会氛围，在完善的法律法规中将权力与责任规范明确，层层压实，建立良好的约束与保障制度。在保证有效的宏观调控的范围内允许行业、企业、学校、社会多方活跃发挥，引入竞争机制，利用人才与技术的纽带将其拉近，促进合作，衍生利益共同体，促进共荣共生的价值观的形成。

2. 发挥价值观导向作用，调和企业追逐利益与服务社会的价值冲突

通过分析校企合作中遇到的困境，我们发现企业的价值观存在矛盾冲突：即追求自身利益最大化与服务地区、社会发展之间的矛盾，这种矛盾并不是不能调和的。首先，可以充分发挥企业中党组织的模范带头作用，以各级党组织为单位主动践行社会主义核心价值观，引导并建立良好的企业风气。积极响应社会广泛倡导的为人民服务的价值观，将其与企业长期发展的价值导向相结合，从领导者到执行者再到每一个工作单元，唤醒他们企业回馈社会的意识；其次，促进学校对引导建立或理解容纳目标企业的企业文化，经过多方论证，将其中有益的文化元素与机制引入人才培养过程中，建立校企合作的文化支点；最后，加强广泛的社会文化宣传，在全社会范围内推进社会主义核心价值观的贯彻落实，建立全社

会范围内的"文化育人"机制，充分增强企业人、教育者、行业引导者、社会团体的价值认同感，调节校企合作中的矛盾冲突。

3. 加强高职院校内涵建设，为校企合作提供更多支点

作为校企合作的另一方，高职院校除了要积极打造校企合作的文化支点外，还要利用好人员和技术的优势，打造更多的校企合作支点。首先，不断提高高水平的复合型技术技能人才培养能力，使毕业生在本行业有更强的竞争力，减少企业二次培训的负担，打造名师团队，增强为企业提供培训服务的能力；其次，加强学生、教师技术技能的创新与推广应用，吸引企业关注，进而获得企业技术与资金的支持。

四、学校办学机制

办学机制是一个学校创办及运行工作系统的组织或部分之间相互作用的过程和方式。其外延包含学校制度、学校组织及学校办学执行保障等。目前中国的办学机制有公办学校、私立学校、联合办学、教育集团等，通常学校的投资方和管理方的角色决定了这个学校的办学机制。办学机制的建立，一靠目前的办学体制，二靠办学制度，通过建立适当的办学体制和制度，可以形成相应的办学机制。在机制的形成上，制度的作用更加直观，如学校用人制度、学校激励制度、学校管理约束制度等。同时，办学机制的构建要特别重视以人为本的理念，体制再合理，制度再健全，执行者与受益人的定位不清晰，机制还是不能起到应有的作用。因此，强化大学以人为本的治理能力，发挥中国特色社会主义制度的优势，是完善办学机制、提高办学水平的必由之路。这就要求学校必须建立以《大学章程》为核心的现代大学治理体系，完善人事管理、教学管理、财务管理、科研管理、学生管理等制度，完善有法必依、有章必依、有规必依的现代大学治理体系，将法治理念贯穿大学治理全过程。

以下将从组织管理机制、人才培养机制、文化建设机制三个方面讨论现代高职院校的办学机制建设问题。

（一）组织管理机制

在我国社会管理体制下，大部分高职院校作为公办事业单位，都有相应的政府主管部门，由主管部门对隶属的高职院校通过行政隶属关系实施直接的行政管理。这种管理通常包括机构设置、经费拨付、干部任免等行政审批。《中华人民

共和国职业教育法》规定，高职教育实行"条块结合，以块为主"的三级多元管理体制，以行政隶属关系为主线，在中央、省、市（地）三级政府都由教育行政部门、人力资源和社会保障行政部门、相关的行业业务主管部门参与高职教育管理，其中教育行政部门综合管理高职教育和直接管理部分高职院校，人力资源和社会保障行政部门综合管理职业培训和职业技能鉴定，相关的行业业务主管部门管理直接隶属的高职院校以及相关职业培训和职业技能鉴定。这里所讲的主要是前面两种政府的行政管理。

对外来说，多元化主体办学，实际上是为了确立高职院校分类管理体制，最终目标是鼓励社会资本参与教育事业，创新高职院校发展机制，促进高职教育健康发展。探索多元主体合作办学，开展多元合作办学制度与模式创新，有利于释放办学体制活力。我国职业教育多元合作办学机制改革正在汲取国外职业院校办学经验，积极调动政府、行业、企业与社会的力量办学，这一点在《国家职业教育改革实施方案》中已有体现。

对内来说，进一步推进现代管理体制建设，发挥体制活力；建立稳定的合作机制，在服务型政府的治理下，在学校内部建立较为详细具体的组织管理机制，确保人才培养机制、文化建设机制的有效实现。

在办学模式问题上，在政府的引导与监督的前提下，积极地由单一学校办学向校企资源共享的管理平台转变。多年来，几乎每所高职院校的资源问题，包括投资、师资、生源与实训条件等方面的约束，影响了人才培养模式的改革。为解决这些问题，各地高职院校加大改革力度，努力突破单一的学校资源依赖，积极争取政府资源，整合社会资源、企业资源、民间资源和境内外合作资源，使办学模式趋于开放式、多元化，为推进人才培养模式的转型提供了资源保障。特别是一些高职院校积极探索优质资源共享的管理平台模式，有效弥补了原来办学模式相对封闭的不足。如示范建设院校通过有效的资源整合，成功地融入了企业要素，并且在机制上进行了探索，形成了优质资源共享的管理平台，产生了制度效应。尤其是在当前职业教育校企合作政策制度尚不完善的背景下，这一管理平台的建设者成为社会主义市场经济体制下探索校企合作制度建设的实践先行者，成效显著。浙江金融职业学院创建的"银领学院"，在订单培养的第 3 年实行集中管理，一方面吸引行业企业参与，增强实训教学性；另一方面强化制度效应，使企业用人竞争前移，保证实现多赢格局。浙江省 15 个银行系统均认为，不进入这个"银领学院"就要不到你想要的人才，而等你要到人才的时候就可实现毕业即上岗，可以超越别的银行系统，所以他们都希望进入"银领学院"，这样就形成了制度，成为可复制、可拷贝的经验。目前，单一学校办学向优质资源共享管理平台转变的办学模式，正在逐步向教学领域、向专业教师的课程教学拓展[1]。

在管理结构上，职业教育多方受益集体根据实际情况参与到学校的管理、决策层中。对政府、行业、企业、社会组织的职责明确分工，发挥各自的优势特色，利用学校管理层平台，参照国外职业院校董事会的运行模式，建立多方联席会议制度，设立相应的下级组织机构，如积极发挥党委会的决议作用，充分发挥教授（学术）委员会、工会、职工协会、学生会、学生社团、其他党派、无党派人士、优秀校友会等团体的积极性，向下建立二级学院（系部），确保教学有序、有针对性地实施，确保决策的传达与反馈，逐渐形成稳定的制度，确保机制良好运行。具体来说，坚持政府社会主义办学方向与政务引导的同时，给予其他利益方足够的空间在法律法规许可的范围内自由发挥，充分调动各方积极性；行业要将政府的引导策略与产业发展趋势结合，建立校级行业指导分会；企业与学校要紧密结合，利用人才培养这个共同受益点在各方向上发力，深化融合，加强实习与经验交流；充分发挥社会组织的补充作用，引入第三方的参与机制，在宣传、引导的基础上尊重其地位与提出的建议。

（二）人才培养机制

职业院校运行的机制平台主要在学校层面，学校办学机制的良好运行更依赖于二级学院（系部）人才培养机制的良性运转。这里的人才培养，既指优秀的学生培养，也涵盖了师资队伍建设。

第一，健全德技并修、工学结合的育人机制，针对行业发展与地方特色，完善专业预警和动态调整机制。根据国家对各行业的发展战略，依托区域行业资源优势，按照优先发展、重点支持、适当限制的思路，通过支持重点区域和扶持薄弱地区相结合的方式，服务区域产业，合理规划各层次专业布局、结构规模和目标定位，建设适应需求、特色鲜明、效益显著的专业群；健全教学标准和课程标准与职业标准联动开发机制，及时将新技术、新工艺、新规范、新成果纳入教学内容和课程内容；对接职业标准、行业标准和行业规范，依据学生认知水平，科

---

[1] 郭扬. 近年来高职教育人才培养模式的七大转变 [J]. 中国高教研究，2009（5）：63-65.

学合理调整课程结构和更新课程内容；创新教学方法，深入推进项目教学、案例教学、情景教学、仿真教学等，提高教学效果；加强和改进实践基地教学，积极推进理论知识与实践操作在教学中的融合，提高教学的实践性和职业性；统筹规划各类教材建设，及时优化教材内容，创新教材呈现形式，提升教材编写质量；严格教学管理，完善教学管理流程，改革教学评价制度，建立职业院校教学工作诊断与改建机制，实时监控与优化改进教学工作。

第二，健全"双师型"教师管理制度。建立健全职业院校教师编制动态管理机制，推动企业高技能人才与职业院校教师双向流动；落实职业院校教师聘用自主权，支持职业院校招收具有生产经验和企业工作经历的专业技术人员和高技能人才到校任教；研究制订"双师型"教师标准，建立国家级、省（市）级、院校级"双师型"教师专业和资格认证标准，建立由教育行政部门、行业、企业、院校共同构成的标准制定和资格认证小组，规范认证过程，加强督导评估；加强职教师资培养培训基地建设，强化组织职业院校不同层次和基础水平的"双师型"教师赴企业参加培训，提升一线生产和实践操作水平；完善激励保障政策，改革职称评聘和绩效工资分配制度，职业高中教师纳入正高级教师评聘，职业院校教师可通过参与校企合作、技术服务、社会培训、资办企业等参与收入分配[1]。

第三，健全科研创新机制。科研创新是发展的动力与源泉。从宏观层面讲，我们要重视体制机制的创新，不断完善各项工作制度，提升部门内部、各部门（系统）之间、整个学校的治理能力；从中观层面讲，我们要重视发挥学院科研部门的力量，发挥党委的先进性对科研方向把握的指导作用，在行政办公方面给予科研部门政策支持，在人才队伍建设上重视高新技术人才的引进与培育，在财务管理上向科研项目倾斜等。从微观层面讲，要重视对每一个教学创新团队的扶持、每一个核心专业群的打造、每一个创新创业项目的孵化，永葆学术创新、学风、校风的生机与活力。

总的来看，各方主体的机制建设要围绕学校机制进行，根据经济社会发展同步规划职业教育，优化学校和专业布局，健全专业随产业发展的动态调整机制，进一步发挥行业在人才需求预测中的重要作用，依据行业用人需求，促进供需有

---

[1] 平和光. 关于推进职业教育体制机制深化改革的建议[EB/OL]. （2018-08-17）[2020-10-21]. http://www.civte.edu.cn/zgzcw/jcll/201808/9c94ede9d114420487d7e223cbfa09a0.shtml.

效对接，进而引导职业教育行政部门和院校合理调整专业设置，优化专业结构布局，强化专业内涵建设，改善教育资源配置，从而推动教育链、专业链与产业链、人才链的有机衔接，有效提升职业教育办学效益和人才培养质量，以确保职业院校对于行业的人才需求能接得住、培养得好。

（三）文化建设机制

文化建设的内涵比较丰富，包括以下两个方面。

1. 坚定办学理念与办学目标

一直以来，教育界的经典"三问"被归纳为"为谁培养人，培养什么人，怎样培养人"。习总书记在全国教育大会上的重要讲话内容中提到的"九个坚持"正面、精确地给出了历史性的回答。对这一问题的思考与实践也是职业院校办学的出发点与归宿，是每所高职院校时时刻刻都必须保持关注的要点。各高职院校特别是体育高职院校在回答这一问题时，逐渐地厘清了自身的办学理念与办学目标，形成了鲜明的办学特色，凝聚了具有鲜明特色的办学团队，深刻地影响着自身的办学机制。如湖南体育职业学院在办学历程中逐渐探索出了自身的办学理念与办学目标："办有灵魂的学校，育有品格的学生"，培养具有"鲜明国格、聪颖智格、健康体格、健全人格、高尚品格"的"五格"人才。

2. 坚持构建融合中华民族优秀传统文化、革命文化和社会主义先进文化的文化环境，从文化育人的角度为职业教育机制树立鲜明旗帜

兼具专业知识教授与职业技能培养功能的职业院校培养出来的学生，必须具备的核心能力体系在前一章已有详细论述，其实在这一能力体系的构建过程中，职业院校应该为学生提供良好的文化环境，特别是在体育类的高职院校，这种文化环境一定包含中华民族优秀传统文化、革命文化和社会主义先进文化。

在体育类高职院校中，坚定中华民族优秀传统文化育人机制。中华民族优秀传统文化是世界上历史最悠久、保存最完整、影响最深远的民族文化，它经历了历史的沉淀与杰出的实践证明，是我们在履行教育这一特殊使命时必须坚持弘扬和发展的。职业学校坚持中华民族优秀传统文化的育人机制，是政府治国理政思想在教育界的具体体现。中华民族优秀传统文化与体育职业教育密不可分。举个例子，民族传统体育是在《普通高等学校高等职业教育（专科）专业目录》中隶属于体育类的一个专业。专业名称、培养目标、培养规格、服务面向和课程体系等方面都体现出了传统体育作为中华民族优秀传统文化的一个类别的传承与发

扬的必要性。面临非物质文化遗产传承断层的危机趋势，该专业的设立与建设，为中华民族优秀传统文化的延续与发展提供了可参考的模式范本，同时在该专业的建设发展中，也势必会创造一种传统文化浓郁的校园文化氛围，增添学生的文化自信与文化魅力。

在体育类高职院校中坚定鲜明独特、奋发向上的革命文化育人机制。在中国历史上，中华人民自强不息的精神在内外交迫的革命时期得到了淋漓尽致的体现，从中涌现出一系列耀眼的革命精神：井冈山精神、长征精神、延安精神、西柏坡精神，它展现的是独特历史时期中国人民的坚定信念，是中国人民面对恶劣环境和内外斗争过程中展现出来的可贵品质。和平年代，我们在享受着优越的物质生活条件的同时，更应该居安思危，加强对这种革命文化的传承。体育职业教育与其他职业教育的不同点就是它具有独特的体育精神，更高、更快、更强的精神追求与鲜明独特、奋发向上的革命文化精髓有相通之处，特别是在湖南体育职业学院武警总队士官生的培养方面，我们践行了鲜明的革命文化教育，在人才培养过程中形成了特色的革命文化育人机制。

在体育类高职院校中坚定承前启后、继往开来的社会主义先进文化育人机制。在短短几十年的社会主义实践中，在中华大地上我们通过实践证明了社会主义是如何把中国从一个一穷二白的封建落后的国家建造成如今世界上的政治、经济、文化核心之一的国家。面对世界性、国家级的大灾大难，我们乘风破浪、披荆斩棘，向世人一次又一次证明了社会主义制度的优越性，特别是面对全球性的新冠疫情，中国政府迅速组织防控，人民齐心协力，严防死守，在短期内，在人口密集程度如此之高的中国大地上又一次上演了世界性的奇迹，与此同时，又为世界范围内的疫情防控工作做出了巨大贡献。在社会主义建设过程中形成了一股又一股的社会主义先进文化浪潮。这充分说明社会主义先进文化是一种有生命力的文化，是一种有凝聚力的文化，是一种体现人类文明发展进步方向的文化。体育类高职院校始终坚持社会主义办学特色，培养出来的技能型人才将来都是为社会主义建设服务的，他们已经创造、正在创造、一定会创造更多的社会主义先进文化。因此，在培育他们的过程中，我们也要不断地用已有的社会主义先进文化不断地对他们进行熏陶，激发他们的灵感与热情，使社会主义先进文化永葆青春与活力。

五、社会参与机制

全球风险社会和公民社会的到来使公共危机治理成为各国学界和政府必须面对的问题。党的十九大报告指出，建设平安中国，加强和创新社会治理，同时提出打造共建共治共享的社会治理格局。因此构建一个丰富多元、协作互助的治理网络，成为社会管理创新的价值取向和行动路径。同样，在高职教育发展的领域，也迎来了许多的困难与挑战，这不仅呼吁社会给予更多帮助，也要求社会参与加入其中。"社会经济发展促进政治参与的扩大，造就参与基础的多样化，并导致自动参与代替动员参与"。在现代社会，单一的政府治理或社会治理都无法更好地应对危机，二者有序合作才是危机治理的核心。社会参与高职院校机制建设，才能更好促进高职院校运行机制良好长久地发展。目前来看，社会参与机制主要涉及四个方面。

（一）社区参与机制

在谈论社区参与高职院校的管理之前，首先需要了解社区的功能。根据我国社会发展状况，我国社区功能有以下几种：管理功能，即管理生活在社区的人群的社会生活事务；服务功能，即为社区居民和单位提供社会化服务；保障功能，即救助和保护社区内弱势群体；教育功能，即提高社区成员的文明素质和文化修养；安全稳定功能，即化解各种社会矛盾，保证居民生命财产安全。

就我国社区功能来看，社区参与高职院校的治理是现代高职院校体制建设与运行机制的重要补充环节。由于学校在地理位置上也属于社区的一部分，那么学校在卫生防疫、安全建设、土地使用、环境维护等方面都需要融入社区这一个区域环境中，也需要将社区的要求贯彻到校园的每一个角落，利用社区文化、社区服务、社区保障、社区安全等要素育人。因此，将社区参与机制纳入高职院校体制与机制建设中是很有必要的。

（二）社团参与机制

这里指的社团是专业型社团，是由一批志同道合的学生自愿加入，围绕相关领域专业知识，结合有关现实问题进行交流、研讨和实践探索的学习型组织。作为校企合作学校层面的延伸和补充，专业型社团以其专业性、自主性、实践性和创新性在学生职业素养的养成中、与企业的交流沟通中起着不可替代的重要作用，展现自身的特色与优势。

社企合作遵循平等自愿的原则，包含两层意思：第一，社团和企业在合作中所处的地位是平等的，社团扮演着学校学生组织和企业派出的项目部双重角色，在学校和企业的协助支持下独立开展工作。第二，所有的程序和项目都是自愿参加，包括自愿加入社团、自愿退出社团、自愿参加社团活动等。平等自愿的原则将有效塑造学生的自主性和独立性，有助于形成"兴趣使然、目标驱动、自学成才"的良好学习环境。

社企合作的核心是以人为本，即要求正视学生的地位，发挥学生的作用，满足学生的利益，体现学生的权利，重视学生的价值，维护学生的尊严，促进学生的发展。这有别于以往强调奉献、理性主导和灌输式、说服式的显性教育模式，更加强调个性本位、感性主导以及体验式、实践式的隐性教育理念，有助于培养学生的创新意识和能力，这点在顶岗实习过程中显得尤为重要。

社企合作的基本要求是合作共赢，合作的主体是社团和企业，参与的对象是教师、学生和企业人员，合作过程中充分发挥学生的主观能动性，学校和企业只起统筹引领和协助配合的作用。探寻社企合作参与方的角色定位和利益结合点，解决合作过程中参与方的动力机制问题，是通过每一位学生来完成的。将这些有共同目标的学生聚集在一起的社团参与到校企合作中来，有利于更好地达到企业、学生、社团、学校多方共赢的目的。

社企合作的根本出发点和落脚点是培养学生的职业素养，把社团打造成为学生职业素养的"培养皿"。在合作开展活动的过程中，学生的职业道德、职业技能、职业行为、职业作风和职业意识等方面都会得到潜移默化的熏陶、训练和提升，无形中实现了个人发展与企业文化和职业要求的无缝对接。社团参与可以更好地丰富大学生的课余生活。特别要根据学校的特色，发展不同的有趣的社团活动，让社团活动丰富起来。

综上，社团参与机制作为点与点之间互动交流的最小组织，在校企合作过程中起到了细化任务模块、及时追踪反馈的作用，有效地保障了校企合作的长期有效运行。除此之外，社团参与机制在学校办学机制中学生主体地位的体现（学生参与学校运行管理等）与核心能力体系构建方面（丰富多彩的社团活动等）也体现了机制环内部、机制环与目标环、活动环等环节的环扣特点。

（三）社会智库参与机制

智库是指专门从事开发性研究的咨询研究机构。它将各学科的专家学者聚集起来，运用他们的智慧和才能，为社会经济等领域的发展提供满意方案或优化方案，是现代领导管理体制中一个不可缺少的重要组成部分。智库的主要任务是提供咨询，为决策者献计献策、判断运筹，提出各种设计、反馈信息，对实施方案追踪调查研究，把运行结果反馈到决策者那里，便于纠偏；进行诊断，根据现状研究产生问题的原因，寻找解决问题的方法；预测未来，从不同的角度运用各种方法，提出各种预测方案供决策者选用。

社会智库参与高职院校的管理与教学，有助于运用社会的智慧与才能发展高校，也有利于帮助决策者更好地做好每个决定，更能更好地预测未来。我们要努力实现高校智库、智库高校的目标。由国家精英阶层组成的咨询团队，可以帮助高校在教育教学发展等领域提供发展方向和建议，对学校的决策层起着很大的影响作用。社会智库的加入将加大高校发展的潜力，也更加深层次地帮助高校解决一系列的问题。

（四）社会力量参与机制

社会力量参与主要分为参与办学与社会捐赠两种形式。

在职业教育改革的新时期，国务院提出引导支持社会力量兴办职业教育。创新民办职业教育办学模式，积极支持各类办学主体通过独资、合资、合作等多种形式举办民办职业教育；探索发展股份制、混合所有制职业院校，允许以资本、知识、技术、管理等要素参与办学并享有相应权利；探索公办和社会力量举办的职业院校相互委托管理和购买服务的机制；引导社会力量参与教学过程，共同开发课程和教材等教育资源。社会力量举办的职业院校与公办职业院校具有同等法律地位，依法享受相关教育、财税、土地、金融等政策。健全政府补贴、购买服务、助学贷款、基金奖励、捐资激励等制度，鼓励社会力量参与职业教育办学、管理和评价。

同时健全社会力量投入的激励政策。鼓励社会力量捐资、出资兴办职业教育，拓宽办学筹资渠道。改革开放以来，作为社会力量兴办教育主要形式的民办教育不断发展壮大，形成了从学前教育到高等教育、从学历教育到非学历教育、层次类型多样、充满生机活力的发展局面，有效增加了教育服务供给，为推动教育现代化、促进经济社会发展作出了积极贡献，已经成为社会主义教育事业的重要组成部分。目前我们已在这方面积累了一定的经验。比如，通过公益性社会团体或者县级以上人民政府及其部门向职业院校进行捐赠的，其捐赠按照现行税收法律规定在税前扣除。完善财政贴息贷款等政策，健全民办职业院校融资机制。企业要依法履行职工教育培训和足额提取教育培训经费的责任，一般企业按照职工工资总额的1.5%足额提取教育培训经费，从业人员技能要求高、实训耗材多、培训任务重、经济效益较好的企业可按2.5%提取，其中用于一线职工教育培训的比例不低于60%。除国务院财政、税务主管部门另有规定外，企业发生的职工教育经费支出，不超过工资薪金总额2.5%的部分，准予扣除；超过部分，准予在以后纳税年度结转扣除。对不按规定提取和使用教育培训经费并拒不改正的企业，由县级以上地方人民政府依法收取企业应当承担的职业教育经费，统筹用于本地区的职业教育。此外，还应探索利用国（境）外资金发展职业教育的途径和机制。但面临我国职业教育改革的深入，应该对社会力量投资、投入职业教育建立更加全面与具体的激励机制。

第三节　五环相扣机制体系的理论模型与实践探索

基于对现代体育高职人才培养机制体系的现实基础与理论依据的研究与内涵和特征的探寻，一套五环相扣的机制体系理论模型即现代体育高职人才培养的机制环节已逐渐成型，并拥有了大量的实践积累。

一、理论模型

根据以上国内外关于职业教育机制的研究背景与理论依据，结合对职业教育有关主体的机制建设介绍，综合在体育职业教育机制建设中积累的经验，现代体育高职人才培养的体制与运行机制的建设必须要分别考虑政府治理机制、行业指导机制、企业合作机制、学校办学机制和社会参与机制的多方机制建设。其中，在所有机制建设过程中，要坚持以学校办学机制为核心，坚持政府治理机制，借助行业指导机制，活化校企合作机制，丰富社会参与机制。在这一环节，学校办学机制是基础，是其他环节实现的内部制度保障，政府、行业、企业、社会等外在机制的参与都是围绕学校办学机制而进行的；政府在这一环节中起宏观调控作用，确保办学方向与提供强有力的政策支持；行业承接政府的意志又具有专业性的导向作用，时刻跟踪产业动态；校企合作、产教融合既是职业教育的特色也是弱势，是职业教育生命力之所在，需要特别关注；学校办学是公民与社会赋予的使命，办好学是政府服务能力在职业教育方面的有利证明，是行业指导的究极目标，是企业保持核心竞争力的秘诀，是回馈社会的最佳选择；社会参与是灵活性的制度保障，有效地规避了其他机制呆板、滞后的问题。

根据之前的论述，初步设计现代体育高职人才培养的机制体系的关系模型如图 4-1 所示。

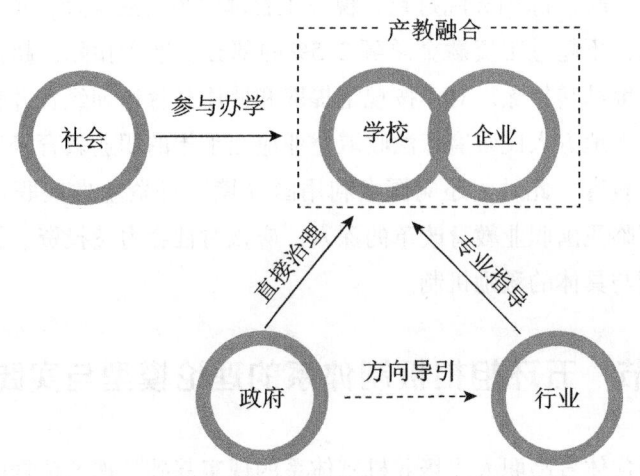

图 4-1 现代体育高职人才培养机制体系的理论模型

二、实践探索

党的十九届四中全会提出，"坚持和完善中国特色社会主义制度、推进国家治理体系和治理能力现代化"[1]。如何响应党中央的号召，提升新时代体育高职院校治理能力，完善现代化体育高职院校治理体系一直是湖南体育职业学院党委、行政不断思考的问题。经过多年的探索与实践，紧密结合地区与行业产业发展实际，湖南体育职业学院不断推进制度创新和治理能力建设，针对满足地区人民对体育高职院校新期待必备的制度进行探究论证，构建了五环相扣的机制体系，深入贯彻和落实了党和国家的现代化高校治理理念，改革了传统的治理方式与治理手段，推进了制度的完善与发展。

（一）以学校办学为基础，全面贯彻落实党和国家交付的使命与任务

大学之道，在明明德，在亲民，在止于至善。湖南体育职业学院一直全面、

---

[1] 习近平. 坚持和完善中国特色社会主义制度　推进国家治理体系和治理能力现代化 [J]. 求是，2020（1）.

认真贯彻落实立德树人的根本任务，守住学生的全面发展这一"生命线"，在学院章程的顶层设计中狠抓建设与落实。领导班子坚持推进依法治校和落实办学自主权，加快学院内涵发展和特色发展，全面深化教育教学领域改革，在相关制度上进一步推进"废、改、立"等工作，依照国务院、教育部、省政府、教育厅、体育局等领导部门的工作部署，完善自身制度体系，注重科学性、合法性、实效性的统一，积极推进管理体制机制改革，加强制度文化创建，塑造现代大学精神。

近年来，学院围绕立德树人的根本任务，以习近平总书记在全国高校思想政治工作会议上讲话精神为指导，以提升思政课堂教学实效为目标，以我院人才培养目标为建设依据，以加强师资队伍建设、改革教学方法和手段为重点，以加强课程教学基础条件为保障，切实提升思政课教学实效，努力打造思政课与课程思政"金课"，成功立项了1个湖南省2020年高职专业教学团队，立项7门省级精品在线开放课程。

学院挖掘自身优势资源，于2014年创办的"体育文化讲坛"，到目前为止，已成功举办了13期，共有3000多名师生参与讲座，已打造成为常态化、制度化、规范化的思想政治教育活动品牌。

（二）以学校办学为基础，不断深化产教融合，推进职教改革

体育职业学院与工业制造业、经济等其他类别的职业教育略有不同，它面向的企业有自身的特点。现将湖南体育职业学院办学过程中的特色体制机制经验介绍如下。

1. 梅山武术现代学徒制

现代学徒制是传统的学徒培训方式与现代学校教育相结合的一种学校与企业合作的职业教育制度。学校与企业在政策引导下通力合作，培养具有必要理论知识与较强实践能力的复合型技术技能人才，在工学结合、课程项目化的原则上实施"师父带徒弟"的职业技能训练的教学形式。

在湖南省首批现代学徒制试点项目中，湖南体育职业学院开展了"梅山武术现代学徒制"项目试点工作。梅山武术是国家级非物质文化遗产，学院民族传统体育专业29名学生向梅山武术传承人晏西征、深圳武林盟文化传播有限公司陆辉等梅山武术大师行拜师礼，双方正式建立师徒关系，开展深度合作，致力于传承梅山武术的精髓，共同弘扬中华传统文化。

2. 士官生的培养

以湖南体育职业学院士官生培养为例，我们在军体融合的实践中积累了一定的经验。

（1）军、校合作做实人才培养方案

结合军队的实际需要和我院人才培养的特色，我们在培养目标、课程体系、教材体系、实习实训等方面完善了培养方案。

培养目标：德、智、体、美、劳全面发展，理想信念坚定，"有灵魂、有本事、有血性、有品德""听党指挥、能打胜仗、作风优良""会讲、会做、会教、会做思想工作"，掌握武警训练基本理论和基本技能，具备军事科学组训和管理能力。

课程体系：文化课够用，注重培养学生可持续发展的基础素养和基础能力；专业课管用，注重培养与武警职业岗位相匹配的职业能力和岗位能力，优化处理文化课程和专业课程、基础能力课程和专业能力课程、理论课程与实践课程、体育技能课程和军事技能课程四个关系。

教材体系：文化课精选全国通用教材。军事理论课和训练课精选部队通用教材。专业课研发特色教材，如《武警士官生体能训练方法》《武警士官生散打实战技巧》等，预期在2~3年内出版理论课教材4~6部、实训教材3~5部。

实习实训：拥有先进的室内游泳馆、中南地区最大的射击中心（包括手枪、步枪、飞碟等训练场馆）、标准武术馆、摔跤馆、散打馆、柔道馆各1个、体能训练室4个、标准田径场2个等教学训练场馆，建立了韶山和杨开慧纪念馆两个革命传统教育基地、武警湖南总队军事训练基地和长沙县罗王古寨野外训练基地。

（2）军、校合作做优教育教学团队

建立了以武警湖南总队大校、博士生导师涂光前教授领衔的军事教学团队；以二级研究员、运动人体科学专业博士周志宏教授领衔的运动训练、体能教学团队；以管理科学与工程专业博士、硕士研究生导师谭焱良教授领衔的文化素质教育教学团队；以全国散打冠军、湖南省散打队总教练徐元总领衔的武术、散打、搏击教学团队。

（3）军、校合作共建联教联训机制

全程全面接受武警湖南省总队指导，与武警湖南省总队建立起了紧密的联教联训合作机制。选派专业课程教师赴武警湖南省总队教导大队锻炼学习，深入了解部队工作流程，提高教师岗位适应能力；邀请湖南省总队高层管理人员直接授课；暑假期间组织士官生到武警湖南省总队集训，充分利用武警总队的培训场所、培训设施和培训人员，完成对学员的训练和考核，解决学校实践教学缺乏真实的现场气氛和岗位环境的问题。

（4）军、校合作做厚军营竞体文化

军营文化引领方向：按照武警部队"大队、中队、区队、班"编制，实行以模拟中队为主的管理体系，建立了士官班团支部、军人委员会，衣食住行严格按武警基层中队日常管理。全面推行统一的制式着装、整齐划一的寝室内务、集中科学的饮食供应、紧张有序的作息安排、标准规范的队列仪式、艰苦激烈的野外拉练，营造浓郁的军营文化氛围。

竞体文化提升能力：通过奥运冠军"个人成长史"、金牌教练"教练之道"等宣讲，在士官生中大力弘扬"更高、更快、更强"的竞技体育文化，激励全体士官生拼搏向上、勇争第一、超越自我、追求卓越。

基础文化涵养素质：开展以"思政课程"和"课程思政"为核心的思想政治教育，思政课程融合体育文化和革命文化，专业课程融合职业操守和工匠精神，文化课程融合民族精神和时代精神；开展以经典阅读、经典朗诵和经典演讲为代表的人文素质教育，每周阅读一本好书、撰写一篇好心得、朗诵一篇好文章，每月组织参加一次好演讲；开展以特色成长心理辅导室为依托的心理健康教育，积极规划武警士官生的学习生涯和职业生涯。激励全体武警士官生志学、勤学、善学、求道、悟道、守道，营造浓郁的文化学习氛围。

（5）军、校合作培养文武双全士官

学院现有的750名士官生（2017级50名，2018级100名，2019级300名，2020级300名）熟练掌握了多项军事技能，其中5000米优秀率为85%，400米障碍优秀率为80%，单双杠优秀率为75%，擒敌拳、应急棍、刺杀、警棍盾牌操整体良好以上。2017级士官生100%达到武术、散打四段，拥有篮球裁判、足球裁判等二级证书的士官生占80%。在全国高职高专英语应用能力考试（A级）通过率超过普通班40%，全国计算机信息高新技术考试（OSTA）通过率超过普通班30%，士官生在校内获得各项奖学金和各种奖项的比例超过普通班60%。2017级士官生合撰诗集1本，收录诗歌50余篇，2017级、2018级150名士官生中，100名提交了入党申请书，40名确定为入党积极分子，4名加入中国共产党。

3. 共同建设校内、外实训基地

在下一章节即将提到的"学、研、训、赛、产"五环相扣人才培养过程的实现中，重点是要健全完善校内、外实训基地建设机制。没有高标准的校内、外实训基地，学生难以了解职业环境，难以提高职业能力。校内实训基地要本着"源于生产、高于生产、集约集成、资源共享"的原则建设，满足校内实训教学需求，同时为行业企业开展实用技术服务、实操人员培训、职业技能鉴定等打下坚实基础；校内实训基地建设主要包括硬件设施、"双师型"师资力量、健全的人事分配与日常管理制度、学校特色融合企业文化的校园文化等；校内实训基地建设要突出模拟仿真，组织教师利用现代信息技术开发模拟工厂、模拟车间、模拟管理、模拟服务、模拟营销、模拟工艺、模拟公司等，让学生"学"有其所、"研"有其所、"训"有其所、"赛"有其所。校外实训基地建设着重考虑为学生实习实训提供真实的职业环境，基地一般建在企业，并由高职院校与合作企业共同建设、共同管理。学习初期，组织学生走进企业和企业走进学校活动，由企业负责人向学生宣传企业理念、产品和文化等，让企业文化进校园、进课堂、进学生头脑，促使校园文化融合企业文化，让学生提前体验与专业相关的先进企业理念、产品和文化；学习中期，组织学生到企业进行实训，由企业兼职教师培训学生的职业技能、职业操守、职业规范等；学习后期，按照人才培养方案的要求，安排学生顶岗实习，学生在技师、工程师或兼职教师指导下，在企业真实的职业环境中带薪实习。

4. 完善实习管理运行机制

（1）建立健全实习管理运行机制

建立以学校和企业为主体的"双主体育人制度"。学校会同实习单位制定学生实习工作具体管理办法和安全管理规定、学生实习信息通报制度、住宿制度、请销假制度、实习学生安全及突发事件应急预案等制度性文件，建立健全实习管理制度体系。

建立危机干预机制，强化危机管理。针对学生在顶岗实习之初的"不适应期"、第一次拿到工资的"兴奋期"和顶岗之末的"厌烦期"三个不稳定期，以及如生病、冲突等个别危机等采取全方位管理，以预防为主，全程监控和跟踪，使管理横向到边，纵向到底，全面覆盖，不留死角，保障实习安全有序地进行。

（2）加强过程管理

学校应对实习工作和学生实习过程进行全程监管。充分运用现代信息技术，建立学生实习综合服务平台，协调相关职能部门、行业企业、有关社会组织，为学生实习提供信息服务。构建实习信息化管理平台，与实习单位共同加强实习过程管理。

建立"三导师制"，细化现场管理。分别由学校专业教师、班主任辅导员、企业一线技术、管理人员担任专业导师、生活导师和企业导师，负责学生实习期间的业务指导和日常管理工作。学校和实习单位相互配合，实习导师定期检查并通报学生实习情况，及时处理实习中出现的有关问题，并做好记录。

管理理念上，做到严而有爱。实习过程中，加强安全生产、职业道德、职业精神等方面的教育。努力保护和维护学生权益，不溺爱，严格要求，做到大爱无声。

（3）签订三方协议，切实保护学生权益

在实习方面，我们采取认知实习、跟岗实习、顶岗实习逐级深入的模式。

认识实习按照一般校外活动有关规定进行管理。学生参加跟岗实习、顶岗实习前，学校、实习单位、学生三方应签订实习协议，明确各方的责任、权利和义务。学校和实习单位要依法保障实习学生的基本权利，严格遵守国家关于工作岗位、工作时间和休息休假等相关规定。实习学生应遵守学校的实习要求和实习单位的规章制度、实习纪律及实习协议，爱护实习单位设施设备，完成规定的实习任务，利用习讯云平台撰写实习日志，并在实习结束时提交实习报告。

第五章 现代体育高职人才培养的过程环：学、研、训、赛、产

过程环是现代体育高职人才培养五环模式的核心，是五环模式在育人过程理论方面的具体体现。一般来说，国内外对人才培养模式的研究投入了大量的精力，积累了丰富的经验。前人提出的人才培养模式既包括了人才培养的外部条件，如管理办法与评价机制，也包括人才培养的目标、过程与方法。在现代体育高职人才培养五环模式理论视域下，本章将从前人对人才培养模式的研究理论与实践出发，在目标环与机制环的基础上，总结其中蕴含的关于人才培养过程的经验与规律，专注人才培养过程，探索现代体育高职人才培养过程环的内涵特征、理论模型，介绍探索经验。

第一节 五环相扣人才培养过程体系的现实基础与理论依据

作为现代体育高职人才培养五环模式的重要环节，人才培养过程环的研究也要重视理论与实践相结合、过去与现实相结合、国内与国外相结合。下面将在研究国内外职业教育人才培养模式的经验与理论基础上寻找人才培养过程的经验与规律。

一、现实基础

（一）国外职业教育人才培养的经典模式与启示

1. 宏观层面的人才培养模式——以"现代学徒制"为例

关于现代学徒制的概念尚未有明确定义，俞琬琳在《现代学徒制研究综述》

中提出:"现代学徒制是将传统职业技能培训与学校学历教育相融合的一种职业教育制度,是对传统学徒制的继承与更新,也是对学校职业教育的反思与改进。"[1]我们可以看出其交叉性的特征,即人才培养环境既要由学校提供,又要由企业提供,培养内容既涉及专业知识的学习,又要注意技能训练。在经济全球化、科技智能化、人才需求复杂化的背景下,我们对职业教育特别是体育高职教育的人才培养过程需要进一步的思索与讨论。而现代学徒制作为职业教育的经典人才培养模式,在培养主体和培养过程等宏观方面积累了典型的经验,在研究中观、微观层面的人才培养模式之前,我们需要对其进行深入了解与思考。目前,现代学徒制主要有以下几种模式。

(1) 德国的双元制

作为校企合作的典范、工学结合的样板,德国的双元制是职业教育研究的重点对象。姜大源通过大量的德文一手资料,揭示了德国的双元制在人才培养模式上的特点:私人企业作为其中的一元,是职业教育体系的主要学习地点,学徒每周3~4天都要在企业进行学习,培养实践技能;学校根据《职业教育条例》配套的教育计划,为学生提供与职业实践相关的专业知识和普通文化知识课程,学生每周有1~2天在学校学习。可以看出,双元制模式下,企业是人才培养的主体,学校教育只是起补充作用。这与我国职业教育有很大出入。我国的职业教育必须要走社会主义办学道路,学校办学的主体地位不能被动摇,这就要求我们必须在坚持学校主体办学前提下,探索实现校企协同育人机制的最佳路径,同时也警示我们,作为人才培养过程的一元,产业应该放在何种地位。

(2) 英国的学位学徒制(Degree Apprenticeship)

与德国的双元制相类似,英国学徒制的执行主体是行业企业,而培训机构与学校作为一般主体参与到这个人才培养过程中来。与德国双元制不同的是,英国学徒制特别注重实施依据与标准的建设。从1993年英国宣布实施现代学徒制计划开始,众多行业部门参与建设了涉及面广泛的培训框架,并且将学徒制与资格认定紧密联合。2015年之前的英国的学徒制分为中级、高级、特级(Higher Apprenticeship),对应国家职业资格2级、3级和4级及以上。2015年3月起,英国政府宣布推出学位学徒制,在特级的基础上进行了详细划分,由三个层次拓展为

---

[1] 俞琬琳. 现代学徒制研究综述[J]. 轻纺工业与技术, 2020, 49 (4): 192-193.

了四个层次，即中级学徒制（2级）、高级学徒制（3级）、特级学徒制（4~7级）和学位学徒制（6~7级），其中特级学徒制与学位学徒制的主要区别在于是否获得完整学位。学徒随着等级的提高，可获取相应的学位。这样的培养标准由雇主（企业行业）团体制定，学位学徒大部分还是在岗工作与学习。这种学位学徒制将工作本位的人才培养触手伸到了高等教育特别是精英教育领域，反映的是知识观、学习观[1]、人才培养模式的变革，对高等教育（本科及以上层次的教育）提出了挑战，引发了一系列的争议。我国目前在筹划的应用型本科转型工作也是应此而生。这对高等职业教育特别是体育高职教育人才培养过程的变革提供了一些启示。

（3）澳大利亚学徒制

目前，澳大利亚的学徒制运行模式主要有三种：典型学徒模式、学校本位学徒模式、集团培训模式。其中，集团培训学徒制是针对中小企业开展的一种行之有效的学徒培养模式。这种培养模式的特点是学校通过第三方培训机构与众多中小微企业形成间接的校企合作。这样就为学校和中小微企业搭建了针对性强、十分便捷的合作通道[2]。目前我国职业院校的人才培养过程中，对接产业，跟岗、顶岗实习的对口企业需要学校自己去联系的情况比较多，让学校十分被动。参考澳大利亚的集团培训学徒制，发掘第三方机构在整合校企资源时的优势，为职业教育中的产教融合人才培养方式提供了具体操作思路。

2. 中观层面的人才培养模式——以CBE模式为例

CBE（Competency-Based Education，能力本位教育）教学模式实际上是一种以职业综合能力为基础，以胜任岗位要求为出发点的教学体系，是近年来国际上相当流行的一种教育思想[3]。它的思想依据是职业教育的起点与终点——岗位，以其为核心，分析市场需求来开发学习的课程，主要由行业企业专家组成的课程开发团队DACUM（Develop a Curriculum）制定课程标准与授课方式，报政府审批后将课程向社会（学习者）进行推销。另外，它以开发学习者能力为目标，依据科学性较强的课程设置，由教师帮忙制订个性化学习计划，强调学生的自学

---

[1] 关晶. 英国学位学徒制：职业主义的高等教育新坐标 [J]. 高等教育研究，2019，40（11）：95-102.
[2] 陈云志. 澳大利亚集团培训学徒制经验及其对我国现代学徒制建设的启示 [J]. 教育与职业，2018（16）：82-86.
[3] 李隽. 浅谈加拿大高等职业教育模式（CBE）[J]. 湖北函授大学学报. 2010，23（1）：21-22.

与自评。特别是在学习时限、学习方式、毕业时间等方面不做硬性规定，极大地调动了学习者的积极性。CBE模式的特点集中在以岗位为导向，强调学习者的主体地位，有效地节约了教学资源，较容易地达到学习与劳动的双赢。但是这种模式给管理带来了极大的挑战的同时，容易被一些昙花一现、生命力不强的岗位引导错方向，浪费一定的投入。

3. 微观层面的体育人才培养模式

在微观层面，我们主要借助一些国内学者对国外职业教育与体育专业教育情况的研究结论来窥见国外的实际情况。李青合在《美国社区学院发展的成功之道》提出：社区学院最大的特征就是扎根于社区，从社区中汲取营养，又反哺于社区，这也是它成功的关键所在。首先，从社区中充分挖掘生源，课程设置及上课时间十分灵活。其次，充分利用社区人力资源，社区学院的董事会由社区知名人士担任，并聘请大量社区中的精英人士作为系部发展的顾问。他们参与专业论证、课程设置及教学改革等方面的决策，同时社区学院从当地中学、大学、工厂、企业、退休人员甚至家庭主妇中聘请大量兼职教师，这样社区学院所开设的专业和课程更具有针对性和适应性，能够真实地反映社区发展的需求。最后，充分利用社区物力、财力资源和条件。"社区学院为了使教学内容和教学方法更为充实，往往充分利用当地社区资源和各种条件"，重视与当地企业的联系与合作，使企业为社区学院提供更多的学生实习岗位和教学实习设备。

张细谦等在《中日美英普通高校社会体育专业的比较研究》提出日本、美国和英国普通高校社会体育专业都是为了适应本国社会发展对体育人才的新需求而产生并发展起来的。细化专业方向，以满足新形势下社会对不同体育人才的需求，是日、美、英三国社会体育专业培养目标的共同趋向。以培养复合型人才为指导思想，合理构建课程结构，重视公共基础课程，课程小型化与多样化，加大选修课的比重，减小必修课的比重，是日、美、英三国社会体育专业课程设置的共同特征。随着全面建设小康社会进程的日益加快，我国普通高校社会体育专业应细化专业设置，更新培养目标，优化课程设置，特别是对体育类复合型技术技能人才培养过程要进行精心设计，以适应我国社会进步对体育人才的新需求。

韩会君等在《中美日三国高校体育专业设置和课程设置的比较研究》提出，通过对中、美、日三国高校体育专业设置和课程设置的相互比较研究，分析和比较了三国培养体育专业人才的不同方式和过程，认为从课程设置方面看，我国较注重术科教学，选修课和理论课内容较少，美、日较偏重公共基础课的教学，选修课的比重较大。

研究结果表明：世界上很多体育大学和著名大学的体育学院注重科研与训练的紧密结合，注重学生的创新精神和实践能力，鼓励学生积极参与科研和社会活动，注重加强产业界与教育界的联系与合作。对国外体育职业教育研究，大多局限于专业和课程设置对比层面，对微观层面的人才培养模式，尤其是人才培养过程的研究不够深入。

（二）我国职业教育人才培养模式实践历程探究

我国职业教育经历了漫长的探索过程，从中形成了多样化的人才培养模式，例如产学研结合的人才培养模式、"订单式"人才培养模式、"2+1"产学研合作人才培养模式、工学交替的人才培养模式、以就业为导向的人才培养模式[1]、现代学徒制的人才培养模式。但囿于发展时间与传统理念，与实践结合最紧密的职业教育人才培养未能突破学术导向的限制，高职人才培养大多数情况下被局限在学校内，学生未能真正熟练掌握实践技能，长久以往也不能够应对行业产业不断提出的新要求。在云计算、大数据、物联网、智能化的今天，我国从顶层设计方面进行了一系列的探索实践。

2014年，我国召开全国职业教育工作会议。习近平指出，人才培养要坚持"产教融合、校企合作，坚持工学结合、知行合一"，再一次强调了人才培养过程中理论与实践相结合的重要性。国务院、教育部据此下发了一系列的文件进行具体指导。在《国务院关于加快发展现代职业教育的决定》（国发〔2014〕19号）中，"突出职业院校办学特色"被明确提出，再一次规正了职业学院办学"假大空""高大全"的错误方向。同时，文件在人才培养过程中提倡"推行项目教学、案例教学、工作过程导向教学等教学模式"的创新，特别提出开展职业技能竞赛。

同年，教育部又出台了《教育部关于开展现代学徒制试点工作的意见》（教职成〔2014〕9号），意见中提出了现代学徒制试点工作的内涵，即"积极推进招生与招工一体化""深化工学结合人才培养模式改革""加强专兼结合师资队伍建设""形成与现现代学徒制相适应的教学管理与运行机制"。但由于条件限制，职业教育人才培养过程中的企业、社会团体利益不能够完全被全国性的法律

---

[1] 陈云霞. 高等职业教育人才培养模式研究［D］. 兰州：兰州大学，2010.

法保障，政策制度缺位问题亟待解决。

因此，在2017、2018年国务院相继出台了《国务院办公厅关于深化产教融合的若干意见》（国办发〔2017〕95号）以及《教育部等六部门关于印发〈职业学校校企合作促进办法〉的通知》（教职成〔2018〕1号）等文件，积极推进产教融合，为教育链、人才链、产业链、创新创业链在经济发展过程中的大融合提供了政策性指导[1]。

在微观层面，高职院校与应用性较强本科院校一道，在符合地域、经济、文化、专业、市场发展的基础上，进行了有自身特色的微观人才培养过程实践探索，如"产、学、研一体化"人才培养、"产学研—多导师"联合培养、"产学研用"一体多翼复合型技术技能人才培养、"产学研创"的设计类专业跨界协同人才培养（湖湘陶瓷设计专业）、"政产学研用"协同创新人才培养、高职测绘类"学、训、赛一体化"人才培养。这些人才培养过程给予了我们大量的启示，为研究现代高职特别是体育高职人才培养过程创新点提供了很好的思路。

目前根据全国体育高等职业院校所处区域、办学实际和专业特点，各专业人才培养过程呈现出不同的地域和专业特色，具体如下。

在社会体育专业人才培养方面：浙江体育职业技术学院以市场需求为导向，以职业能力（职业通用能力、专业基本能力、专业核心能力、职业拓展能力）为核心，构建四大能力课程模块，理论与实践教学相结合，着力提高教学的实践性，教学内容与企业需求相结合，着力提高培养人才的职业性，课内与课外实践活动相结合，着力提高教学的开放性，教学与职业岗位考证相结合，着力提高"双证"获取率。北京体育职业学院在人才培养过程中，在"能力训练与行业岗位、课程内容与职业标准、教学过程与服务过程、学历证书与职业资格证书、职业教育与终身学习"五对接人才培养模式下，开展行业调研、需求对接、学研合作和课程研发等。广西体育高等专科学校通过校企合作、校政合作，在校内完成课程教学、模拟实习实训，依托体育行政部门和体育行业企业，完成学生实习实训、顶岗实习，采用"学中做"的方式培养人才。湖北体育职业学院采用"3+4+2"人才培养模式，以体育专长、岗位技能、综合能力为核心，通过学习与工作结合、理论与实践结合、课程与证书结合、企业和学校结合，培养学生的专业素质

---

[1] 孙兴洋. "中国教育现代化2035"视域下高职院校服务能力建设[J]. 教育与职业, 2019 (9)：20-24.

和职业素养。山西体育职业学院实施"学历证书+职业资格证书"双证书制度，以职业岗位能力为核心，通过理实一体课程、仿真实训课程和顶岗实习，体现人才培养过程的实践性、开放性和职业性。

在体育保健与康复专业人才培养方面：广州体育职业技术学院通过"系、所一体，小班教学，分组实训，学做交替"，实现零距离上岗。云南体育运动职业技术学院通过学（理论知识与实践操作一体化教学）、练（校内实习实训基地生产性教学实训）、做（校外合作企业职业顶岗实习）进行人才培养。湖北体育职业学院通过"工学结合、校企合作、顶岗实习三阶段渐进式"进行人才培养。广东体育职业技术学院以"前店后校"方式，开展"工学交替、轮岗实训、顶岗实训"。广西体育高等专科学校创建"企中校"，实行"六阶段三循环"工学交替的人才培养；安徽体育运动职业技术学院康复治疗技术专业采用一条主线（职业岗位能力）、三个循环（技能实训、专业见习、顶岗实习）、两个阶段（第1~5学期培养全面的基本素质，第6学期培养较高的职业素质）、三个方向（运动保健、康复治疗、大众健康指导）进行人才培养。

在体育运营与管理专业人才培养方面：广东体育职业技术学院以"工学结合、校企合作"为主线，以开放、实践、职业为原则，构建了课程教学（教师评价与学生自评互评相结合）、职场实训（教师、企业、学生三方参与）和顶岗实习（客户、企业指导老师、用人单位、教师多方参与）的"123"人才培养体系；广州体育职业技术学院对接珠三角体育产业，通过校场联动，实现场学结合，学训交替，学管合一。福建体育职业技术学院对接福建体育产业优势资源，以职业能力培养为主线，实行双证书制，理论教学和实践教学相互渗透、有机结合，教学环节与企业生产经营相结合，学校评价和企业评价相结合，开展人才培养。

在运动训练专业人才培养方面：福建体育职业技术学院以职业能力培养为主线，毕业证书与职业资格证书融通，通过理论与实践结合、工学结合、校企结合进行人才培养。云南体育运动职业技术学院通过"校企合作""体教结合""学历+职业能力相结合"进行人才培养。

在竞技体育专业人才培养方面：浙江体育职业技术学院秉承"金牌文化"理念，以专项训练能力、专项竞技能力和职业综合能力三大能力培养为核心，通过人才、后勤医疗服务和体制机制三大保障，运动员选材、科学训练、竞技参赛和文化学习四个路径，构建"训练、教学、科研三位一体"的人才培养模式；

上海体育职业学院竞技体育专业（游泳训练方向）以国家游泳救生员和游泳教员考核标准为教学和考核依据，教学和考核紧扣国家标准和市场需求，由校校、校企、校协共同开展人才培养。

在运动休闲服务与管理专业人才培养方面：上海体育职业学院采用校内学习1.5年、赴外交流或企业实习1年、顶岗实习0.5年的方式来进行体能训练方向人才培养。

在体育健身与休闲专业人才培养方面：南京体育学院职业技术学院以"实用+够用+能用"为理念，通过校内模式与循环实训、切块实习的校外模式相结合的方式进行人才培养。

总体来看，在以上体育高职院校人才培养过程中，几乎每所高职院校都非常重视"学"和"训"环节，也会根据区域体育产业的优势资源和发展趋势进行专业人才培养目标定位，以不同形式和方式在不同程度上体现了职业教育"产教融合、校企合作、工学结合"的要求；少数院校提到了"赛"和"研"的环节，凸显体育类专业的人才培养特点。探究完善体育高职院校人才培养过程，是现代体育高职人才培养的内在要求和发展趋势。

二、理论依据

（一）国外理论依据

1. 建构主义学习理论

该理论倡导师生双向互动、教学相长，倡导教师导学、学生主学。教师应利用各种特定的教学情境，指导学生建构自己的知识体系和情感体系，促使他们养成志学、勤学、善学的良好学习习惯；教师应利用各种特定的学习情境，引导学生产生内在的学习动力、兴趣和爱好，从第一境界"要我学"转化为第二境界"我要学"再转化为最高境界"我爱学"；教师应利用各种特定的文化情境，诱导学生树立终身学习理念，使学习生活化、生活学习化。在职业教育过程中，应设计哪些环节，如何确立学生的主体地位，如何激发学生主观能动性，使其不论在专业知识学习抑或是实践操作中都能够迅速掌握所学知识，积累宝贵经验，为此，我们不断学习思索、建构理论框架、积极实践、总结完善，由建构主义学习理论出发，确定了"学、研、训、赛、产"五环相扣的人才培养过程。

2. 马克思、恩格斯职业教育理论

我们通过孙福胜、杨晓丽的《马克思恩格斯职业教育理论探析》一文发现，马克思、恩格斯的职业教育理论主要包括四个方面内容：职业教育本质论、职业教育主体论、职业教育目的论和职业教育方法论[1]。马克思、恩格斯不仅强调参与劳动的主体是"现实的个人"，要求职业教育紧紧围绕这个"现实的个人"展开实践活动，而且这个"现实的个人"也要在实践活动中得到个性化发展，最终实现个人的发展与社会的发展相统一。另外，通过孙、杨二人对马克思、恩格斯在职业教育的目的方面的理论总结——造就"发达的和专门的劳动力"和创造"新的生产力"，可以判断出职业教育人才培养一定要不断推陈出新，深化"三教"改革，特别是教法的革新，比如在人才培养的过程中，对体育产业人才有针对性地开展技能强化训练，拓展研究思维与动手能力，鼓励引领学习者参与各级各项技能大赛，达到创造新的生产力，推动社会向前发展的目的。

（二）国内理论依据

1. 黄炎培、陶行知的职业教育理论

黄炎培提倡"使无业者有业，使有业者乐业"。其中，"使无业者有业"是指通过职业教育为经济社会发展培养实用型人才，为学生就业创业提供技术技能支撑；"使有业者乐业"是指通过职业培训强化从业者的职业技能、职业操守和职业精神，使其能爱岗敬业。他强调职业院校教学要注重理论联系实际，做到半工半读、手脑并用、知行并重。他认为职业院校要切实加强实习实训条件建设，使学生不仅学到科学理论知识，而且掌握必要的技术技能，职业院校尤其要注重培养扎实的操作应用能力。

著名教育家陶行知认为学校办学要与社会实际需求相契合，因为"学习即生活，社会即学校"。他认为职业教育教学关键是要实现教、学、做合一，老师身教重于言教，一次技术要领示范胜过十次技术要领讲解，学生行胜于言，要少说多思、少说多问、少说多做。他还认为"教是为了不教"，教学重在引导学生由被动学习向主动学习转变，培养学生自主、自动、自得的独立学习能力和自尊、自立、自强的独立工作能力。这些能力需要在人才培养过程中形成和提升。

2. 人才培养模式理论研究

人才培养模式是指在一定的现代教育理论、教育思想指导下，按照特定的培养目标和人才规格，以相对稳定的教学内容和课程体系，管理制度和评估方式，

---

[1] 孙福胜，杨晓丽. 马克思恩格斯职业教育理论探析[J]. 大连教育学院学报，2020，36（1）：60-63.

实施人才教育的过程的总和。对于"人才培养模式"这个概念，我国很多学者都对其下过定义。1998 年，在教育部召开的第一次全国普通高等学校教学工作会议上，时任教育部副部长的周远清同志曾对这一概念作出过阐述，他认为所谓的人才培养模式，实际上就是人才的培养目标和培养规格及实现这些培养目标的方法或手段。它具体可以包括四层含义：培养目标和规格；为实现一定的培养目标和规格的整个教育过程；为实现这一过程的一整套管理和评估制度；与之相匹配的科学的教学方式、方法和手段。如果以简化的公式表示，即人才培养模式=目标+过程与方式（教学内容和课程+管理和评估制度+教学方式、方法和手段）。

3. 体育类专业角度的人才培养模式理论研究

部分学者从体育类专业的角度对人才培养模式进行了研究。

邹本旭等的《体育院校人才培养模式嬗变及存在问题研究》研究结果表明：我国体育院校体育人才培养模式经历了"专才""一专多能""通才"和最新提出的"复合型创新人才"培养目标的变革；现行模式呈现出专业设置淡化，专业培养目标多样化，课程体系综合、机动化，教学计划模式多样化，教学组织形式灵活化，教学评价多元化，非教学培养形式不断得到强化的变化趋势；仍存在实践改革环节薄弱，专业设置仍然偏少，教学过程有待改进，教育内容有待增加，教学实践形式单一的问题。

刘杰在《构建体育学类"大平台—宽口径"人才培养模式的探索》中提出，进行培养目标定位，按文理大类招生，实行两段式培养过程，设置"两平台、多方向"课程体系，建立新型的教学体系。

大多数研究者则主要是针对本科院校各体育专业进行研究。

徐杏玲等在《高校社会体育专业实施"3+1"教育模式探讨》提出"3+1"教育模式，大学前三年完成专业所需的基本理论学习和基本能力训练，第四年通过产学研结合的实践培养过程，融会贯通所学知识，进行实践应用和创新，培养出具有创新能力的复合型、应用型人才。

马鸿韬等在《我国体育院校表演专业"一三一"人才培养模式的研究》中提出表演艺术专业构建"一三一"人才培养模式：其中，"三"指的是表演、教学与训练、编导三种能力。表演是灵魂，使学生达到能领会、能表现、能发挥的目标。教学是核心，是必须具备的能力，训练是提升，是延伸能力，能够映射出学生的技能应用水平。学生通过专项理论与实践课程学习、训练将理论知识与所学专业有机结合，运用到实际操作中，提高教学与训练指导能力，实现学习到教学的转变，从而达到"能教""能训"（能讲解、能示范、能纠正、能评定、能指导）的目标。编导是升华，是综合能力，是体现创作能力的载体。"一"是"一种途径"，是指体育艺术类专业人才培养过程要强化体育与艺术的结合，突出表演、教学与训练、编导能力在体育艺术领域中的实际操作性，即应用能力的培养。

在国内研究方面，大多数研究者主要针对本科院校各体育专业进行研究，对高等体育职业教育总体人才培养模式的研究较少，更多的只是在人才培养模式方面进行了实践探索，个别院校构建了训练、教学、科研"三位一体"人才培养过程，但是尚未从理论上构建一个成熟的人才培养过程体系。

第二节 五环相扣人才培养过程体系的内涵与特征

在目标环的指引下，在机制环的保障下，我们认为，作为所有环节的核心，现代高职教育特别是体育高职教育的人才培养具有长期性、具体操作性、创新性、针对性等特征，要从五个方面展开，即学知识、研技术、训技能、赛素养和接产业，形成一个独特并完整的人才培养过程，完成培养有核心竞争力和职业核心能力的复合型技术技能人才的目标。

一、学知识

作为人才培养的起点，在过程环中，"学"是核心，狭义的知识学习指学生对理论与专业技术的学习，广义的知识学习既指育人主体学校办学理念的实现，也包括与核心能力构建有关的端正学习态度、掌握学习方法、养成良好学习习惯，树立终身学习理念，培养可持续发展能力，最终为"产"服务。知识学习要通过许多途径，学校提供了良好的平台与无数的资源。学生首先不仅要学习好课本的知识，还要有意识地培养自己的学习态度与学习方法；其次要学会在实践中学习，即边做事边学习，这是职业人才成长的必由之路。本节谈的主要是在实现育人主体学校办学理念指导下的狭义的知识学习，主要包括以下三个方面。

（一）掌握知识

从心理学的角度来看，知识是人脑对客观事物的主观表征，有两种形式：一种是陈述性知识，即"是什么"的知识；另一种是程序性知识，即"如何做"

的知识，如骑马的知识、开车的知识、计算机数据输入的知识等。

技能是指人们通过练习而获得的动作方式和动作系统。按活动方式的不同，技能可分为操作技能和心智技能（智力活动）。操作技能（如掷铅球）的动作是由外显的机体运动来呈现的，其动作的对象为物质性的客体，即物体；心智技能（如数学运算）的动作通常是借助内在的智力操作来实现的，其动作对象为事物的信息，即观念。操作技能的形成，依赖于机体运动的反馈信息；而心智技能则是通过操作活动模式的内化形成的。

能力则是学习者对学到的知识和技能进行内化的产物，是使活动顺利完成的个性心理特征。

知识是技能和能力的基础，知识和技能又是能力的基础。但只有那些能够广泛应用和迁移的知识和技能，才能转化成为能力。能力不仅包含了一个人现在已经达到的成就水平，而且包含了一个人具有的潜力。例如，一个读书很多的人可能有较丰富的知识，但在解决实际问题时，却显得能力低下，说明他的知识只停留在书本上，既不能广泛迁移，也不能用来解决实际问题。

知识、技能与能力有着密切的关系。首先，能力的形成与发展依赖于知识、技能的获得。随着人的知识、技能的积累，人的能力也会不断地提高。其次，能力的高低又会影响到掌握知识、技能的水平。一个能力强的人较易获得知识和技能，他们付出的代价也比较小；而一个能力较弱的人可能要付出更大的努力才能掌握同样的知识和技能。所以，从一个人掌握知识、技能的速度与质量上，可以看出其能力的高低。

能力是掌握知识、技能的前提，又是掌握知识、技能的结果。两者是互相转化，互相促进的。因为能力是学习者对学到的知识和技能进行内化的产物，所以教师只能传授知识和技能给学生，而不能传授能力；但教师可以通过引导，促使学生形成能力。

在知识学习中凸显研究精神。一方面，任何知识都是前人的经验总结，人类社会的不断发展进步又在不断积累新的经验，这些经验源于我们在生产实践中的不断钻研，使这些零散的经验变得系统化、科学化，以知识的形式传承下去。另一方面，在旧有的知识中推陈出新，钻研出新的解决问题的路径，也是我们解决陌生问题的有效手段。这是从隐性角度出发的缘由。那么从显性的实践路径出发，就要求我们培养人才时要和科研单位紧密联系、借鉴科研成果，同时发扬学习者、一线教师或管理者的理论、实践研究精神，把课堂上学到的间接经验与科研成果、实践所得的间接经验紧密结合，武装学习者。

在知识学习时凸显训练强度。职业教育的特质之一就是学习者的动手能力较强。这种强大的动手能力根源于知识的武装，形成于不断强化的训练中。特别是体育类的人才培养在肢体协调能力、行动能力方面的教学，需要将训练或较高强度的技能训练贯穿于知识学习之前（发现问题）、知识学习过程中（与训练相互印证）和知识学习后（做好理论与实践的衔接）的三个阶段。

在知识学习上保持竞赛精神。教育的目的从来都不是培养同一面孔、相同能力的毕业生。从人本角度出发，每个学习者在学习过程中都完成了自我认知与能力的塑造。那么一专多能、工匠类的优秀人才培养的内驱力就是保持竞赛精神。在学习过程中保持竞赛精神，便于发现自身的优势，积累获胜的经验或是获得失败的启示，激发学习者的学习兴趣与动力，平时学习中的竞赛精神与竞赛经验也可以帮助学习者在一定区域范围内或全国、国际的竞赛中取得较好的成绩，塑造自信，激励成长。"更高、更快、更强"的奥林匹克格言对体育高职人才的培养更是提出了特殊的要求。

在知识结构上要对接产业。对接产业是人才培养的一个目的。这就要求我们在微观的专业建设、课程设置、教材开发等方面以产业发展为导向；在宏观角度加强校企合作，产教融合。职业教育史上不乏因循守旧、安于现状的专业办学失败的案例，这是值得我们时刻保持警惕的。只有不断紧跟产业发展变化，因地制宜确定相应的专业人才知识结构，才能保证培养出来的毕业生满足服务产业的要求。

以上是对现代体育高职院校人才过程环节中狭义的知识学习的阐述，这种狭义的知识学习要建立在育人主体学校办学理念指导的前提下。

湖南体育职业学院经过多年的探索与实践，确立了培养具有"鲜明国格、聪颖智格、健康体格，健全人格、高尚品格"的五格人才，实现"办有灵魂的学校，育有品格的学生"的办学目标。在这一办学目标的指导下，结合前面目标环所提到的核心能力构建问题，还需要注意从以下两个方面进行体育人才培养。

（二）扩大见识

面对日新月异的社会，我们在积累丰厚的书本知识与实践技能的同时，也要增长见识，拓宽自己的视野。刘慈欣在《三体》中提到了一个词——"降维打击"，这里借用这个概念的意思是我们在现代经济发展过程中，无时无刻不面临着同行业或者是不同行业、同等水平或高等水平的竞争对手，这就要求我们在保持竞争意识的同时，也要注意从他们身上学习，与他们合作，也就是在目标环中提到的竞合意识。我们可以通过各种方式来扩大自己的见识，不仅是多关注同行业的产业创新，技术革命，也要多关注其他行业、经济类型的革新，只有紧跟社会经济发展的步伐，增长见识，在人才培养的起始阶段才能保证核心竞争力。

(三) 增进器识

器识即器量与见识，指人的内在涵养、精神境界。《新唐书·裴行俭传》中有"士之志远，先器识，后文艺"，是讲我国古时知识分子为学修身的步骤。古人首先看重做人的度量与见识，至于"文艺"，则只是器识之末。

除了学习人才培养方案的知识，我们要培养符合现代社会发展的高职人才，也要注意增进他们的器识。增进器识也就是要增强一个人的内在涵养与精神境界。而这与学习知识是离不开的，要想成为一个有内涵的高校学生，不仅要多读书，读好书，把在学校学习的知识运用于实践，在技术研究与技术中展现自己的才能，在训练技能上凸显能干，还要在素质竞赛上体现自己的特色。社会经济的发展、产业结构不断革新与优化，必须依靠具有工匠精神的高素质人才来推动实现。增进器识是工匠精神塑造的必要，是高职教育的必然要求和重要举措。

"工匠精神"，从文字含义上可以看成是一种道德精神。其实"工匠精神"的内涵相当深远，它是职业操守、职业修养和职业技能所体现的"德"的本质与"才"的内涵，融合在人们生产高质量、高品质产品上的创造创新精神。从本质内涵来看，工匠精神是对本职工作的一种执着与追求，是对自己所做的一切事情的极致完美的追求，其中心内核是对极致品质的追求。工匠精神既是劳动者的一种理想价值取向和其工作行为所表现的文化职业素质，又是工业社会经济发展中所要求的劳动者的精细化修养和创业创新能力，是一种文化职业精神和创造创新精神。

陶冶大学生工匠职业素质是有必要的。工匠精神是当前我国社会经济发展的需要。工匠精神作为一种符合时代内涵的价值观，包含着很多精神特质，这些特质包括创新创造、精益求精、爱岗敬业、严谨细致。工匠精神具有明显的工科性质，它能够推动制造业转型升级，是其发展的强大精神动力。同时，工匠精神作为一种精神支柱，不仅是工科人才，其他科目的人才也必须具有这种精神品质，这是社会经济产业转型与发展的必然要求。在新时代经济快速发展的背景下，对高职学生进行工匠精神培育，符合时代前进的需要，符合国家发展的需求，符合社会进步的需要，符合个人完善发展的需要。

二、研技术

"研"在汉字中被解释为"细磨，深入的探寻"。在培养环中，"研"指的就是技术研究，这又分为两大方面。

（一）育人主体的"研技术"

从"三教"改革角度出发，高职人才培养的实践需要进行技术研究，主要体现在这些方面。第一，建立适应市场的教育体系、改造老专业、拓宽新专业、打造名牌专业，从经济和产业结构特点对人才的需求来考虑，专业设置要瞄准市场需求，坚持按需培养、调整专业，向基础好、市场需求量大的优势专业倾斜。第二，课程体系建设与课程设置要适应经济发展和科技进步。公共基础课和专业（技能）课有机结合，提高科学技术含量，做到专业理论课与专业实践课相结合、专业实践教学与生产实习相结合，及时掌握新技术、新工艺，增设新课程，使调整后的课程设置更具有合理性和科学性，符合科技和现实生产力发展的规律，满足企业的需求。第三，变革教学模式。以问题为导向，进行课程内容的分层设计，凸显出课程的系统性、针对性、重点性；同时，进行分层设计。面对同样的教学内容，有些学生抱怨在"吃剩饭"，有些则认为该门课的难易度"正合适"，还有些表示根本"听不懂"。针对这种情况，分层教学是较好的解决办法。利用数字化资源库，积极开展雨课堂、慕课等翻转课堂，将学习主动权交还给学生，通过提高教学的技术水平进行教学改革。

（二）学习主体的"研技术"

学习主体的"研技术"可以从过程论的角度进行解析，即研究对象与内容的判定、研究方式的选择、研究后的推广三个方面。

1. 研究对象与内容的判定

孔子说"不愤不启、不悱不发"，是从教师的角度讲在弟子掌握了大量的知识基础上感到迷茫、困顿的时候进行点拨。这就启示我们在人才培养的初级阶段，一定要让学习者拥有雄厚的研究基础，即大量的文献研究经验。

对于高职类学生而言，在云时代的背景下，研究对象与内容的形式多种多样,与之前的学习资料难以获得的情况相比,"时代新人"所遇到的问题更加艰巨:从种类庞杂、水平参差不齐、干扰因素众多的信息材料中判断并提取关键信息,这既是研究的发端,也是研究的难点。我们在给予学习主体更多学习资源的同时,也要注意培养学生判断、提取关键信息的能力,以便更好地对接产业,便于进行技能精进的训练。

2. 研究方式的选择

根据性格、知识储备、学习方式、学习环境等因素不同,我们可以从研究对象角度将研究方式分为文献研究、问题研究。文献研究在前文已经讲过,在此不赘述。问题研究是一种比较流行的研究方法,即启发式教学、问题导向式教学。近些年比较流行的翻转课堂即是依据类似的理念而进行的教学设计。特别是具有一定学习能力、思维能力、践行能力等能力的高职阶段的学生,可以通过这样的形式养成问题研究的习惯。

3. 研究后的推广

高职院校是学习主体创新创业的孵化基地,鼓励学习者在校期间养成良好的研究意识、掌握多种研究方式,也要重视研究后的推广引导。目前来看,新技术、新研究成果的校园内推广可以有多种多样的形式,如小论文、小制作、小发明、小创编等。重视校园内部范围的小研发成果的推广与应用,会给学习主体(研发者)带来更强的研究动力,促使数量更多、种类更丰富、创意更突出、实用性更广泛的成果逐渐增多,形成良好的研究与创新氛围,促进学习主体整体水平的提高。

总之,"研技术"在学习主体方面,是坚持在调动学生已掌握知识的前提下,在不断实践的基础上,保持问题意识、创新意识,根据核心能力的构建,不断进行知识技术创新。实际上,各行业技术性革命、新工艺都是肇始于掌握了丰厚的基础知识与大量的生产实践经验的生产者手中的,这就要求学习主体拥有不断钻研的精神与意识,要求在人才培养方面不仅重视对科学研究能力、意识的培养,更要注重研究成果的转化,特别是要重视转化对学习主体正面的激励作用。

三、训技能

与技能相关的英、法、德文词有"Skill(英文)""Fertigkeit(德文)",常见的解释有技能、技巧及熟练等意。德语对技能的释义为"一种学会的或获得的行为成分"(《德国百科词典》)。我国将技能定义为"通过练习获得的能够完成一定任务的动作系统"(《中国大百科全书·心理学卷》),或"个体运用已有的知识经验,通过练习而形成的智力活动方式和肢体的动作方式的复杂系统"(《心理学大词典》),以及"主体在已有的知识经验基础上,经练习形成的执行某种任务的活动方式"(《教育大词典》)。还有学者指出,"人们运用技术的能力就是技能,即人们直接使用工具'操作'对象时所达到的某种熟练性、能力或灵巧度"(孙福万)。可见,这些定义"把技能界定在行动的领域,揭示了技能的本质特征"(张振元)。

(一) 技能的分类

根据传统的教育学和心理学的认识论,常以智力活动与肢体活动的差异作为标准,将技能分为动作技能和心智技能。

所谓动作技能,是"对环境产生直接影响的熟练而精确的身体运动能力"(《教育大辞典》)。它被细分为:精细运动和大运动、封闭运动和开放运动、连续运动和离散运动的技能。作为一个心理学概念,动作技能是一种习得的能力,表现于迅速、精确、流畅和娴熟的身体运动的活动方式,其形成包括操作定向、操作模仿、操作整合、操作熟练四个阶段。动作技能既存在要求使用某种装置的任务中,如绘画、打字、打球、骑车、驾驶飞机、操作机床等,也存在不要求使用装置的活动中,如练拳、竞走、游泳、唱歌、舞蹈等。体育类专业的学习者要掌握的技能应以动作技能为主,而动作技能的熟练度显然要从不断的训练中提升,这样在课时分配上就要酌情向术科课时倾斜。

所谓心智技能,是"运用概念和规则办事的能力"(皮连生),或者指"在头脑中对各种信息进行加工"的技能(李小平、刘穿石)。它也被细分为:分析和综合、比较和分类、抽象和具象、归纳和演绎等技能。作为一个心理学概念,心智技能的形成有加里培林的动作定向、物质与物质化、出声的外部言语动作、不出声的外部言语动作、内部言语动作的五阶段论;安德森的认知、联结、自动化的三阶段论及冯忠良的原型定向、原型操作、原型内化的三阶段论。心智技能是"借助于内部语言在头脑中进行认识活动的技能"(潘菽),亦即进行心智操作的技能,如运算、阅读、作文、创意等。体育类专业中也有一些需要侧重心智方面的技能,比如体育运营与管理专业。这个专业相对来说侧重于理论知识的把握与商业知识的运用。这就要求技能训练的课时要偏重运营、策划管理方面的实践，更要深入企业、商家来完成。

（二）技能训练的定位

技能训练存在于人才培养过程环节中，与各个环节紧密联系。

技能训练是建立在学知识的基础上的。一方面，学习使学习者具备曾经不具备的知识理论，但如果不进行实践操作，特别是反复训练，理论知识不能转化为较明显的实践成果，这样的学习是无意义的，也是不符合职业教育的本质特征的。另一方面，通过学习掌握的实践能力，如果不能反复训练，无法做到行业突出不说，久而久之，还会出现实践操作能力退化的现象，变得"手生"，最终逐渐失去这项能力。

技能训练与"研技术"互为前提与基础。所有的科学研究创新是建立在大量的技能训练基础上的，所谓"熟能生巧"即是这个道理。通过不断强化训练技能，从而总结出一种或多种行之有效、更加便捷的操作方法，即达到了科学研究创新的目的，科学研究的进步又促进整个行业产业的进步，再革新普通技能训练的强度、效度，但是，水平永远停滞不前、机械性、重复率固定不变的技能训练也会让人变得呆板，演变成卓别林所批判的工业革命对人性的摧残的典型例子。

技能训练直接对接竞赛，竞赛又促进技能训练的持续性开展。通过高强度的技能训练，学习者、教育主体掌握了一定水平的专业技能，除了需要考核评估这种形式的肯定外，参加竞赛获得名次更是对专业技能的最佳评价途径之一。学习者、教育主体在竞赛中无论是失败或者成功，都能够累积宝贵的经验，这种对局的经验来源于具有一定水平的同专业或相近专业的竞赛参与者，这让学习者、教育主体在竞赛过后更有目的性地展开技能训练，达到领域杰出、行业顶尖水平，具备核心竞争能力，笑对经济发展对行业产业的冲击与影响。

技能训练要紧贴产业发展。当代社会，日新月异的发展对各行业都产生了巨大的冲击，同时也激发了各行业内部、行业之间的竞争。技能训练一方面要以产业发展为导向，调整训练理念、标准、方法、评价，另一方面要在训练中强化自身的核心竞争力，锤炼自身素质，达到跨行业竞争的要求，应对不断变化发展的新环境。

职业教育的重要特征之一就是要重视学习者的职业技能训练。职业技能训练的完成需要依托于学校与工作岗位。这也就决定了人才培养要坚持学行并重、工学结合、理实一体的原则，做到教、学、做合一。

以体育教育专业为例，构建科学的教学技能训练体系，不仅可以增强学习者对体育教学的感性认识，而且可以有效提高学生的课堂教学实践能力。深入分析教学技能训练指标，提出构建训练理念、训练标准、训练方法及训练评价"四位一体"的教学技能训练体系，其中，训练理念是目标引领，训练标准是培训基础，训练方法是实践核心，训练评价是提升保障，四者相互联系，共同引导学习者自觉地成为训练的主体，从而提高体育课堂教学能力。

四、赛素养

赛素养可以分为两个维度。第一个维度是学习者与教师的竞赛意识与竞赛实践，第二个维度是赛专业素养与核心能力素养。第一个维度可简单理解为学生、教师有参与竞赛的意识与实践经历，第二个维度讲的是在竞赛中所展现出的较高的专业素养与核心能力素养。

（一）竞赛意识与竞赛实践

物竞天择，适者生存。达尔文的观点从进化论的角度可以给人才培养模式一些启示：只有不断鼓励学生和教师参加竞赛，用竞赛意识武装教育者与学习者的头脑，才能够培养出符合市场需求，在岗位上有一定竞争力的新时代技术技能型人才。教师竞赛意识的培养与实践，一方面要求教师承担起培养学习者竞赛意识的重任，另一方面教师也要以身作则，激励学习者积极参与各级各类竞赛。在竞赛实践方面，可以将竞赛常态化，比如每天设置阅读比赛，每周设置朗诵比赛，每月设置演讲比赛，定期举行专项技能比赛，积极鼓励参加各层级、各类的职业技能、文化素养大赛，将竞赛贯穿人才培养全过程，形成以赛代考、以赛促教、以赛促学、以赛促管、以赛促评的良性竞赛实践机制。

（二）赛专业素养与核心能力素养

除了培养必备的竞赛意识与给予学习者充分的竞赛实践机会外，教师特别要注意在竞赛中引导学生专业素养与核心能力素养的积极展现，引导其所学、所研、所训中的精华部分的积极展现。核心能力素养在目标环已经阐释清楚，这里主要讲专业素养。专业素养也可以理解为科学素养，是公民素养的重要组成部分。公民具备基本科学素养一般指了解必要的科学技术知识，掌握基本的科学方法，树立科学思想，崇尚科学精神，并具有一定的应用科学处理实际问题、参与公共事务的能力。

现在有一种观点是，专业素养竞赛是创新竞赛。对大学生进行创新创业教育是新时代高校教育的重要内容，创新创业竞赛是培养创新型人才、促进高等教育教学改革行之有效的途径。

创新创业成为高校人才培养工作的重点任务，各大院校积极鼓励学生跨学院跨专业参与各项创新创业竞赛，创新创业竞赛成为学生课余生活中的重要组成部分。参加各类创新创业竞赛，既扩展了学生的视野，也培养了学生的综合素养，对学生的全方位发展起到了重要作用。

在素养竞赛中需要重点关注心理素质的培养。胜败乃兵家常事，学生只能对过程尽力，而掌控不了结局，如何坦然地面对失败，对团队成员尤其是对团队队长是一个考验。接受失败，总结经验，从头再来，无疑是成功者的必经之路。"吃得苦中苦，方为人上人"之中的"苦"字并不只针对过程中的辛苦，还包含失败后的打击挫败之感。引导学生思考如何战胜自我是竞赛除了对学生专业能力的提升外另一大功能。

现代高职体育人才的培养更应该注重赛素养这一环节。首先，体育学科的本质要求学习者、教学主体不断参与到竞赛中来，在竞赛中打磨自身、汲取营养，这样才能不断进步，突破自身的极限。其次，体育学科的竞赛更讲求素养竞赛，在竞赛中保持良好的道德风尚、品德素养、创新素养。我们在此介绍现代体育高职人才培养赛素养的环节，一方面是为体育类专业的发展和人才培养提供思路，另一方面是为了应对不断加剧的行业内部、特别是行业之间的竞争局面。

五、接产业

在过往的理论研究中，有些学者把人才培养过程中的第一项列为"产"，这是为了突出职业教育的产业导向作用。但是在人才培养过程环中，每个环节都是环环相扣的，换句话说，每个环节都要体现另外四个环节的特征。之前的"学""研""训""赛"环节都是围绕"接产业"这个目标展开的，可以说"接产业"贯穿了整个五环育人过程，对育人的方法与内容的选择起到了决定性的作用。除了在各个环节中贯穿接产业的思维意识以外，我们所讲的"接产业"一般是指专业生产实践，目前职业院校学生参与专业生产实践的方式主要有以下三种。

（一）认知实习

认知实习是指学生由职业学校组织到实习单位参观、观摩和体验，形成对实习单位和相关岗位的初步认识的活动，帮助学生获得对专业的感性认识，以激发学生对专业理论的学习兴趣。认知实习一般安排在专业核心课学习之前，实习时间一般不超过1周。

（二）跟岗实习

跟岗实习是指不具有独立操作能力、不能完全适应实习岗位要求的学生，由职业学校按照专业教学计划，在完成本专业主要基础课程或部分专业课程的基础上，组织到实习单位的相应岗位，在专业人员指导下部分参与实际辅助工作，阶段性地学习专业相关岗位工艺流程、知识和技能，帮助学生了解专业的发展趋势和知识技能要求。跟岗实习时间一般不超过2个月。

（三）顶岗实习

顶岗实习是指初步具备实践岗位独立工作能力的学生，到相应实习岗位，相对独立参与实际工作的活动。顶岗实习一般安排在毕业年级，时间一般为6个月。

具体来说，专业生产实践对学习者来说有以下帮助：

第一，锻炼自己的动手能力，将学习的理论知识运用于实践中，反过来检验书本上理论的正确性，将自己的理论知识与实践融合，进一步巩固、深化已经学过的理论知识，提高综合运用能力，培养自己发现问题、解决问题的能力，加强对生产实践过程的认识。

第二，更广泛地直接接触社会，了解社会需要，加深对社会的认识，增强对社会的适应性，将自己融入社会，培养自己的实践能力，缩短学习者从一名大学生到一名工作人员之间的思想与业务距离，为以后进一步走向社会打下坚实的基础。

第三，了解公司部门的构成和职能，以及整个工作流程，从而确立学习者在公司里最擅长的工作岗位，为其未来的职业生涯规划起到关键的指导作用。

总的来说，以上的专业生产实践是学生在校期间，到单位的具体岗位上参与实践工作的过程，针对的是在校学生。对学生个人来说，实习有验证自己的职业抉择，了解目标工作内容，找到自身与职业之间差距的作用。对企业来说，实习提供了观察一位潜在的长期员工工作情况的极好方法；为企业未来发展培养骨干技术力量与管理者，有利于为企业储备人才；受过系统教育的学生综合素质高，可持续发展能力强，有利于企业长远发展。

第三节 五环相扣人才培养过程体系的理论模型与实践探索

高职院校作为高等学校的一种类型，既不能做本科的压缩版，也不能做中职的扩充版，它必须做有自身特色的创新版。为此，高职院校必须始终坚持以教学为中心、以提高人才培养质量为核心、以积累技术技能服务社会为重心，注重内涵发展、特色发展和科学发展，创新人才培养过程。"学、研、训、赛、产"五环相扣人才培养过程是对高职院校人才培养过程的继承、发展和创新。

一、理论模型

"学、研、训、赛、产"五环相扣人才培养过程是在特定的职业教育理念和思想指导下，为实现特定的技术技能人才培养目标和规格，在特定的教育教学组织形式和运行机制帮扶下，形成的特定培养过程体系（图5-1）。在该过程中，"学"是前提，指专业技术学习，在不断学习中端正学习态度，掌握学习方法，养成良好学习习惯，树立终身学习理念；"研"是基础，指专业技术研究，积极参与专业技术研究开发、推广和创新；"训"是关键，指专业技能训练，反复训练所学专业技术使之转化为专业技能并达到熟能生巧的程度；"赛"是动力，既是指职业技能比赛，通过组织、参与各级各类职业技能大赛，增强学生的学习兴趣和动力，又指在竞赛中展现出来的素养；"产"是目的，指职业技能应用，职业技能应用于企业生产、建设、管理、服务一线，产生社会效益和经济效益。

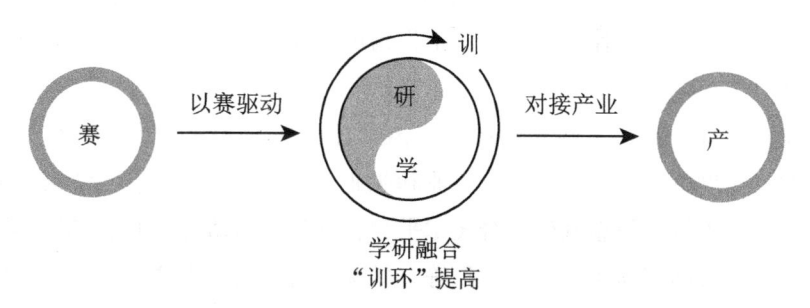

图5-1 现代体育高职人才培养过程体系的理论模型

现代体育高职人才培养的五环模式
20年卓越体育工匠培养的"湘体"创新实践

"学、研、训、赛、产"五环相扣人才培养过程的研究与实践，对于深化高职教育教学改革、增强高职教育办学特色、培养复合型技术技能型人才具有重要意义：一是体现了高职教育面向社会需求办学、面向市场需求办学、面向学生需求办学、面向未来需求办学的高职办学特色；二是创新了学研互相促进、学训互相融合、学赛互相提高、学产互相进步的高职人才培养过程；三是凝练了学习能力、研究能力、实践能力、竞争能力和社会能力等高职人才职业核心能力指标；四是明确了根植行业企业、融通校企文化、技术技能突出、注重知行合一、爱岗敬业创业的高职人才培养目标。

二、实践探索

体育承载着国家强盛、民族振兴的梦想。体育强则中国强，国运兴则体育兴。发展职业教育前景广阔、大有可为。作为培养体育人才的主平台、主阵地之一，大幅提升新时代体育职业教育现代化水平、推进体育职业教育高质量发展，是体育职业院校的使命所然、职责所在。如何使体育职业教育对接体育产业、服务体育行业、引领体育产业行业发展，进而培养厚文化基础、宽专业口径、强职业能力、高综合素质的体育技术技能人才？围绕这一时代命题，自2013年以来，湖南体育职业学院积极探索解题之道，创造性地提出了现代体育高职人才培养的"五环模式"，过程环在其中的地位作用凸显。

（一）对接产业

2013年，学院牵头成立了湖南体育职业教育集团，首批参与单位56家，目前已经扩大到70余家合作单位，将舒康保健社团、奥体阳光青少年体育俱乐部建设成为生产性实训基地，模拟企业真实环境、真实项目、真实管理、真实服务进行营运。学生在校内生产性实习实训基地和校外实习实训基地了解工作环境、认识工作岗位、设计工作项目、扮演工作角色、体验企业文化，凸显体育高职教育专业特色。

学院建立健全校企"共享资源、共担责任、共育人才、共创事业"的共同办学机制，深度融入产业、行业、企业和职业，建立工学结合、工学交替的灵活培养方式，积极探索校企共建综合技术平台、科学技术研究中心、二级学院、双师教学团队、大师工作室、教学工厂等。学院先后与北京中体健身发展股份有限公司、上海一兆韦德、特步（中国）有限公司等知名企业开展"订单式"人才培养,设立"中体倍力班""一兆韦德班"和"特步店长班"等,实现人才共育、资源共享,学校、企业和学生三方共赢,校企合作不断深入。

(二) 教材革新

截至2015年年底,我国职业教育专业教学资源库已立项建设项目达70余个,然而体育大类专业教学资源库建设仍处于空白阶段。建设具有中国特色的高职专业教学资源库是现代教育技术发展的必然趋势。以社会体育专业为模板,指导开发专业技术学习、专业技术研究、专业技能训练、职业技能竞赛、职业技能应用,建设高职社会体育专业教学资源库,这是湖南体育职业学院推行五环模式的又一有力举措。这一教学资源库不仅作用于社会体育专业的日常教学与人才培养,还辐射健身指导与管理、体育运营与管理、休闲体育、体育保健与康复、高尔夫球运动与管理和运动训练等专业,为学生学习知识与育人主体、学习主体的技术研究提供了强有力的保障。

为加强科学理论的指导性,更好地服务于教学改革实践,湖南体育职业学院还将过程环的理论与实践进行系统归纳整理,结集成册。

2019年4月,由学院院长谭焱良主编的《实用体育管理学》正式出版。该教材坚持贯彻高等职业教育的最新教育思想和教育理念,创造性地研究和推行"学、研、训、赛、产"五环相扣的人才培养模式与教学理念,按照学、研、训、赛、产五个模块来编排,根据体育行业、企业管理人才职业岗位所需的知识、能力和素质要求,科学地设置知识与技能教学目标,优选教学内容,突出实用性与针对性,大量引入体育产业管理案例与技能训练模块,促进教、学、做的有机结合,实现了教材的新颖性、灵活性、可读性的统一。目前,该教材被评为湖南省职业教育优秀教材,已经被多所体育高校采用,课堂实施效果显著,实用性很强,对体育类其他教材的开发有一定示范作用,实现了教材的革新。

(三) 教法革新

学院将过程环创造性地融入每个专业人才培养方案。社会体育专业确立了"四层进阶、五环相扣"的人才培养过程,将六个学期划分为四个学段,以培养学生的全民健身指导能力为核心,将生产性实训、横向课题研究、技术技能训练、技能展示共五个环节全程渗透于每个学段的人才培养过程;健身指导与管理专业打造了"五环相扣、四层进阶"的人才培养过程,并在四个学段中明确了专业技术学习、专业技术研究、专业技能训练、职业技能竞赛、职业技能应用五大人才培养过程；运动训练与教育专业群作为省级一流特色专业群培育项目，依托运动训练专业构建了"厚品德、强技术、会执裁、善组训、勇创新"五环相扣的运动训练专业人才能力目标，实施"校内课堂、企业课堂、社会课堂、体育讲堂、网上课堂"五环相扣的教学过程，采用"情景、案例、合作、领会、互动"五环相扣的教学方式。

在湖南体育职业学院，以运动解剖学、中医筋伤学等为代表的专业核心课程已形成了"学、研、训、赛、产"五环相扣的课程设计思路，即以理论知识的学习为核心，同时将研（交流讨论）、训（技能实训）、赛（实践考核）、产（指导应用）四个环节全程渗透于整个学期的教学过程中，构建学研互相促进、学训互相融合、学赛互相提高、学产互相进步的五环相扣的教学模式，激发了学习动力，提升了学习效果，实现了教法的革新。

学院思想政治理论课也构建了"学、研、训、赛、产"五环相扣的教学过程，通过个人自学、教师讲学、小组比学，激发学习热情，掌握理论知识，解决学生不想学的问题；通过课内研讨、课后研学、课外调研，深化理论认同；通过写感想、谈体会、展作品，培养理论思维，经过精研细读，学深学透，解决学生不理解的问题；通过知识抢答赛、学习竞赛、微宣讲比赛，赛出理论自信；结合专业、贴近岗位、贴近职业、贴近生活，用理论武装头脑，创新形式，推动实践，实现理论转化，从而解决不会用的问题。

CHAPTER 06 ◀ 第六章
现代体育高职人才培养的活动环：
真、善、美、实、创

  活动环是所有环节的实践基础与深刻透析，是人才培养精神层面的升华。五环模式认为学习者的核心能力体系构建、人才培养过程的具体实施都要以活动为载体，建立更详细的活动目标，依托各方机制保障，使复合型技术技能人才成长在活动中。

  本章将对活动教育的实践与相关理论进行详细介绍，从中概括总结出符合现代体育高职人才培养的活动体系，并具体阐述其内涵特征、理论模型与实践探索。

第一节　五环相扣活动教育体系建构的现实基础与理论依据

  "活动"既是一个日常用语，也是一个基础性的教育学概念。与学科课程一样，活动课程也是一种经典的课程类型。所谓活动课程就是以活动作为课程的内容与形式。当一所学校的活动课程比较系统、规范且产生了较为显著的育人效果的时候，就可以说在这所学校的情境中存在一种较为成熟的活动教育。在中国学校体系中，高职院校是一类相对特殊的院校，比较适合活动教育的滋长。

  高等职业教育具有鲜明的职业定向性，在培养过程中强调实践性教学，这从客观上为活动教育的开展创造了有利的条件。活动教育的体系化是高职院校所面临的一个现实课题。它一方面需要一定的理论依据，另一方面需要一定的实践依据。下文要介绍的五环相扣的活动教育体系，其理论基础是经典素质教育理论。众所周知，教育学上的素质概念是指人在环境、教育和活动的影响下所形成的各种品质与能力，也就是通常人们所说后天的社会素质。真、善、美是三种经典的素质类型，除此之外，基于时代精神的启示，不难发现应对复杂的问题的实践能力、创造价值的事业开拓能力也是极其重要的素质类型。于是在传统的真、善、美的框架下增加了实践能力，简称"实"，就业创业能力简称"创"，这样就初步建构一个相对完整的活动教育体系的基本框架，并且在部分高职院校的人才培养过程中初步开始实践，它主要包括求真、求善、求美、求实、求创五方面，这五个方面是一种相互补充又彼此交叉的关系，可以简称为五环相扣的活动教育体系。这一活动教育体系的现实意义集中体现于拓展方面，一方面拓展了活动教育的内涵，另一方面拓宽了活动教育的外延。

一、现实基础

职业院校是活动教育的丰沃土壤。一方面，它没有基础教育阶段的升学压力，另一方面，它没有本科类院校超高的科研攻关要求。鲜明的职业定向性要求职业院校的教学活动都要对接产业，也要求作为衔接课堂教育与实习实践的环节的活动教育，要发挥其对未来从业者职业素养与个人价值观的塑造、强化作用。

在建设教育强国，实现中华民族伟大复兴的过程中，党和国家已经逐渐意识到职业教育中活动教育的重要性，对活动教育的目标与实施路径进行了探索。1999年6月，为了应对当时形势，贯彻落实党的十五大精神，构建中国特色社会主义教育体系，国家出台了《中共中央国务院关于深化教育改革，全面推进素质教育的决定》，明确提出"全面推进素质教育，坚持面向全体学生，为学生的全面发展创造相应的条件""实施素质教育，必须把德育、智育、体育、美育等有机地统一在教育活动的各个环节中""加强体育、美育、劳动技术教育和社会实践"等要求。这是对活动教育的目标进行了界定。2017年12月，教育部颁布《高校思想政治工作质量提升工程实施纲要》，从课程、科研、实践、文化、网络、心理、管理、服务、资助、组织十个方面构建了"十大育人"体系，并详细介绍了育人实施的内容、载体、路径和方法。这为职业教育中活动教育的目标设置与实施路径提供了思路。2019年颁布的《国家职业教育改革实施方案》把"推进高等职业教育高质量发展"作为改革的重要主题，并提出要"办好职业教育活动周和世界青年技能日宣传活动，深入开展'大国工匠进校园''劳模进校园''优秀职校生校园分享'等活动，宣传展示大国工匠、能工巧匠和高素质劳动者的事迹和形象，培育和传承好工匠精神"[1]，这意味着活动教育已纳入国

---

[1] 国务院. 国务院关于印发国家职业教育改革实施方案的通知［EB/OL］.（2019-01-24）［2020-10-24］. http://www.gov.cn/zhengce/content/2019-02/13/content_ 5365341.htm.

家职业教育改革的日程。与此同时，改革方案也为职业教育中活动教育实施提供了具体指导。

二、理论依据

（一）国外研究

张希希将活动教学理论发展分为萌芽、生长、形成和发展四个阶段[1]。

在萌芽阶段，古巴比伦王朝的数学、医学与冶金术、纺织术的教学方式是学生通过观察老师的动作，自己动手；古希伯来人则注重引导儿童提问和主动观察[2]。这一阶段主要从儿童教育角度出发，零散地提出活动教育理论，重视学习主体的地位。

生长阶段：以西方近代浪漫自然主义教育思潮为背景，以卢梭、裴斯泰洛齐、福禄贝尔为代表。活动教育理论逐渐系统化、理论化，更加注重儿童教育要契合儿童身心发展规律（卢梭、裴斯泰洛齐），对有益于儿童的学习活动进行了分类探究（福禄贝尔）。

形成阶段：以杜威为代表，倡导"做中学"（learning by doing）的实用主义教育理论。这是第一套系统的活动教育理论，弱化科学、文学、历史、地理等学科分类的概念，提出儿童本身的社会活动是儿童教材研发的起点和中心的观点。

发展阶段：瑞士皮亚杰的发生认识论及苏联维果斯基等马克思主义活动理论者则发展了活动教育理论。皮亚杰以大量的实验材料从心理学角度对个体认识发展规律进行了探究和说明，提供了科学依据。马克思主义活动理论者则为活动教育赋予了全新的时代精神，坚持活动的社会性，重视探究精神在活动教育中的作用。

（二）国内研究

1. 经典素质教育理论

教育学上的素质概念是指人在环境、教育和活动的影响下所形成的各种品质与能力，也就是通常人们所说后天的社会素质。1987年，原国家教委副主任柳

---

[1]张希希.论活动教学理论的历史发展［A］//中国地方教育史志研究会、《教育史研究》编辑部.纪念《教育史研究》创刊二十周年论文集（16）——外国教育思想史与人物研究［C］.中国地方教育史志研究会、《教育史研究》编辑部.北京：中国地方教育史志研究会，2009：3.

[2]戴本博.外国教育史（上）［M］.北京：人民教育出版社，1989：12-286.

斌同志在九年义务教育各科教学大纲通告会上，第一次使用了"素质教育"这一概念[1]。其内涵包括智育、德育、体育、美育和劳育。它们的辩证关系是对义务教育阶段教育价值观的科学阐释。而后，1999年的《中共中央国务院关于深化教育改革，全面推进素质教育的决定》文件提到将素质教育改革推广到各级各类教育活动当中。这是素质教育理论在国家层面的研究成果。

在高职素质教育内涵的探究中，学者们有不同的见解。杨理连以有机系统的方式解析高职素质教育，他认为，高职素质教育体系包含思想品德、文化修养、职业技能及身心健康四个子系统[2]。卢小平认为，素质教育的要素与通用能力具有一致性，他将素质教育的要素加以简约处理，界定为可操作的六个部分：道德与责任、思维方法、沟通与合作、管理方法、心理与生理、职业素养[3]。方波认为，要促进学生和谐全面发展，要重点考虑建构起最核心的对人的全面发展起终身作用的思想道德素质、文化艺术素质、创新及实践能力素质三大核心素质教育体系[4]。鲁伟将高职素质教育分为基本素质和职业素质两大部分。其中，基本素质是普适性的，是全体"社会人"所共有的；职业素质是"职业人"所共有的，适应职业岗位需要的素质[5]。以上的观点是部分学者在高职教育视角下对素质教育内涵的不同阐释，这为我们对高职教育中的活动教育体系构建提供了一定的理论基础。

2. 陈鹤琴与"活教育"

国民革命与抗日战争时期，教育家陈鹤琴先生致力于教育救国，积极探索中国化的幼儿教育之路。受美国进步的教育思想影响，结合我国当时传统教育向现代教育转型之机，他仔细分析中国儿童的三个"不同于"的特点：儿童不同于成人、儿童不同于洋人、儿童不同于古人[6]，科学地提出了儿童教育方法——"活教育"："做中教，做中学，做中求进步。'做'是学生学习的基础，也是

---

[1] 王钢城, 张军. 从理想到实践：国家素质教育政策的演进[J]. 当代教育科学, 2004 (20): 44-46.

[2] 杨理连. 高职素质教育与人才培养的协同性分析——以天津职业大学素质教育模式的实践探索为例[J]. 职教论坛, 2012 (24): 56-58.

[3] 卢小平. 高职院校素质教育课程方案研究与实践[J]. 职业教育研究, 2010 (3): 45-47.

[4] 方波. 撼谈高职素质教育之核心体系构建[J]. 长春工业大学学报（高教研究版）, 2010, 31 (2): 58-61.

[5] 鲁伟. 课程论视阈下高职院校学生素质教育课程体系的构建[J]. 中国职业技术教育, 2012 (20): 56-60.

[6] 王振宇, 秦光兰, 林炎琴. 为幼儿教育发现中国儿童，为儿童创办中国幼儿教育——纪念陈鹤琴先生诞辰125周年[J]. 学前教育研究, 2018 (1): 3-12.

'活教育'的触发点和切入点，强调的是儿童在学习过程中的主体地位和在活动中直接经验的获取"[1]。陈鹤琴先生的"活教育"理论是活动教育理论的雏形，是从儿童教育角度探索现代教育中国化、科学化的方法论成果，经过多年来的成功实践，取得了巨大成就，也为其他学段的教育理论提供了启示。

3. 陶行知与"教、学、做合一"

陶行知先生在1925年的南开大学讲演中首次提出"教、学、做合一"思想，并将它作为1927年创办的南京晓庄实验乡村师范学校的校训。他所说的"教、学、做合一"是一种生活方法，也是一种教育方针。他主张"坚持以'做'为核心"，无论从内容设计上，还是从方法上，"教"与"学"都要统一于"做"之中。"做"是包含广泛意味的实践活动[2]。实践教学、活动教育在高职教育体系中占比较大，因此，重视包含广泛意味的实践活动的"做"对高职活动教育体系的构建有很大的意义。

4. 顾明远与"成长在活动中"

著名教育家顾明远先生曾提出"没有爱就没有教育""没有兴趣就没有学习""教书育人在细微处""学生成长在活动中"四句经典教育理论。其中"学生成长在活动中"代表的是他对活动教育价值的认可。这个理论建立在马克思主义实践论的哲学基础与儿童认知心理学基础之上，他所提到的"活动教育"区别于陈鹤琴、陶行知的思想，更注重活动过程对人的各方面塑造。他明确提出活动教育中的活动包括学校的课堂教学、课外活动、家庭和社会上的各种活动[3]，特别提出让学生在活动中养成良好的品质、体验人生[4]。这是对活动教育理论的科学具体的阐述，是活动教育理论中国化发展的杰出成果，对各级各类学校的育人体系构建、具体教学设计起到了极大的启示性作用。

第二节 五环相扣活动教育体系的内涵和特征

基于"学生成长在活动中"这一最基本的教育理念，参照国内外的理论研

---

[1] 陈鹤琴，陈秀云，柯小卫. 活教育[M]. 南京：南京师范大学出版社，2012.
[2] 曹荣. 试论中职学生学习的重构——基于陶行知"教学做合一"思想[J]. 交通职业教育，2017(2)：36-38.
[3] 顾明远. 学生成长在活动中——我提倡"活动教育"[J]. 辽宁教育，2014(22)：42-44.
[4] 顾明远. 学生成长在活动中——我提倡"活动教育"[J]. 辽宁教育，2014(22)：42-44.

究与现实基础,高职学生的"真、善、美、实、创"五环相扣的活动教育体系应是让学生在学校里面能够大量地组织、开展、参加求真格物致知活动、求善文明道德活动、求美体育艺术活动、求实社会实践活动、求创就业创业活动,通过这一个活动教育的体系,让学生感觉到学校时时、处处、人人都是育人的。

一、求真格物致知活动教育

"求真"是睿智之源。"知之为知之",人应正确认识自己、实事求是,此乃最简单的大智慧。"道可道,非常道"是对事物规律的认识与把握。"吾爱吾师,吾更爱真理"是对真理的无限渴望和追求。"自古重教教人求真,人之为学学做真人"强调教和学的终极目标在于培养学生务实求真。习总书记也指出要求真学问,练真本领;发展科技,在于创新。然而当前院校学生创新能力尚且欠缺,主要表现为创新基础知识浅薄、创新意识不强和创新思维缺乏。求真格物致知活动教育意在培育学生追求真理、锐意创新、突破范式、改进技艺的精神,以扭转故步自封、剽窃技术、缺失诚信的局面。高职院校应采用科学的方法教育学生,从多方面发展学生的创造力,在以创新发展、格物致知为特征的各类求真活动中,搭建学生自由发挥的平台和空间,驰骋思维,放飞梦想,培养学生察微知著、积极主动参与研究的习惯,提升其科学实践和创新创业的能力,从而实现技艺的突破与飞跃。

(一) 真育意义

所谓求真就是做真人,保持对真知的渴求,对真理的追求。"真"为首环:顾明远教授曾说大学的本质是求真育人。求真就是研究学术,追求真理;育人就是培养真才实学的人才。所以,求真是大学文化的核心价值取向。伟大的人民教育家陶行知说:"千教万教教人求真,千学万学学做真人。"因此,学生活动教育中的"真"环旨在培养体育高职学生真实真诚、真知真学的精神。要"做真人",真实诚信,身心健康;要"求真知",要追求真理,大力弘扬工匠精神,对专业和技能精益求精、专注坚守。

真,也指真学问和真本领。学校要引导学生努力追求真理,因为是否勇于追求将决定他未来的生活方式和人生价值。只有勇于追求真理,这样的人生也才会更丰满精彩。"求真"的另外一层含义就是"真本领"。面临这样复杂纷繁的社会,我们求真学问、练真本领的特质不能丢,一定要坚守底线,简单处事,爱自己、爱家人、爱真理，用真本领创造成就。

（二）真育目标

如何在高校校园中真正做到"求真"，它需要在臻善的基础上，自由地把握课题，达到自由的境界，在这种境界中，充分展示大学生的自我。因此，大学生进行科技创新所要建立的科学与人文的价值观，其精神实质在于求真、臻善、达美的统一。

"求真"创新活动需要以下两点为目标：

1. 帮助大学生树立正确的科学价值观

"真"之追求必然成为科学与人文精神的重要维度指标，它要求"在认识一切客观存在的过程中，对人、对己、对事物都能善于辨误识伪，勇于去伪存真的那种执着的求真、求实、求真知的精神"。因此，需要将科学与人文的价值观"求真"的内涵贯穿于大学生的科研创新活动的始终，深刻地影响他们的社会实践，推动他们在创造性的活动中努力达到自由的境界。

2. 营造创新环境

科技创新的突破与发展，强调的不只是单个人的作用，更多的是团队内部、创新团队之间的协同与合作。而营造一个和谐的科技创新团队氛围，不仅有利于加强科技创新团队的凝聚力与协同性，促进创新团队与团队之间文化与成果的交流，对单个创新主体的创新能力的培育也起到了激发与保持的作用。要特别注意在学校内部通过多种多样的求真创新活动来营造一个良好的创新环境，让全体学习者受到创新精神的鼓舞与激励，发掘自身的潜力，形成良好的循环机制。

（三）真育内容

求真的科技创新活动内容要根据"求真"的目标来选择和确定，主要有以下四个方面。

1. 增设科普游戏项目

为了丰富大学生的课余生活，组织增加设置一些科普游戏，有助于大学生增加科学知识，也有助于激发大学生的科学创新实践的积极性。

2. 开展与专业相关的科学知识讲座与竞赛

学校要多组织高校的学术交流活动，让学生们了解最新的学术知识背景，为进行科学创新打下一定的基础。

在学术交流方面，可以设立体育文化讲坛，邀请著名学者、专家举办专业讲座或培训；开展读书月活动；关注国际国内形势与政策，开展习近平新时代中国特色社会主义思想"天天见""天天新""天天深"系列主题活动之好声音讲坛——新思想进校园师生微宣讲比赛等。

在专业理论方面，可开展运动解剖学、运动生理学、运动生物化学、运动营养学、运动医学、运动生物力学、运动训练学、运动心理学、体适能、体育人文社会知识、体育健身方法、运动伤害与防护知识、体育相关法律法规、游泳救生技术原理、水中救护方法、各运动项目发展历程、基本技术原理、教学理论与方法等体育知识竞赛。

在专业技能方面，可以开展各运动项目专项技能、教学技能与健身指导技能、营销策划技能、营养指导、运动处方设计、康复理疗与现场急救等专业技能竞赛。

同时还可以引导学生开展健身器械、滑雪设备、无人驾驶航空器等设备器材的维护、保养与创新、康复理疗设备与技术创新等科技创新活动。充分发挥专业特长，创作、推广简便易行、科学有效的居家健身方法，包括小发明创造、小型专利、健身方法、养身手法、各类创新舞蹈、武术套路等。依托体育技能大赛、科技体育活动等体育艺术节活动，培养工匠精神和科技创新精神。

3. 创建线上高校科技馆

建立一个属于高校的学习平台，创建线上高校科技馆。目前，有许多科技博物馆通过摄像机、照相机等数码设备将自己的经典产品转换到互联网上，形成虚拟科技馆。高度发达的互联网信息技术可以使人们在不离开家的情况下访问科技馆学习知识。这得益于线上科技知识讲座教学、科技比赛等，这为科技知识及其影响力的传播创造了良好的条件，科技馆可以采取一些措施来达到自我建设的目的。比如举办科学旅游活动，类似于"探索科学，发现科学""走出去"等模式，通过这样的活动，大学生可以进一步加深对科学知识的认识。

4. 推行探究式学习单

学校要鼓励推行探究式学习单，发挥科技馆的教育职能。研究清单是根据活动目标协助学习的特殊工具。在研究清单的帮助下，学生不仅可以学习和发展，研究清单还会继续展示科学活动的内容，更好地服务于科技馆的教育功能。

（四）真育活动设计

为了更好地实现高职体育院校学术科技活动的开展，真正到达真育的效果，需要为高职院校学生进行活动内容的创新与完善。活动的设计主要从以下五个方面进行。

1. 不断完善大学生科学实践招募机制

拓宽招募渠道，完善招募机制，提高大学生的参与度，打通信息沟通渠道，避免资源浪费。充分考虑大学生参与科学实践的动机，虽然科学实践是自主性的，注重探索和实践意识，但大学生科学实践活动参与者的利己动机必须得到正视，如果仅要求他们以科学实践任务为中心而忽视发展自我，提升能力的动机，大学生的抵制情绪不可避免。融合大学生实践者和实践组织的需求，力求两全其美，在实践者招募时，根据其专业特长安排对应的科学实践项目，激发科学实践者的工作积极性，有效提高活动质量。

2. 引进高效的人力资源管理模式

高校科学实践组织在广纳人才的同时，应建立大学生科学实践者档案，根据大学生科学实践者的兴趣和意向分门别类，开展不同类别科学实践项目时，选取最合适的大学生进行培训和服务。成功的大学生科学实践团队招募工作，首先要做到宣传到位，再根据大学生社会实践的不同，选取恰当的招募方式，引进高效的人力资源管理模式。

3. 构建培训长效机制

构建培训长效机制是组织开展大学生科学实践工作的重要保障。把常规培训贯穿于大学生科学实践培训始终。科学实践的培训主要包括实践的宗旨和原则，实践理念和方式，实践组织的基本情况等。通过接受通识培训，大学生了解科学实践精神，树立奉献社会的理想信念，形成自觉主动完成科学实践任务的内驱力。培训可以采取讲授、先进个人事迹分享、总结讨论相结合的形式进行。

4. 采取常规培训和短期突击培训双管齐下的模式

常规培训的要旨并不在于培训时间长，而在于培训周期长，经常进行，为大学生科学实践储备人才，助力可持续发展。培训内容应包括大学生科学实践技能、科学工作能力、科技创新能力等。短期突击培训的要点在于保障单项科学实践的稳定进行，培训内容针对性强。培训内容主要有专业化技能培训和随机应变的能力等。

5. 引入多元化的大学生科学实践培训方式

传统的大学生科学实践培训以面授为主，辅以优秀事迹讲座。大学生科学实践培训应加入实践训练的内容，可以引入体验式学习、情景模拟、实地调研等方法创新培训方式。另外，高校实践组织可以借助网络优势，上传有利于大学生科学实践培训的内容，使培训方式多元化、多样化。

通过求真科技创新活动培养学生的创新能力、科研能力，丰富学生的科学知识，培养科学精神和其他职业素质，提升解决问题的能力。

二、求善文明道德活动教育

善是一种净化心灵，与万物和谐相处的状态。所谓求善就是要心存对道德法则的敬畏和对优良道德规范的遵循。"止于至善"，即保持上善若水的品质。罗素认为，人最需要的本性是善良。由此可见，人应留善根，做善人。而当前院校学生的道德品质整体水平呈一定的下降趋势，当路见不平时，一副事不关己、高高挂起的心态，曾经的乐于助人品质已慢慢逝去，仅剩对人、事的冷漠无情。因此，大力开展以立德树人为特征的"求善"文明道德活动，目的在于在培养学生发现善、追求善、崇尚善、好行善的品质。该活动主张从实际出发，从学生的身边做起，从力所能及的小事做起，深入社会实践，让学生亲身参与、投入其中，内化于心、外化于行，为公益事业奉献出自己的一份力量，从而帮助学生树立正确的三观，培养高尚品格，实现自我价值。

立德树人是教育的中心环节，应突出思想道德教育，培养学生社会公德、职业道德、家庭美德及个人品德，实现全程育人、全方位育人。其中，始终把培养高职学生的职业道德放在突出位置，让学生养成遵守职业规范的习惯，处理好事业与职业的关系，逐步形成敬业精神；始终把培养高职学生的个人品德放在基础位置，让学生养成友善的品质，友善地对待身边的一切，杜绝拉帮结派、校园暴力，心存善念、与人为善，达到"善者吾善之，不善者吾亦善之"、诚意正心的境界。

（一）善育意义

高校要开展"求善"文明修身活动，这样才能更好地促进高校大学生素质道德水平的提高。正所谓：教育起源求善；教育目的求善；教育过程求善；教育终点求善,求善贯穿于整个教育过程,所以教育即求善。高校担任着教育大学生的重任,要求大学生们具备求善的精神。参与文明修身的活动,这是对学生的历练,对学生今后的人生会有很大的益处。儒家说:修身、齐家、治国、平天下。为何修身排在了第一位,因为如果自己连自己都不能管好、控制好,又如何谈以后的工作,更别说肩负历史责任、报效祖国了。文明修身活动是一次对文明道德品质的历练,可以引导当代大学生学会如何修身,让他们认识到修身的重要性,同时这也是对中华传统文化精粹的继承、宣传和发扬光大。组织文明修身活动,一定程度上可以弘扬校园文化,鼓舞大学生积极向上。

文明修身以史为鉴,以正自身。大学生正处于人生中最为关键的探索、成长阶段,这个阶段的所作所为,潜移默化中影响着自我的心理素质发展。如果不在此时此刻抓好自身的思想道德素质建设,那纵然拥有了渊博的科学文化知识,于人于己于社会何用之有?因此,先成人,后成才,不做一部单纯掌握一些专业技能的"机器",要真正成为一个全面和谐发展的人。扫除不良行为习惯的关键在于自身思想意识上的提高与重视。只要有恒心,有毅力,就可以攻克所有的难关;真正做到"爱国守法、明礼诚信、团结友善、勤俭自强、敬业奉献"的公民基本道德规范,扫除"丑陋",完善自我。踏踏实实做事,正正稳稳做人,做一个正直的人,弘扬大学校园文化新风,提高大学生自身道德素质。

(二) 善育目标

开展以"求善"为主题的大学生文明修身活动,让同学们意识到应在大学里提高自身的修养。《周易》曰:"地势坤,君子以厚德载物。"大地平坦铺展,顺承天道而动的规律,君子应效法大地,以无比深厚的德行来承担重大的历史责任,德包括思想修养和行为规范两个方面。"厚德以济世"对求学者、教育者的为人处世之道提出要求,作为一个社会人,我们只有具备厚实品德,才能有益于社会。

践行校训,提高大学生文明修养水平,营造文明、高雅的校园氛围。通过开展思想道德建设,丰富内在人文素养,规范外在言行举止。提高大学生文明修养水平,弘扬讲文明、树新风的良好风尚,推动和谐校园建设,营造良好的自律与自我教育、主动追求"真、善、美"的氛围与风气,使学生真正成为德、智、体、美、劳全面发展的新时代大学生。

(三) 善育内容

1. 培养大学生正确的价值取向

引导学生树立正确的世界观、价值观、人生观，把握基本的大原则、大方向，不断超越自我，完善自身，提升人生境界。

2. 开展一系列的修身文明活动

强化"修身意识"，将行动落实，达到知行一致。召开主题班会，通过班会开展不文明行为大讨论，剖析校园的不文明行为和现象，让班级同学反省自己的哪些行为是不文明的，并促使班级同学改掉不文明行为和习惯。营造"人人讲文明，处处讲文明"的良好氛围，布置文明修身主题活动，从身边人、身边事做起，从自身做起。

3. 持之以恒反省调整

拓宽视野，开阔眼界，跳出局限，扩大胸襟，理论实践结合，持之以恒反省、调整。文明修身不仅仅是大学阶段瞬间的火花，它贯穿于学生的一生，应该结合自身的学习特点、思想状况，能够从进行人生设计的高度去思考实践，最终达到文明修身立国、立人的目标。

4. 时时处处注重礼仪

在生活中严格要求自己，养成良好的习惯。作为 21 世纪的大学生，必有属于自己的骄傲与责任，为了营造更加美好的世界，生活中，我们必须时时刻刻讲文明，讲修身，争做一名文明的大学生。文明——它本在生活最最细微处。这不仅要体现在语言上，更要集行为文明、思想文明于一体，这样才能做一名真正文明健康的大学生，做合格的社会主义接班人。争做文明大学生，首先要做到的就是语言文明。在生活中，我们一定要时时刻刻注意自己的言行举止，以确保做到热情、主动、大方。与人谈话时要说文明话，切不可粗言粗语，恶言相向。伟人卡耐基曾说："如果我们要交朋友，就要以高兴和热忱去迎接别人。"只有这样，我们才会向文明大学生的标准更进一步。其次，还要做到行为文明。行为是否文明，直接代表了这个大学生的文明程度。因此，在日常生活中，大学生的行为一定要规范，要时时刻刻做文明事，说文明话，而文明的行为就从捡起一片纸屑，做过一件好事中流露出来。对于文明的大学生来说，仅仅是语言文明、行为文明是远远不够的，还必须要做到思想上的文明，远离不健康的思想，不去干、不去想有悖道德的污秽之事,应追求精神上、思想上的纯洁、文明、高尚。

(四) 善育活动设计

1. 以校内实践活动为平台养成"教养"

高职生的身心特点决定了他们是单纯的,是"璞玉待琢"。虽然他们有很多的毛病和不足,但一味地指责和鄙弃只能使他们愈加反叛。教养的养成需要合理的引导和教育管理。他们有时间、精力和满腔的热情,稍加点拨,便可"点石成金"。针对高职生的这一特点,高职院校可以将校内实践活动作为学生社会实践的一个方面,以模拟的方式使学生提前介入"社会",即以学生作为学院教职员工的助手,教职员工则成为学生实际的导师,导师应以高度负责的态度对参加校内实践的学生进行思想、学习、工作及职业素养等方面的指导,而每一位在校学生都必须参加校内岗位实习。通过参与具体工作岗位的社会实践,大学生在服务学校发展与建设中初步接触和了解岗位工作应知应会的知识和技能,了解做事的程序和做人的道理,提高综合素养,为毕业后尽快融入社会适应岗位做好充分准备。

2. 以丰富的校园文化活动渗透"教养"教育

大学与中学的不同之处在于:大学为学生提供了更广阔的发挥才能的舞台,这就是大学校园独有的、以丰富多彩的校园活动为主的校园文化。如何利用好这块天地,使学生不仅学到了高技能,并培养了才艺、活动组织能力等综合素质,这就要求学校在重视培养学生技能的同时,重视学生的综合素质培养,即建设并利用大学校园独有的校园文化氛围,将学生塑造成为品格高尚、举止高雅的有教养的职业技能型人才,如要求学生在三年学习期间必须选修至少一门诸如音乐、舞蹈、美术、摄影、书法等素质教育讲座课程,以拓宽知识面,提高综合素质;完善社团制度建设,并通过开展系列社团活动,把学生活动与专业学习相结合,把学生活动与素质教育相结合,拓展学生的学习视野,给学生一个展现自我的大舞台[1]。

三、求美体育艺术活动教育

美育,又称审美教育,它是素质教育不可缺少的一个重要方面,也是精神文

[1] 孟庆国."有教养"的高职生的养成之道[J]. 湖北广播电视大学学报,2009,29(1):22-23.

明建设的一项重要内容。中共中央1993年颁发的《中国教育改革和发展纲要》中明确指出："美育对于培养学生健康的审美观念和审美能力，陶冶高尚的道德情操，培养全面发展的人才，具有重要作用。要提高认识，发挥美育在教育教学中的作用。根据各级各类学校的不同情况，开展形式多样的美育活动。"1999年，《中共中央国务院关于深化教育改革，全面推进素质教育的决定》中也指出："美育不仅能陶冶情操，提高素养，而且有助于开发智力，对于促进学生全面发展具有不可替代的作用。要尽快改变学校美育工作薄弱的状况，将美育融入学校教育全过程。"2020年10月，中共中央办公厅、国务院办公厅印发《关于全面加强和改进新时代学校体育工作的意见》和《关于全面加强和改进新时代学校美育工作的意见》，指出学校体育是实现立德树人根本任务、提升学生综合素质的基础性工程，是加快推进教育现代化、建设教育强国和体育强国的重要工作，对于弘扬社会主义核心价值观，培养学生爱国主义、集体主义、社会主义精神和奋发向上、顽强拼搏的意志品质，实现以体育智、以体育心具有独特功能。求美的活动教育特征应是审美教育、情操教育、心灵教育，也是丰富想象力和培养创新意识的教育，能提升审美素养、陶冶情操、温润心灵、激发创新创造活力。上述教育改革和发展的纲领性文件，明确地把美育作为全面贯彻教育方针、实施素质教育的一项重要内容，肯定美育在培养高素质人才过程中不可忽视和取代的地位和作用。

（一）美育意义

社会主义社会的美育是为建设社会主义精神文明和培育大学生心灵美、行为美服务的。它用现实生活中的美好事物和反映在艺术形象中的先进人物的思想感情和活动来感染受教育者。它广泛而深入地影响着学生的情感、想象、思想、意志和性格。它能丰富高校的文化精神生活，激起大学生的情绪体验，有助于培养高尚情操，提高社会主义觉悟，鼓舞大学生为实现共产主义理想和创造一切美好的事物而奋发向上。

（二）美育目标

"求美"体育艺术活动旨在培养学生发现美、欣赏美、创造美、分享美的品格。该活动以体育运动、先进文化为导向，秉承"百家争鸣"的理念，坚持以人为本的原则，对体育艺术活动进行广泛的探索和深入的挖掘，把体育精神传扬出去，把优秀传统文化中具有当代价值、世界意义的文化精髓提炼出来，并采用学生喜闻乐见的形式进行展示，不断加强体育锻炼、增强体魄、提高身体素质，引导学生传播中华民族优秀文化、弘扬传统美德，将外形塑造与内心塑造相统一，力求达到形体美、气质美、精神美，在懂得欣赏自身美的同时也要包容地欣赏他人之美，美美与共，修身齐家，最终实现大同之美。

（三）美育内容

1. 以弘扬先进文化为主旋律

以代表先进文化前进方向为准则，坚持以有中国特色的社会主义文化为主线，夯实高校文化艺术素质教育与校园文化建设核心部分的思想理论教育基础阵地。中国先进文化具有四个基本特征：一是马克思列宁主义、党和国家现代化进程中积累思想中包含的科学的文化；二是这种先进文化具有鲜明的民族性；三是这种先进文化是面向社会主义现代化、面向世界、面向未来的文化；四是"把亿万人民紧紧地吸引到有中国特色的社会主义的伟大旗帜下"的大众文化。在高校文化艺术素质教育与校园文化建设中，必须坚持以党和国家的教育指导思想，确保文化艺术素质教育与校园文化建设沿着正确的方向发展。同时，还要结合高校文化艺术素质教育与校园文化建设实际，继承和发扬一切优秀的文化，大胆吸收人类社会创造的先进文明成果，不断丰富文化艺术素质教育与校园文化建设资源宝库，促进新文化的创造。正如蔡元培先生所言："真正的文化要自己创造的。""文化是要实现。""文化是要各方面平均发展的，不是畸形的。""文化是要活的，是要时时进行的，不是死的。"高校文化艺术素质教育与校园文化建设最需要科学的、富有生机的文化艺术的创新。

2. 寓文化艺术素质教育与校园文化建设于各专业学科课程教学之中

各科教学是高校培养专门人才的主要途径，也是加强文化艺术素质教育与校园文化建设的重要阵地。各科课程教学中渗透着大量的素质教育因素，是丰富的素质教育的信息加工资源。在专业教学中有机地融入人文社会科学的学科教学内容，有助于引导学生提高思想道德素质，认识社会发展规律，丰富人生阅历，培养高尚的社会情操，获得正确的人生观、世界观、价值观，从而树立远大的人生理想。《关于全面加强和改进新时代学校美育工作的意见》指出："加强美育与德育、智育、体育、劳动教育相融合，充分挖掘和运用各学科蕴含的体现中华美育精神与民族审美特质的心灵美、礼乐美、语言美、行为美、科学美、秩序美、健康美、勤劳美、艺术美等丰富美育资源。"尽力提供文化艺术隐性课程，如精品展示、读书研究会、作品研讨会等，大力引导学生在高品位、高质量的文化艺术佳作中接受真善美的洗礼。

3. 以高品位校园文化艺术活动为载体，寓文化艺术素质教育与文化建设于丰富多彩的校园文化艺术活动之中

开展丰富多彩的课外文化艺术活动，增强学生的美感体验，培养学生欣赏美和创造美的能力。高品位的校园文化艺术活动能促进学生在良好文化艺术氛围和育人环境中接受熏陶，净化心灵，培养活泼、开朗、朝气蓬勃、健康向上的积极进取精神和良好的品行。高校要重视引导学生参与文化艺术实践活动，在"言行统一""实践出真知"中获得"参与求发展"。如分年级开展文化艺术活动，分层次予以文化艺术指导，积极鼓励成立大学生艺术团，设置校园文化艺术节，举办文艺演唱会、书画展、艺术精品鉴赏、名人文化讲座等。

4. 以社区文化艺术实践基地为锻炼平台，重视发挥社区文化艺术资源的积极作用

高校要积极鼓励师生深入火热的社会生活之中，将文化艺术修养与真切鲜活的民众生活结合起来，从群众民间文化艺术沃土中孕育出有生命活力的艺术之花、文化之果。高校要重视选择建设一批民间文化艺术实践基地，充分利用社区文化艺术资源，开展文化艺术素质教育与校园文化建设活动。

5. 着力培养创新精神、科学态度和科研实践能力

对新的人文视野中科学的价值予以发扬，着力培养大学生的创新精神、科学态度和科研实践能力。在新的人文视野中，科学不仅具有重要的技术价值和经济价值，而且具有重要的文化价值和精神价值。

（四）美育活动设计

1. 课堂讲授

课堂讲授，即通过课堂教学，传授文化艺术方面基础知识、基本理论、基本技法技巧，基本鉴赏程序、要素、要点的常规方式。以公共基础课为主阵地，以文学鉴赏、书法鉴赏等课程为支点，鼓励开设与专业相关的鉴赏、欣赏类课程，提升学生审美情趣。课堂传授便于在一定的时空内将文化艺术素质教育与校园文化建设的基本内容比较深入系统地传授给学生，便于让学生获得文化艺术素质教

育与校园文化建设理论等方面比较完整准确的认识,使学生审美触觉得到陶冶,审美能力得到提升。

2. 讲座研讨

讲座研讨,即通过专题讲座、主题报告、研讨会等形式实施文化艺术素质教育与校园文化建设的方式。讲座研讨式具有及时性、新颖性等特点。广泛邀请名人大师做专题报告、专题讲座,一方面着手建立和完善与所设专业相关、相近的工匠、大师资源库,另一方面将其讲座时间、讲座内容与课堂教学有机融合,丰富活动内容与实践效果。

3. 观摩鉴赏

观摩鉴赏,即通过参观文艺汇演、考察实习实训场地、观摩相关影像资料,促使学生获得深刻印象的文化艺术素质教育与校园文化建设方式。具体来说,可以以所设的与传统文化项目有关的专业如民族传统体育为辐射点,或以社团演出形式,或以竞赛形式开展学生间、专业间的互动,让更多的学生有机会近距离接触到美,从而拉近自身与美的距离,主动培养美的创新与发展。

4. 素质融合活动

创新活动形式,将美育、德育、智育、体育、劳动教育相融合,在完成其他活动目标的同时注重对美的要素的引导提炼。大力开展以美育为主题或美育与其他素质要素相结合的跨学科教育教学和课外实践活动。

5. 强化主体意识

教与学是一个统一且矛盾的整体。教学效果不明显的一部分原因源于学习者主动意识不强,不愿意参与进来。这更要求教育者要积极营造良好的环境,包括文化环境、生活环境等。此外,要坚持以人为本的原则,根据学习者的特征,有针对性地制订提高自律、自学、自发途径的计划,形成"美育引导—美育消化—美育输出再创"的良性循环。

四、求实社会实践活动教育

所谓求实就是积极投身各类实践活动,从而强化实践意识和提升实践能力。因此,务实是求实社会实践活动教育的本质特征。荀子的"闻见知行"主张"行"是学习的最高阶段,蒙台梭利指出实践是最好的老师。习总书记强调要在学生中弘扬劳动精神，教育引导学生崇尚劳动、尊重劳动、创造性劳动[1]。在实践性学习理论的指导下，"求实"社会实践活动意在改变过去懒散不作为、过分依赖家长、难以跳出舒适圈的行为习惯，让学生养成说话要实、做人要实、谋事要实的风格，自食其力，树立主人翁意识。该活动要求学生深入社会、深入群众，务实创新、实干兴业。有研究表明，人一生中仅有10%的知识是在学校习得，其余则在实践中获得。在终身教育的时代，学生从校园里得到的不是一劳永逸的"鱼"，而是可以受用终身的"渔"术。且高职院校旨在培养应用型人才，故更应加强学生的生活教育，引导学生利用课余时间参与社会实践，做学合一，从实践中得真知，在实践中增实力。要培养合格的社会主义事业建设者和接班人，必须坚持立德树人的根本任务，使学生具备坚定的理想信念，高尚的道德品质，正确的人生观、价值观和世界观。社会实践是"立德"的有效途径之一，对提高大学生的综合素质具有重大而深远的意义。

（一）实育意义

1. 参加社会实践是党中央关于加强大学生思想政治教育的必然要求

《中共中央国务院关于进一步加强和改进大学生思想政治教育的意见》（中发〔2004〕16号）指出学校要坚持政治理论教育与社会实践相结合。学校还应努力拓展新形势下大学生思想政治教育的有效途径，深入开展社会实践。《教育部等部门关于进一步加强高校实践育人工作的若干意见》中的第一条指出："党和国家历来高度重视实践育人工作。坚持教育与生产劳动和社会实践相结合，是党的教育方针的重要内容。坚持理论学习、创新思维与社会实践相统一，坚持向实践学习、向人民群众学习，是大学生成长成才的必由之路。"

2. 参加社会实践是大学生自身发展的内在要求

大学生参加社会实践有助于大学生走向社会、认识社会，积累社会经验；有助于帮助大学生砥砺品质，磨炼意志。

3. 参加社会实践有利于强化专业知识教育

对于高校学生而言，其在大学学习过程中的主要任务就是专业知识学习，而在社会实践中，其所学习的专业知识能够应用到实践活动中，对其思维能力来说

---

[1]白宛松．习近平出席全国教育大会并发表重要讲话［EB/OL］．（2018-09-10）［2020-10-25］．http://www.gov.cn/xinwen/2018-09/10/content_ 5320835. htm.

是一种有效的提高。高校学生通过社会实践能够对其所学习的专业知识进行进一步的认识，明确其所拥有的知识到底在社会发展中占有什么样的地位，从而有效地提升其求知欲，使其在后续的学习中更加积极主动。在实际的社会实践当中，高校学生不仅能够对自己所学的专业知识进行了解复习，在一定程度上还能够完成知识的拓展，增强对知识的应用能力，从而提高专业知识在高校学生心中的地位。从以上分析来看，大学生社会实践育人功能的设计能够对高校学生专业知识教育进行进一步的强化。

（二）实育目标

社会实践活动是培养大学生创新精神和实践能力、提升大学生综合素质的重要载体，是实施素质教育的一种良好形式。社会实践活动是学校"综合实践活动"课程的一部分，是一种全新的课程形态，以此为载体，使大学生能够融入社会，感受生活，通过参与、体验与感悟，增强对社会的认识和理解，发展学生的批判性思维，增强学生的社会责任感。社会实践是学生走向社会的一个很重要的锻炼环节，也是教育与实践相结合的具体体现。

1. 提高学生的动手参与能力

社会实践是教育教学内容的重要组成部分，以大学生个人主动参与及体验为主，是巩固所学知识、吸收新知识、发展智力的重要途径，它不受教学大纲的限制，学生可以在这个课堂里自由驰骋，发挥自己的才能，在动手的过程中，体会课本知识，发展自己的动手能力。充分利用在校期间以学习为主、学好和掌握科技知识的有利条件，在社会实践中磨炼自己，真正锻炼和提高自己的适应能力。同时，通过必要的社会实践来获取学分，也是新课程的要求。

2. 激发学生对社会问题的思考

组织大学生参加社会实践活动，有助于大学生接触群众，了解社会。大学生在社会实践过程中，很自然地要走出校门，要离开书本，走入社会，通过融入社会、贴近自然、感受生活，增加对社会的理解、体验与感悟，并能够在此基础上反思社会现象，发展批判思考能力，从而增强社会责任意识，这是一个长期积累的过程。同时，学生在参与实践活动的过程中，会出现对一些问题的思考，并站在他们的角度上探寻解决的办法，加深学生对社会的认识。

3. 提高大学生的综合素质

社会实践活动具有实践性、开放性、生成性和自主性等特点，为大学生综合素质的提升，特别是创新精神和实践能力的培养，提供了广阔的空间，是实施素质教育的良好载体。大学生在社会实践的过程中，通过参与、动手、思考、解决问题等过程，将所学的书本知识内化为自己的能力，全面提升大学生的思想素质、求真精神和务实的品质；同时也培养了大学生积极向上、珍爱美好生活的优良心理品质。

4. 让大学生尽早地融入社会

教育的目的是培养对社会有用的人才，学校学习的最终目的是要学以致用，为以后的社会生活积累必要的知识储备。社会实践活动可以使学生在实际生活中有一个应用书本知识的机会，同时也使大学生对社会有一个初步的了解，在这种双向了解的过程中，学习社会知识，促进大学生的社会化，为以后的融入社会生活做铺垫和准备。

(三) 实育内容

1. 以校内服务为主的岗位实践活动

社会实践活动首先应该从与大学生学习生活关系密切的校内生活开始。学校在具体的开发过程中，可以充分运用大学生的能力，相信学生，放手让学生从事一些校内岗位的工作，从而提高学生的能力。如校园迎新活动、校园卫生值日的检查、纪律的维护、大型活动的秩序维护等；也可帮助老师做一些辅助的工作，如帮助图书馆进行图书的整理、登记工作，帮助实验老师进行实验仪器的整理，帮助微机老师进行电脑系统维护等；还可从事一些校园的公益劳动，如进行公益卫生打扫、到食堂帮厨。这些活动既锻炼了大学生的能力，也使大学生对他们生活的校园有一个了解，了解部分老师的工作，从而使他们珍惜劳动成果，尊重老师的工作。

2. 以调查研究为主的社会实践

这类活动与大学生开展的研究性学习结合起来，大学生在老师的指引下，针对某一社会现象，进行资料查询、专家走访、实地考察，提出这一现象出现的缘由、现状、解决的办法等，进而形成自己的考察报告。在这一过程中，学生在选题、调查到形成报告的过程中，都需要认真地思索，不但要开动脑筋充分运用所学的知识，而且要充分锻炼资料收集能力、分析问题能力、观察能力、与人交往能力、写作能力等。在这类实践中，教师一定要对学生进行认真的指导，切实选择适合学生实际的、经过学生的努力便于解决而又存在一定难度的论题。

3. 以社区服务为主的社会实践

学生在教师指导下，走出校园，进入实际社会情境，直接参与和亲身经历各种社会生活活动，开展各种力所能及的社区服务性、公益性、体验性的学习与实践，以获取直接经验，发展实践能力，增强社会责任感。针对自己生活的社区，学生通过垃圾分类、清除非法广告、帮助孤残老人和儿童、慰问军属烈属等各种形式的活动，进一步了解社会，增强社会责任感。

4. 以公益宣传为主的社会活动

学生利用节假日，走上街头，进行公益宣传，提高公众对某一社会现象的关注，增强公众的科学意识，建设环保节约型社会。如环保宣传、交通安全宣传、节约水资源的宣传、法律知识宣传、禁烟宣传等，这类宣传比较容易进行，只要结合着某一节日（如世界水日）进行就行，但要注意在宣传时不但要面向公众，还要与学生自己的生活实际相联系，在宣传的过程中也提高学生自己的意识与水平。调查报告显示，有80%的大学生认为通过参加公益活动，能够对社会有全面深刻的认识，能够锻炼自身的综合能力，能够积累丰富的社会经验，能够展示自身良好的精神风貌；另外，在参加公益活动的过程中，还对奉献社会、服务大众有了更加深入的思考，对自己肩负的社会责任有了更加清醒的认识。

5. 以参观为主的实践活动

在学校的组织下，学生可以进行一些参观活动，这些参观活动可分为两类，一类是所在地的现代化企业，另一类是本地的一些人文自然景观。通过参观现代企业，学生感受现代企业文化和企业管理，体验现代高科技，并通过调研深入了解大学生自主创业的现状及存在的问题，了解国家尤其是地方政府提出的创业政策，为进一步寻求合作与扶持提供智力支持。通过参观本地的人文自然景观，如历史博物馆、科技馆、地质博物馆、一些遗址等，学生了解本地的自然人文情况，增强对区域性文化的了解。

总之，社会实践活动可以有效地锻炼学生能力，提高学生的综合素质，增强学生社会生活能力。当然在这一过程中，也会存在一些困难，如社会实践活动的时间安排问题、教师的跟进问题、活动的经费问题等。但在活动过程中，只要用心发掘资源，一定能够找到合适的方式与方法，也一定能够对学生的成长起到积极的作用。

（四）实育活动设计

1. 校内劳动

校内劳动是指在校内进行的一系列劳动，包括承担常规公共卫生任务、执勤，也可以是临时性任务。学校通过劳动改造学习者的主观世界，使学习者克服自身的惰性，形成良好的意志品质，增强体魄，养成良好的卫生、生活习惯。

2. 校外志愿服务

校外志愿服务既是为培养学习者奉献精神、服务意识而设计的活动，也是为了将学习者所学与实践相结合的实育活动。在志愿活动中，学习者不仅可以践行自己的价值观，还可以锤炼自身的专业技能与本领。志愿活动是实习活动的有效补充。

3. 扶贫活动

作为新时代的青年，高职专业的学习者有必要承担起民族与国家的历史重任，在攻坚克难的扶贫工作中贡献自己的一份力量，使这段经历不仅成为磨炼自己的一道关口，也成为自身永远难忘的正面激励。高职专业学习者应积极响应号召，利用自身优势条件创造性地帮助他人。扶贫是一项阶段性的工作，但帮助弱者，共同进退是一名有为的高职青年永恒的担当。

五、求创就业创业活动教育

所谓"求创"就是强化就业创业意识，提升就业创业素质，这是求创活动教育的本质特征与内在要求。大众创业是国家发展的动力之源，但我国大学生创业成功率颇低，追根溯源，学校的培养教育责无旁贷，高职院校教育改革时不我待。"求创"的就业创业活动目的在于改变当前学生们眼高手低、好高骛远的想法，逐步养成既能仰望星空，又能脚踏实地的品质。学生通过活动树立正确的就业观和择业观，逐渐形成自立自强、奋发有为、爱岗敬业、精益求精的态度，做到干一行、爱一行、专一行、精一行。首先，根据学生的独特性，由专业的就业指导老师为学生制订符合自身的职业生涯规划，此阶段侧重于职业意识的强化；其次，学生根据规划进行知识储备及能力提升。在学生的创业教育上，应借鉴国外一些大学的做法，如美国的"成功起点"计划，以此锻炼学生的创业创新能力、实践管理能力、社会适应能力等。

党的十七大提出"提高自主创新能力，建设创新型国家"和"促进以创业带动就业"。大学生是最具创新、创业潜力的群体之一。创业是学生利用自己所学专业知识，注册社会公司，从事经营和管理，实现个人奋斗目标的过程。大学生创业不仅是学校的问题，更是一个社会的问题。在高职院校开展创业教育，积极鼓励高职学生自主创新，是教育系统深入学习实践科学发展观，服务于创新型国家建设的重大战略举措。

(一) 创育意义

就业创业活动教育是适应经济社会和国家发展战略需要而产生的一种教学理念与模式。"少年智则国智，少年富则国富，少年强则国强。"在高职院校中大力推进就业创业活动教育，对于促进高职教育科学发展、提高人才培养质量具有重大的理论意义和现实意义。

(二) 创育目标

大学毕业生通过自主创业，可以把兴趣与职业紧密结合，能够更好地实现自己的人生价值。大学生刚出校园，对于社会还不是很了解，在自主创业的过程中，可以更好地将理论运用到实际中去，同时，在创业过程中可以学习到很多在校园里学习不到的知识，让自己在社会中快速成长。大学生自主创业可以更好地激发自己的事业心，可以让自己在今后的生活中更加自信。

总之，创业就业活动可以实现人生价值，可以让大学生自力更生，培养自立自强意识、风险意识、拼搏精神和艰苦奋斗作风。高校乃至国家可以造就一批年轻的企业人才，有利于缓解国家就业压力，为更多的大学毕业生提供新的就业机会。

(三) 创育内容

"双创"，即大众创业、万众创新的简称，是我国在经济发展进入新常态、改革开放进入攻坚期和深水区阶段提出的引领经济发展的新引擎，已经上升为实现中华民族伟大复兴中国梦的国家战略。"双创"视阈下，随着就业形势、就业方式、就业结构等的深刻变化和调整，传统的以帮助大学生找到一份工作为目的的就业教育理念已不能适应"双创"要求。为此，重构大学生就业教育理念，推动大学生就业教育转型发展，才能更好地展现大学生就业教育在促进大学生就业创业过程中的作用。

大学生创业需要在在校期间有意识地做好准备，大学生创业必须有着投身创业的理想和志向，否则，往往会被创业中的困难、挫折所吓倒。有创业志向的大学生在校期间就应树立崇高的理想和志向，有意识地培养创业的意志品质。在树立崇高理想的基础上，和实际学习目标结合起来，在学习过程中不怕困难和挫折，严于律己，出色地完成学业。同时，大学生应积极参加各种实践活动，在确立目的、制订计划、选择方法、执行决定和开始行动的整个实践活动中，不断提高实践能力。在此基础上，还应加强意志品质锻炼，提高自我认识、自我检查、自我监督、自我评价、自我命令、自我鼓励的能力。

大学生需要在创业进程中不断完善提高知识和能力，大学生要想培养商业意识，就应用心去钻研有关商业知识，特别是在创业实践中善于观察分析，把握事物的本质，善于收集和利用信息，摸清市场运行的基本规律，积极主动去寻找和创造商业机会。同时，大学生要想挖掘自己智慧潜能，就必须认识智慧潜能是一个内涵十分丰富而又极其复杂的综合概念。因此，大学生在锻炼和培养自己的创业才能时，不能局限于单纯从成才的方面去寻求提高的捷径，而必须在多方面打好扎实的知识基础，既通过学习增长知识和智力，还要通过创业和实践来增长才能，也要通过创业过程中的竞争和自我否定增长才能。

掌握伴随创业过程中创业者心理的变化。在整个创业过程中，大学生创业者一般都将经历如下历程：首先，不甘学习、生活和发展现状—建立创业发展规划目标—组织创业团队—为目标实现奋斗；其次，不考虑任何物质利益的尝试—挫败—失败—再尝试—挫折—局部成功；最后，成功点逐步增多—成功从量的累积到阶段性的飞跃—最终走向成功。伴随这样的进展过程，大学生创业者心态也将发生变化：首先是兴趣、特长和爱好—目标和热情—团队工作的乐趣—梦想和理想化的前景；其次是挫折、怀疑和信心的反复摧残和重建；最后是重新评估以及对目标和自身的再认识—责任—新的乐趣和兴奋点。

有创业志向的大学生在校期间应根据学习过程积极准备，不断完善提高创业能力、素质，在树立崇高理想的基础上，和实际学习目标结合起来，完成与创业进程心态变化相对应的学习过程：首先，被动盲目学习和积累—专注与目标直接相关的内容—扩大目标外延—理解目标的社会背景和真实必要条件；其次，在尝试、失败、总结、调整的循环中发现缺陷（包括知识、能力甚至目标本身）并改进—领悟隐藏在市场、技术、商业背后的秘密，即规律性—有的放矢地学习；最后，形成自己的观点和思维体系—有选择地补充和提升知识水平。

（四）创育活动设计

依托经济发展带动大学生就业创业。高校以创业带动就业工作是实施扩大就业发展战略的重要内容，是新时期实施积极就业政策的重要任务。建设创业孵化基地正是鼓励创业政策的落实、解决就业问题的创新举措。它融创业培训、创业服务为一体，为创业大学生的创业活动提供有力的支持。

新兴产业打造创新创业新形势，重点培育发展的新兴产业也给大学生创新创业带来新契机。现代生活和健康产业、环保装备、智能终端、新一代人工智能、5G等产业将带动新一轮的创新创业高潮。新领域的发展势必带动更多的创业机遇和就业岗位，不仅给广大创业就业者释放信号，而且给学校的人才培养指明一定方向。

区域协调发展战略与实际情况相结合，保持发展的协调、均衡和可持续性，在宏观发展环境下，也给广大就业和创业大学生们提供了良好的就业、创业机会。具有活动设计要做到以下五点。

1. 组织开展就业创业调查

结合课程教学，开展就业创业调查，通过系部辅导员和老师，与毕业生取得联系，利用微信、QQ等网络信息平台开展就业创业调查，了解各专业毕业生就业创业状况，全面了解行业发展前景、职业岗位要求和专业人才培养规格与要求。

2. 以就业创业协会为依托，开展各类就业创业活动

在学校就业指导中心的指导下，由学生组建大学生就业创业协会，设立办公室、外联策划部、网络宣传部、组织部等部门；制订工作计划，邀请创业实训导师开展大学生就业创业提升讲座；依托学校的创业孵化基地，结合专业或专项，成立创业团队，积极尝试各类就业创业实践活动。

3. 积极参加各类比赛

在校内定期组织职业生涯规划和就业创业大赛，积极参加湖南黄炎培职业教育奖创业规划大赛、"挑战杯"创业大赛、"互联网+"大学生创新创业大赛和全国大学生体育产业创新创业大赛（国家体育总局科教司指导、全国体育院校体育产业创新创业服务平台主办），不断提升学生的创新精神和创业能力。

4. 开展就业创业优秀典型人物宣传

在校园宣传橱窗、学校网站、微信公众号等信息平台，广泛开展就业创业优

秀典型人物事迹宣传；邀请优秀毕业生回校开展创业报告会，与在校生分享创业历程，激励并引导在校学生珍惜大学时光，努力学习，刻苦训练，追逐梦想。

5. 与优秀毕业生的企业开展深度校企合作

校企合作是职业教育的有效途径，与创业成功的优秀毕业生开展校企合作，更是一种有效的活动方式，可以以"订单班"形式开展深度合作，一方面，可以组织在校生参观走访优秀毕业生创业企业，在认知见习、专业实习和顶岗实习等实践环节，为在校学生提供实习实训和就业创业机会；还可设立奖学金，资助品学兼优的在校学生。另一方面，学校也为毕业生创业提供各类有力支持。

第三节　五环相扣活动教育体系理论模型与实践探索

基于对活动教育的现实基础与理论依据的研究与内涵和特征的探寻，一套五环相扣的活动教育体系理论模型即现代体育高职人才培养的活动环节已逐渐成型，并拥有了大量的实践积累。

一、理论模型

五环相扣的活动教育体系是在活动教育理念和思想指导下，为培养高职人才，采取的创新教育教学组织形式。该体系主要包括求真、求善、求美、求实、求创五方面，这五大方面相辅相成，紧密联系，你中有我，我中有你，真、善、美为内在要求，实、创为外在表现形式，其中以真为活动教育体系的核心及出发点，以善、美为活动教育体系的要求与支撑点，以实、创为活动教育体系的目标及落脚点，从而构成既是目的又是手段的高职活动教育体系（图6-1）。

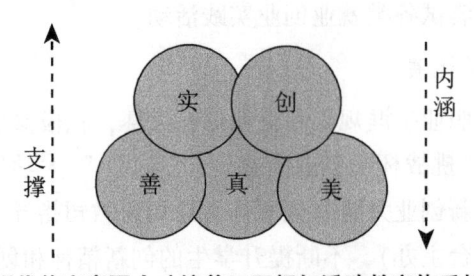

图6-1　现代体育高职人才培养五环相扣活动教育体系的理论模型

由图可知，真为首脑，善、美为展翼，实、创为利器，构成有机体系。五部分相互联系，相互作用，交联互动，协调运转。其逻辑关系为：善以真为基，真以善为心；真以美为意，美以真为形；真以创为本，创以真为上；真以实为根，实以真为行；因善而美，真美必善；有善方实，实因扬善；无美不创，创必美彰；创必因实，实则兴创；美因有实，实贯尽美。

二、实践探索

通过前面的理论阐述，湖南体育职业学院经过多年的实践探索，依托好目标环、机制环，补充好过程环，利用好评价环，构建了"真、善、美、实、创"五环相扣的活动教育体系，在活动环节根据实际，落实全员、全过程、全方位育人。

（一）以文明校园建设为契机，弘扬以大学校园文化为代表的求善文明道德活动教育

1. 学院积极开展社会主义核心价值观教育，加强校园文化建设

根据学院的历史传统、专业优势和工作实际，学院大力开展社会主义核心价值观教育，统领意识形态建设，组织课堂教学、实习实训、校园文化熏陶及多种形式的校园实践活动，着力提高学生的马克思主义理论水平，树立中国特色社会主义的理想信念，培育以爱国主义为核心的民族精神和以改革创新为核心的时代精神，努力践行社会主义荣辱观。通过主题班会、形势与政策宣讲、党课等多种形式，教育引导学生培育和践行社会主义核心价值观，踏踏实实修好品德；教育引导学生珍惜学习时光，增长见识，丰富学识；教育引导学生树立高远志向，增强综合素质，培养综合能力与创新思维，不断引导学生树立共产主义远大理想和中国特色社会主义共同理想。制定《湖南体育职业学院2019年学生发展调查问卷》，利用"问卷星"在线调查网站，对2798名在校学生开展抽样调查工作。调查统计结果显示，学生思想品德各项调查指标均达到较高水平，在校学生思想品德素养很好。其中，符合"自觉践行社会主义核心价值观"调查指标的学生比例达到94.18%，学院思想品德教育工作取得很好成效。

2. 以劳动教育为主要教育阵地，以劳动修养的培育促进学生全面发展

习近平总书记在全国教育大会上强调："要在学生中弘扬劳动精神，教育引导学生崇尚劳动、尊重劳动，懂得劳动最光荣、劳动最崇高、劳动最伟大、劳动最美丽的道理，长大后能够辛勤劳动、诚实劳动、创造性劳动。"在全面落实党

新时代的教育方针，贯彻实行国务院、教育部等上级部门关于劳动教育指导文件精神上，湖南体育职业学院重视学生对劳动习惯、劳动能力、劳动素养的培养与实践，完善学院教育体系同时，推进文明校园建设，补齐自身修养中劳动修养这一环节。

学院原设立勤工助学岗位，由教务处统筹管理，主要负责教学楼教室卫生、考务工作，充当教务处日常行政工作的小助手，在勤工助学岗位上锻炼自己的劳动意识、服务意识，积累必备的办公技能，包括但不限于文字处理、计算机操作、办公软件熟练运用、活动组织策划与服务等。2020年，学院对劳动教育实施方案进行革新，充分发挥劳动育人功能，注重德智体美劳相互迁移渗透，以劳动课为依托，以劳树德、以劳增智、以劳强体、以劳育美、以劳创新，拓展学生综合素质，促进学生德智体美劳全面发展，培育符合新时代要求的创新型体育行业劳动者。以文明校园建设为契机，将文明校园建设工作常态化，在2019、2020级学生中开展劳动教育实践，将教学楼、大礼堂、机房、语音室、体校梯形教室、射击中心四楼和图书科研大楼三楼多媒体教室等区域的勤工助学岗位撤销，分别由四系和士官学院学生负责，让学生体会劳动过程，培养学生对母校一草一木的感情。将学院作为学生劳动实践基地。以运动系为例，制订《运动系卫生整治和文明创建工作实施方案》并严格执行，大力开展寝室卫生督查、内务整理比赛，积极组织学生进行每周一次的校园保洁义务劳动，每学期组织1~2次助力养老院等社区劳动实践活动，帮助学生在日常生活中体悟到劳动所承载的社会意识、道德意识和责任意识，形成劳动习惯。

此外，学院注重利用"互联网+宣传教育"的手段，利用新媒体平台，积极构建学院、系部宣传阵地，发动学生宣传骨干的力量，用心经营学院、系部官方抖音号、微信号。通过学生宣传骨干线下收集素材、线上运营、跟帖、评论，传播正能量，弘扬主旋律，锻炼了学生在新媒体素材采集、整理（判定）、制作、传播等方面的能力，提高政治觉悟，做好风清气正网络"宣传者""守门人"，讲好体院故事，增强了学生爱校护校的意识，扩大了教育的吸引力和受益面。目前，新媒体平台的关注量及跟帖量呈稳步上升趋势，显现了全方位育人的成效。

（二）以校园文化艺术节为载体，引导以更佳精神面貌为代表的求美的体育艺术活动教育

为引领广大青年学生深入学习贯彻习近平新时代中国特色社会主义思想，特

别是习近平总书记关于青年工作的重要思想,营造积极向上、健康文明的校园文化氛围,展现学生的青春风采和精神风貌,推进学生素质教育与校园精神文明建设和谐发展,引导学生以奋发进取、健康向上的精神面貌投身学习生活,学院每年积极举办校园文化艺术节,时间跨度从新生入学起,到12月结束。截至2020年已连续举办四届,深受广大师生喜爱。以2020年为例,学院举办了"让青春在战疫中绽放"迎新晚会暨第四届校园文化艺术节开幕式、"厉行节约·青年先行"勤俭节约志愿活动、"书送知识　共享书香"志愿捐书活动、"重温入团誓词""重读革命先烈诗章"和红色故事演讲比赛等为主题的党团活动、校园主持人大赛、四项特色主题活动(篮球嘉年华活动、"品诗赏文、诵读经典"活动、校园定向越野赛、电竞嘉年华)、"青春在战疫中绽放"主题征文活动、第五届社团文化艺术节等一系列活动。这些活动既结合了各专业学习特点,也把学生部分素质的提高放在活动中完成,拓展了学生的视野,丰富了学生的学习生活内容,树立了求美的文明道德风貌,取得了良好的反响。

(三) 以公共体育服务体系完善、体育扶贫等公益活动为代表的求实社会实践活动教育

1. 积极完善公共体育服务体系,在服务社会实践活动中提高综合素质

学院始终坚持"立足体育,服务社会",以学院"体育湘军"人才培养基地和体育行业特有工种培训与鉴定基地为依托,主要服务于长株潭,辐射湖南其他地区,积极开展社会服务工作。

充分发挥学生体育专业特长,丰富大众体育文化生活,各系部积极开展社会服务工作。社会体育系组织健身指导与管理专业学生参加中共湖南省直属机关工作委员会主办的广场舞比赛、省直工委举办的全民健身排舞比赛等活动,极大地丰富了人民群众的文化和精神生活。

2019年10月27日,长沙国际马拉松赛开赛,湖南体育职业学院选派1586名学生参加志愿活动。湖南体育职业学院已经连续5年为此项赛事提供志愿服务,这不仅是一场体育赛事的服务工作,更是无私奉献的志愿者精神的一次次传承。通过助力长马服务,学生掌握了礼仪知识,认真学习服务技能,提升服务意识,在保障服务中传递爱心,传播文明,把关怀带给社会,展示了学生良好的精神风貌。同时,学生通过参与志愿活动,丰富生活体验,加深对社会的认识和理解,对学生的学习生活产生积极影响。在长沙中华国际龙舟赛上,学院一名志愿

者在赛道起点，所在赛道没有龙舟，他依然做出标准的出发动作，因为这种敬业的精神，他被媒体评为"最美志愿者"。

学院重视服务社区，开展一系列社区体育活动，以社区健步走比赛、广场舞、趣味运动会等为载体，为体院路社区赛事提供全程策划及办赛服务；开展奥运冠军讲座活动，为社区青少年提供奥运知识和奥运励志人物宣讲。

学院各系部也开展形式多样的服务社区体育活动。社会体育系将五禽戏、八段锦等民族传统体育项目引入社区，提高社区中老年人的体育健身意识；深入社区开展和推广全民健身运动，先后与长沙市10个社区开展文明共建，为社区开展健身指导2000人次，体育表演40余场，受到了广大市民的一致好评。运动系开展篮球赛事服务进社区，服务浏阳经济开发区、岳麓区高新区、浏阳镇头镇、屈原经济开发区等小区150余人次，进社区开展篮球培训服务，送教上门枫华府第、润泽湖等小区。

2. 积极参与精准扶贫，在响应国家政策实践活动中培养爱国为民情操

学院扶贫工作一直接受湖南省体育局的指导、安排，省体育局制定开展"一进二访"活动的整体实施方案，对学院扶贫事项做了相应安排。学院重点是对省体育局对口扶贫点（怀化市溆浦县两江乡朱溪村）开展精准扶贫工作。学院与村委密切配合做好精准扶贫工作，研究制定帮扶措施和扶贫项目，保证扶贫项目收益的持续性，把好事办好，扶贫扶志，让精准脱贫的红利落实到朱溪村每个村民身上。学院领导带领教师党员走访怀化朱溪村，开展了文艺汇演和技能培训，将扶贫任务有步骤、有计划地落实推进。

2020年，正值"决战脱贫攻坚"收官之年，为引领广大青年学生深入学习贯彻习近平新时代中国特色社会主义思想，特别是习近平总书记关于青年工作的重要思想，扎根中国大地了解国情民情，加强志愿服务中的责任感和使命感，让青年在社会实践中受教育、长才干、作贡献，以实际行动投身打赢脱贫攻坚战，投身乡村振兴战略实施，勇做担当民族复兴大任的时代新人，湖南体育职业学院院团委积极响应团省委《关于在疫情防控常态化形势下开展2020年湖南省大中专学生志愿者暑期文化科技卫生"三下乡"社会实践活动通知》的文件精神，以"小我融入大我，青春献给祖国，决战脱贫攻坚，投身强国伟业"为主题，迅速组建了一支由团委书记牵头、专业老师带队以及15名青年学生为主的"小手法·大健康"服务队伍。队伍于2020年7月赴怀化市溆浦县三江镇两江乡朱溪村，为村民带去了为期五天的疫情防控、医疗保健、广场舞教学等健康帮扶

项目。

湖南体育职业学院的志愿者们充分发扬"吃得苦、霸得蛮、耐得烦、舍得死"的湖湘精神，重点围绕新冠肺炎疫情做好防控措施，先后为200余名村民进行了"冬病夏治"三伏贴、针灸推拿、拔罐刮痧、血糖血脂测量等健康医疗保健服务。志愿者们率先全面做好各项疫情防控措施，全员口罩不离脸，每日三测体温并及时汇报身体情况，力求在保证自身健康的前提下，以最安全的状态为村民服务。虽然跟乡亲们在语言沟通上偶有障碍，但团队的每一位志愿者仍然耐心地为村民们答疑解惑，用细致精湛的技艺和热情周到的服务，得到了村民们的一致好评。其中，有一位村民大爷，每天很早来到服务点，志愿者跟他闲聊的时候，才得知他家住在离村部较远的山里面，从家走到村部需要近两个小时。因为他听闻湖南体育职业学院的志愿者来到朱溪村，所以每天早上很早就要从家中出发，因为难得有这样的医疗服务队伍来到村里。还有一位村民，刚到服务点时，双手抖得厉害，带队的杨莹老师发现村民患的是帕金森病，于是马上对症下针，第二天再见到这位村民时，他的症状明显好转，不停地表示感谢。

为期五天的"三下乡"活动，时间短任务重。此次"三下乡"活动的成功举办不仅体现了学院青年志愿者向上向善的精神风貌和扎实过硬的专业素养，更培养了他们服务社会的能力和团队协作的精神，真正实现了"受教育、长才干、作贡献"的目的，不断提升学院"三下乡"社会实践的品牌传播度和社会影响力，也为将来更好地引导学院青年学生走进基层，服务基层打下良好基础。

（四）以积极参加各类各级创新创业大赛为代表的求强就业创业活动教育

学院独树一帜地开展了"双创"型创新创业活动，对学生进行了就业创业教育与指导，搭建大学生创业孵化基地，吸纳宝宝功夫、影音文化工作室、F3创意、科技体育、SHARK健身工作室、阳光健身俱乐部、域飞摄影工作室、ZW电子竞技俱乐部、体院租机侠、超级兼职联盟、校脚丫等创业团队项目，目前各项目都在运营。

值得一提的是，在2020年11月17日于重庆工业职业技术学院召开的第四届中华职业教育创新创业大赛全国现场总决赛中，学院《功夫小子》项目团队作为湖南黄炎培职业教育奖创业规划大赛决赛一等奖的第一名直接入围全国现场总决赛，在谭焱良院长、马锐老师的指导下，《功夫小子》项目团队从119个项

现代体育高职人才培养的五环模式
20年卓越体育工匠培养的"湘体"创新实践

目团队中脱颖而出，荣获全国总决赛二等奖。学院荣获本届中华职业教育创新创业大赛竞赛优秀组织奖。据悉，本届大赛仅有十所高校获此殊荣。《功夫小子》项目团队以最饱满的激情展示了体院人的风采，展现了体育人的魅力，传承了梅山武术的精髓，发扬了优秀中华传统文化。该项目自成立以来，学院领导高度重视，创新创业学院精心策划，指导老师尽心指导，全体团队成员日以继夜，辛苦付出，最终收获此次成就。学院《功夫小子》项目团队能够获此殊荣，得益于学院领导的大力支持和五环模式的推行。学院一直以来大力推行创新创业工作，积极践行求真、求善、求美、求实、求创的五环相扣活动教育体系，这次比赛学院取得了创新创业大赛的历史性突破，体现了五环相扣活动教育体系的育人成果，展现了学院创新创业水平的提高，推进了学院就创业工作的落实，凸显了学院专创融合的特点。学院将在此基础上，以赛促教、以赛促创，总结经验，以创新引领创业、创业带动就业，进一步提升创新创业水平，营造创新创业氛围，弘扬创新创业文化，为学生创新创业搭建更优质的服务平台。

―――――― CHAPTER 07 ◀ 第七章 ――
现代体育高职人才培养的评价环：
行、企、社、师、生

教育评价事关教育发展方向，有什么样的评价指挥棒，就有什么样的办学导向。党和国家历来高度重视教育，2010年7月，《国家中长期教育改革和发展规划纲要（2010—2020年）》提出要改进教育教学评价，根据培养目标和人才理念，建立科学、多样的评价标准，开展由政府、学校、家长及社会各方面参与的教育质量评价活动。2020年10月，中共中央、国务院印发了《深化新时代教育评价改革总体方案》，明确了改革目标，即经过5~10年努力，到2035年，基本形成富有时代特征、彰显中国特色、体现世界水平的教育评价体系。

本章立足现代体育高职人才培养评价的现实基础，寻求理论依据，对行业、企业、社会、教师和学生五环相扣评价体系的内涵与特征进行阐述，建立理论模型，并深入开展实践探索。

第一节　现代体育高职人才培养评价的现实基础与理论依据

随着高等教育向大众化阶段迈进，各国政府普遍重视高等教育的质量保障，纷纷完善本国高等教育质量评价和保障制度来实现对高等教育的管理与质量控制。由于各国在政治制度、经济基础与文化环境等方面的差异，加上发展高等教育的理念和历史背景不同，各国政府在高等教育评价中所采取的评价措施与行为模式也不尽相同，形成了适合各国国情的行为模式。

一、现实基础

(一) 国外职业教育评价的实践与启示

1. 发达国家政府参与高等教育评价的实践分析

纵观发达国家高等教育管理体制和政府参与高等教育质量评价的行为模式，比较典型的行为模式主要有以法国为代表的政府集权模式、以英国为代表的政府指导模式、以美国为代表的社会自主模式及以日本为代表的双元结构模式。具体见表7-1。

表7-1 国外政府参与高等教育评价典型行为模式比较一览表

模式名称	代表国家	组织机构	特点	政府作用	评估效力
政府集权模式	法国	科学研究与高等教育评估署、教育部预测绩效评估司、全国教育行政与科学研究总督学署	政府间接控制评估各环节，一元主导，多元参与	宏观管理	与拨款挂钩；评估结果公开
政府指导模式	英国	英国高等教育质量保证署（QAA）	政府不直接介入评估，以拨款实现对评估的影响与激励	宏观指导	与高校经费挂钩
社会自主模式	美国	全国性认证机构、区域性认证机构、专业性认证机构	认证机构主导实施，政府不直接参与评估	监督服务	影响财政拨款、社会捐赠；关系社会声誉
双元结构模式	日本	大学评价与学位授予机构、大学基准协会、日本技术者教育认证机构	官民双轨并行、高校内外结合、评估形式多样	主导评估	根据评估结果重新分配资源

(1) 政府集权模式

法国是政府集权模式的典型代表，其高等教育评估始于1985年法国国家评估委员会（CNE）的创立阶段。为建立与国际和欧洲相适应的高等教育和科学研究评估独立机构，2007年3月，法国科学研究与高等教育评估署（AERES）正式成立。法国的高等教育评估活动主要包括内评、外评和评估报告三个阶段。其主要特征是一元主导、多元参与，政府运用法律、财政等手段间接控制高等教育评估,第三方评估机构在政府的宏观管理下,客观、公正地开展评估工作,评估结果除与政府拨款挂钩外,还对社会公开,接受社会监督。

(2) 政府指导模式

政府指导模式是介于政府集权模式和社会自主模式之间的一种模式,英国是这种模式的典型代表。英国高等教育质量评价的发展经历了自主模式、双轨制模式和指导模式三个阶段。在1964年之前的自主模式时期,高等教育质量评价一般由大学负责,为了对国内高等教育机构施加影响,英国政府于1919年成立了大学拨款委员会,但不负责高校教学质量的监督与评价。1964年,英国成立历史上第一个高等教育评估组织——国家学位授予委员会。1997年,为了提升高等教育质量保障的统一性和整体性,英国成立了具有独立法人资格的高等教育质量保证署(QAA),负责为大学及其他教育机构提供质量保障服务。

英国的高等教育评估包括内部评估和外部评估两部分。内部评估主要包括专业评估,通常由高校自主实施;外部评估主要包括教学质量评估、科研水平评估、学术质量审核以及院校审核等,教学质量评估和院校审核均由QAA负责实施。

政府指导模式的主要特征是政府不直接介入评估,以政策制定和拨款的方式实现对评估的影响与激励。

(3) 社会自主模式

美国联邦政府没有对高校的管辖权,其高等教育评估主要依靠社会力量开展,它是社会自主模式的典型代表。1909年,美国高等教育认证制度正式建立,1938年,美国第一个高校质量检查组织——联合评估委员会成立。1949年,该委员会发展成为国家评估委员会。

美国高等教育评估的主要形式是认证,主要有全国性认证机构、区域性认证机构及专业性认证机构三类认证机构,全美高等教育认证委员会与美国联邦教育部负责对认证机构的认可。区域性认证机构组织实施院校认证,主要分为自我评价、院校访问和最后决议三个阶段;各专业认证机构组织实施专业认证,主要包括自我评价、认证机构访问和最终评判三个阶段。

社会自主模式最显著的特点就是认证机构主导实施,政府不直接参与评估,只负责评估机构资质的审查,发挥监督服务职能。评估结果具有很强的社会影响力,关系到高校的社会声誉,影响到政府财政拨款以及社会各界的捐款等。

(4) 双元结构模式

日本是双元结构模式的典型代表，其高等教育评估主要历经了设置认可评价阶段、自我评价阶段、第三方评价阶段三个重要阶段。在设置认可评价阶段，根据《大学设置基准》，对高校办学水平进行质量评价。自我评价阶段主要以大学内部自我评价为主，辅以大学审议会、大学基准协会等为主体的外部评价。第三方评价阶段主要由大学评价与学位授予机构负责实施。

双元结构模式的主要特点是高校内外结合、官民双轨并行。文部科学省掌握着高校的审批权，大学评价与学位授予机构定期对正常运营并完成自评的高等院校进行评估。日本政府在加强评估宏观管理、指导和监督服务的同时，把评估结果作为资源分配的依据，为高等教育质量提供保障[1]。

2. 国外职业教育质量第三方评估的经验与启示

美国联邦政府为保障对社区学院教育质量的有效掌控，在有关法律框架和许可下，通过下设职能部门——联邦教育部（United States Department of Education, USDE）对教育认证机构进行资格认可，通过修改认可条款、定期公布具备认可资格机构名单以及将政府拨款与认证结果进行挂钩等方式来体现联邦政府对社区学院教育发展的期望。六大区域性认证机构的专家队伍包括其他社区学院的教学管理专家、学生管理专家、具有相关行业背景的行业企业人员、教师、董事会成员、区域认证委员会的常委会成员、公众人员等，实现多维度、专业化地对社区学院的教育质量进行评估。动员社会主体力量进行监督是对教育质量认证活动进行规范的一种常见途径。认证机构在对社区学院开展教育质量认证活动时，除了对社会发布认证标准、程序及决策之外，还通过设立热线、决策听证、网站听取举报与监督意见等多种方式邀请社会公众进行监督。美国媒体具有对公共事务管理进行监督的权力与义务，有权揭露政府、企业及其他非营利性社会组织在社会管理中的违法违规行为，媒体对于教育认证机构具有相当的威慑力。

德国第三方评估机构的评估人员一般由州代表、职业院校代表、企业家和劳工组织代表等人员组成。为保障职业院校教育质量的持续改进，职业院校监管机构要结合第三方评估报告中的分析结论和建议，监督职业院校开展具体的改进工作，为职业院校质量改进提供系统指导，并在6个月之后，向教育督导部门反馈

---

[1] 王金岗，朱光东. 国际比较视野下高职教育评价中政府作用研究 [J]. 教育与职业，2017（5）：41-46.

职业院校的改进实施情况。而职业院校在接受评估后，除需要根据第三方评估的结果及评估报告制订具体的院校发展计划和相应的落实措施之外，还需在2~3年内，根据实际执行情况撰写改进报告提交给监管机构，并在5~8年内接受新一轮的评估。完善的法律支持是第三方评估机构得以生存与发展的重要因素和强大推动力量。德国各州政府为保障本州职业教育质量第三方评估工作的顺利开展制定了翔实的法律文件。

在英国，教育标准局（Office for Standards in Education, Children's Services and Skills, OFSTED）由于在人员构成以及机构职能定位上与英国政府保持着紧密联系，因此英国政府往往将自身对职业教育质量保障方面的期望通过教育标准局的评估标准与要求等传达下去，实施对职业教育的国家调控。负责职业教育质量第三方评估的教育标准局领导的督导小组往往由具有丰富实践经验的工业、商业、金融业等业界专家构成。针对在第三方评估中评估结果为不良的职业院校，建立了学习和技能改进服务局（Learning and Skills Improvement Service, LSIS）这一国家资助机构，通过制订一对一帮扶计划、提供专家咨询指导、员工发展和质量改进免费支持与服务项目以及提供一系列网上资源等措施，帮助其改进教育质量。评估开始前，教育标准局采取公开、公正的市场化的竞争方式寻求与教育评估中介机构开展合作；在评估过程中，第三方评估机构的评估标准、评估内容、评估方法和评估程序等均向职业院校、行业和社会公开，接受大众监督；在评估结束后，第三方评估机构会将职业院校的评估报告及结果在其官方网站上进行公布。

德国和英国政府也将第三方评估结果与政府资助进行挂钩，对于表现良好的职业院校给予政府资助，这极大地提升了职业院校参与职业教育质量第三方评估的积极性。

日本通过代表国家意志的文科省间接满足了对本国职业教育质量进行国家监控的利益需求。第三方评估机构强调评估人员的多样化构成，依照《学校教育法》和文科省制定的相关条例自行设置对职业院校开展第三方评估的评估基准，保障评估基准的灵活性和适应性。评估结果将影响政府教育资源分配，也激发了职业院校提升质量的动力；政府运用第三方评估结果把握职业院校的办学效能，促进职业院校教育质量不断提升；评估结果公开发布，向政府、企业和社会呈现职业教育质量状况，为社会和公众了解职业院校及做出相关决策提供有效信息，将评估工作置身于广泛的社会监督之下[1]。

可以说,第三方评估这一相对独立的外部评估模式正是由于满足了各国政府对职业教育质量进行质量掌控的主观需求,因此得到了各国政府的大力支持。

(二) 我国职业教育质量保障体系建设情况

1. 国家层面职业教育质量保障体系建设现实基础

面对经济结构调整、经济发展方式转变等国家发展战略要求,高等职业教育必须深化教育教学改革,全面提高人才培养质量。

2006年11月,教育部印发《关于全面提高高等职业教育教学质量的若干意见》(教高〔2006〕16号),提出要加强质量管理体系建设,重视过程监控,吸收用人单位参与教学质量评价,逐步完善以学校为核心、教育行政部门引导、社会参与的教学质量保障体系。各地教育行政部门要完善5年一轮的高等职业院校人才培养工作水平评估体系,在评估过程中要将毕业生就业率与就业质量、"双证书"获取率与获取质量、职业素质养成、生产性实训基地建设、顶岗实习落实情况以及专兼结合专业教学团队建设等方面作为重要考核指标。

《高等职业院校人才培养工作评估方案》(教高〔2008〕5号)提出,要推动教育行政部门不断完善对高等职业院校的宏观管理,逐步形成以学校为核心、教育行政部门为引导、社会参与的教学质量保障体系。

2010年7月,《国家中长期教育改革和发展规划纲要(2010—2020年)》颁布,把提高职业教育质量作为重点,改革教育质量评价和人才评价制度。改进教育教学评价,根据培养目标和人才理念,建立科学、多样的评价标准,开展由政府、学校、家长及社会各方面参与的教育质量评价活动。完善综合素质评价,探索促进学生发展的多种评价方式。要推进专业评价,探索与国际高水平教育评价机构合作,形成中国特色学校评价模式,建立高等学校质量年度报告发布制度。

《中国高等职业教育质量年度报告》(以下简称《高职质量年报》)由教育部职成司指导、全国高职高专校长联席会议组织,委托第三方研究机构——上海市教育科学研究院和麦可思研究院联合调研编写,基本形成了高职教育的质量观、指标体系、编制定位和三级发布体系。《高职质量年报》在促进高职教育服

---

[1] 韩喜梅,潘海生,王世斌. 职业教育质量第三方评估机制的国际经验与启示[J]. 中国职业技术教育,2019 (24):73-80.

务发展、学生就业、财政投入等方面发挥了重要作用。

毕业生就业质量是高等教育质量的重要部分。2013年，我国高校毕业生就业质量状况进入法定报告阶段，教育部办公厅下发《教育部办公厅关于编制发布高校毕业生就业质量年度报告的通知》。就业质量年报反映了高校毕业生就业的基本情况、主要特点、相关分析、发展趋势等方面情况，对监管和保障高校毕业生就业质量发挥了重要作用。

2011年9月，《教育部关于推进高等职业教育改革创新引领职业教育科学发展的若干意见》（教职成〔2011〕12号）出台，提出要完善人才培养质量保障体系。推进高等职业教育质量评估工作，建立和完善学校、行业、企业、研究机构和其他社会组织共同参与的质量评价机制，将毕业生就业率、就业质量、企业满意度、创业成效等作为衡量人才培养质量的重要指标。对职业教育人才培养质量保障提出了建立人才培养质量年度报告制度，不断完善多元主体共同参与的质量评价机制和人才培养质量监测体系的具体要求。

2014年5月，《国务院关于加快发展现代职业教育的决定》（国发〔2014〕19号）出台，提出要完善职业教育质量评价制度，定期开展职业院校办学水平和专业教学情况评估，实施职业教育质量年度报告制度。注重发挥行业、用人单位作用，积极支持第三方机构开展评估。

2015年6月，教育部办公厅印发《教育部办公厅关于建立职业院校教学工作诊断与改进制度的通知》，提出高职院校要对自身的办学理念、办学定位、人才培养目标、专业设置与条件、教师队伍与建设、课程体系与改革、课堂教学与实践、学校管理与制度、校企合作与创新、质量监控与成效等人才培养工作要素和过程进行诊断与改进，构建校内全员、全过程、全方位的质量保证制度体系。

2016年3月，国务院教育督导委员会办公室印发《高等职业院校适应社会需求能力评估暂行办法》，旨在全面了解高等职业院校办学情况，引导高等职业院校充分发挥办学主体作用，加强内涵建设，促进产教融合、校企合作，激发学校办学活力，提高高等职业院校人才培养能力，更好地服务地方经济社会发展，适应行业发展需要。全国高等职业院校适应社会需求能力评估形成了对高职院校提高整体质量的外部动力。

专业评估是对高等学校各种专业的教育质量的评估，其本质特征就是来自社会维度的质量保障。高职教育专业评估是建立健全高职教育外部质量监管评估体系的重要内容，是对高职教育质量标准体系、评价主体、评价内容的完善，是深化高职教育改革、提高高职教育质量的重要保障。"制定高等职业院校专业评估试点方案"列入 2016 年国务院教育督导委员会和教育部的工作要点。

2019 年 1 月，《国务院关于印发国家职业教育改革实施方案的通知》（国发〔2019〕4 号）提出建立健全职业教育质量评价和督导评估制度。以学习者的职业道德、技术技能水平和就业质量，以及产教融合、校企合作水平为核心，建立职业教育质量评价体系。完善政府、行业、企业、职业院校等共同参与的质量评价机制，积极支持第三方机构开展评估。

2020 年 2 月，中共中央办公厅、国务院办公厅印发《关于深化新时代教育督导体制机制改革的意见》，提出在评估监测方面，建立教育督导部门统一归口管理、多方参与的教育评估监测机制。建立健全各级各类教育监测制度，完善评估监测指标体系，积极探索建立各级教育督导机构通过政府购买服务方式、委托第三方评估监测机构和社会组织开展教育评估监测的工作机制。

2020 年 10 月，中共中央、国务院印发《深化新时代教育评价改革总体方案》，提出经过 5~10 年努力，各级党委和政府科学履行职责水平明显提高，各级各类学校立德树人落实机制更加完善，引导教师潜心育人的评价制度更加健全，促进学生全面发展的评价办法更加多元，社会选人用人方式更加科学。到 2035 年，基本形成富有时代特征、彰显中国特色、体现世界水平的教育评价体系。

近年来，我国高职教育正在形成人才培养工作评估，教育督导评估，院校自主诊断与改进，发布年度质量报告，推行专业评估与专业认证，完善院校排名，推动社会第三方评估等内外互动、多举措并举、相辅相成的内外部质量保障体系，形成了高职院校提升办学质量的动力体系，奠定了健全完善高职教育质量保障体系的重要基础。

2. 湖南特色职业教育监控体系建设模式

湖南省历来重视职业教育质量，从 20 世纪 80 年代开始建立职业教育教学规范，到 21 世纪初建立高职院校专业建设水平分级评价制度，依托教育部高职高专院校人才培养工作水平评估，对高职高专院校人才培养工作进行了分级评价。2009 年以来，湖南先后建立了专业技能抽查、毕业设计抽查、公共基础课普查制度（三查），以及专业人才培养方案评价、专业技能考核标准评价、新设专业合格性评价制度（三评）。通过"三评"规范专业设置和人才培养质量标准与实施方案，通过"三查"倒逼学校改进专业教学，促进职业教育质量有效提升，基于全面质量管理遵循的 PDCA 循环，即计划（Plan）、执行（Do）、检查（Check）、处理（Act），初步形成了具有湖南特色的省级职业教育监控体系建设模式，具体见图 7-1。

图 7-1　湖南省职业教育监控体系建设模式

这个职业教育监控体系具有明显的湖南特色：一是形成了"分层多维"的质量标准体系，包括国家、省、市、校四级，涵盖专业教学、技能考核、文化课考核、教师教学与实践能力、专业（群）、课程及教学资源、实训基地、中高职衔接等领域的职业教育标准体系；二是形成了"以点控面"的质量监控机制，"三查"监测的是点，但监控的是面，通过对抽查结果的运用，倒逼职业院校全面加强专业建设与课程教学；三是形成了"由果溯因"的质量诊断机制，"三查"查的是学生，评的是学校，"三查"结果既用于省里评价职业院校人才培养质量，也为职业院校进行教学工作诊断与改进提供科学依据；四是形成了"从教到学"的质量保证机制，"三查""三评"评的是质量现状、管的是质量生成，在质量保障上起到了"四两拨千斤"的作用。通过"三查""三评"，湖南省各级教育行政部门有效强化了职业教育质量监管，建立完善了本级职业教育质量监控措施；各职业院校强化了教学质量主体责任意识，狠抓教学组织实施环节，使教与学的积极性得到充分发挥，促进完善了学校内部质量保证机制。

"三评""三查"结果均通过省教育厅官网主动公开，同时，还将作为省级职业教育重点项目立项评审、专业招生资格确定及相关评价的重要依据[1]。

---

[1] 王江清. 评查协同 结果倒逼 省级职业教育质量监控体系建设模式探索 [J]. 中国职业技术教育，2020（22）：25-28.

二、理论依据

(一) 高职教育质量保障理论

高职教育质量是为了适应人的全面发展和经济社会发展的需求，本质上是教育价值问题，健全优化高职教育质量保障体系的核心价值追求是要建立健全高职教育质量保障理论。

1. 高职教育客体需求与主体需求相统一的质量保障理论

高职教育质量保障要求高职教育既能满足高等性、职业性和技术性的客体性需求，又能满足经济性、社会性和教育性的主体性需求。

2. 高职教育人文主义价值与实用主义价值相统一的质量保障理论

高职教育质量保障要求高职教育既能满足学生发展需求的本体性价值诉求，又能满足市场经济条件下社会经济发展需求的工具性价值诉求。

3. 高职教育认识论与政治论相统一的质量保障理论

高职教育质量保障要求高职教育既能提升学生自身能力，满足传递知识、技术、技能，分析、批判现存知识，改进现有技术、技能，探索新的知识、技术、技能的需求，形成并巩固其知识、技术、技能上具有的合法性和合理性地位，又能提升学生服务能力，满足国家治理与经济社会发展的需求，形成并巩固其政治上具有的合法性地位和合理性地位。

构建我国高职教育外部质量监管评估体系应当建立健全多层面的职业教育评估监测指标体系、职业教育质量监测的核心指标体系、结果或绩效本位的质量评价指标体系，并重视不同类型指标的衔接结合，提升质量评价指标的适切性和可操作性[1]。

(二) 基于整体思考的评价观

1. 宏观层面对高职教育的评价

教育评价事关教育发展方向，教育评价改革是一项世界性、历史性、实践性难题。2020年6月30日，习近平总书记主持中央全面深化改革委员会第十四次

---

[1] 郭广军，金建雄. 高职教育外部质量监管评估体系研究 [J]. 中国职业技术教育，2019 (25)：78-85.

会议审议通过了《深化新时代教育评价改革总体方案》（以下简称《总体方案》），这是新中国第一个关于教育评价系统性改革的文件。

《总体方案》的基本定位和考虑是：坚持以立德树人为主线，以破"五唯"为导向，以五类主体为抓手，着力做到政策系统集成、举措破立结合、改革协同推进。

以立德树人为主线，就是着眼于全面贯彻党的教育方针，牢记为党育人、为国育才使命，把落实立德树人根本任务，培养德智体美劳全面发展的社会主义建设者和接班人作为主线，始终贯穿于教育评价改革各项任务，引导确立科学的育人目标，确保教育正确发展方向，坚定不移走中国特色社会主义教育发展道路。

以破"五唯"为导向，就是从党中央关心、群众关切、社会关注的问题入手，紧扣破除"唯分数、唯升学、唯文凭、唯论文、唯帽子"的顽瘴痼疾，立足基本国情，坚持积极、稳慎、务实，改进结果评价，强化过程评价，探索增值评价，健全综合评价，既大力破除不科学、不合理的教育评价做法和导向，又着力建立科学的、符合时代要求的教育评价制度和机制。

以五类主体为抓手，就是立足全局，坚持整体谋划、系统推进，针对党委和政府、学校、教师、学生、社会不同主体，充分考虑基础教育、职业教育、高等教育等不同教育领域和大中小幼不同学段特点，分类分层研究教育评价改革思路、提出改革措施、明确实施路径，增强改革的系统性、整体性、协同性。

2. 微观层面对学生个体的评价

学生是受教育的主体，全面科学评价学生，对促进学生身心健康、全面发展具有十分重要的意义，基于科学发展观的评价观应该是以人为本的整体性评价观。

在指导思想层面，评价的主导观念和思考是关注结果性评价还是过程性评价，是关注同一性评价还是特质性评价，是关注终结性评价还是发展性评价？结果性评价指向终端产品，重在所获取的结果，是对外显的表层能力结构的静态判断，学习成绩为评价要素，与解决问题没有直接联系；过程性评价指向形成过程，重在所经历的过程，是对内隐的深层能力结构的动态反思，因此与解决问题密切相关的学习过程成为评价要素。同一性评价是标准取向的，追求形式的一致性；特质性评价是特色取向的，重视特色的创新与构建，追求内涵的差异性。终结性评价的基础是构成论，重视学习阶段的终结状态，寄希望于阶段成绩叠加性的高水平的终结状态；发展性评价的基础是生成论，常常关注各个学习阶段过程中个体学习成绩的变化，重视学习阶段的发展趋势。这三类评价的思考涉及评价目标的取向，即在评价过程中，应该关注显性能力评价还是隐性能力评价。显性能力评价重视关于事实、概念、原理、解释、推导和论证等显性知识的量化程度，容易测量；隐性能力评价重视关于体验、经验以及关于主意、策略等隐性知识的内化程度，难以测量，需要结合学习情境考虑。

在模式选择层面，以人为本的整体性评价观应遵循完整性、连续性、互动性和科学性等原则。完整性原则，要求评价的思维模式追求对职业工作过程完整性的把握，不只是涵盖职业实践所需要的技能与知识的专业能力，还包括善于学习、善于工作的技巧性、策略性的方法能力及参与性、批判性与环境和人打交道的社会能力。连续性原则，要求评价的观察模式不只着眼学生能力的初始条件和终端状态，更要重视处在起点与终点之间能力发展的渐进过程。互动性原则，强调师生之间的互动，要求评价的运作模式不是单边行动，不只是自上而下教师"权威性"评价，而应该是双边行动，是学生主动参与的"民主性"评价。科学性原则，要求评价的理论模式是教育的普遍规律与职业教育的特殊规律相结合，作为就业导向的教育，职业实践所需的行动能力则应是评价的逻辑起点。

在实施操作层面，以人为本的整体性评价观重视对学生能力高低认定的具体手段与实用方法[1]。

第二节 五环相扣评价体系的内涵与特征

通过梳理国内外关于高等职业教育质量评价的现实基础，寻求相应的理论依据，基于多年实践探索，湖南体育职业学院积极构建了行业、企业、社会、教师和学生五环相扣评价体系，其内涵与特征具体如下。

一、行业评价

行业评价主要是教育行政主管部门通过相关机构或组织及行业协会对职业院校的办学水平、专业建设、课程建设、师资队伍和人才培养质量的评价，具有科学性、系统性、导向性等特征。

---

[1] 姜大源. 职业教育学研究新论 [M]. 北京：教育科学出版社，2007：26-28.

（一）对学校办学水平的综合评价

在国家层面，"十一五"期间，根据国务院的决定，教育部、财政部从2006年开始实施国家示范性高等职业院校建设计划，重点支持100所国家示范性高职院校的建设，以示范建设为引领，全面促进人才培养质量的提升，这个计划被称为"高职的211工程"，在社会上影响很大。

根据教育部的要求，尚未进行人才培养工作评估的独立设置的高等职业院校，自有毕业生起至有三届毕业生前原则上必须接受一次人才培养工作评估，此后每五年须接受一次评估。2008年4月开始的新一轮高等职业院校人才培养工作评估，把教育部《关于全面提高高等职业教育教学质量的若干意见》（教高〔2006〕16号）中的办学要求和改革举措系统地设计成了一套新的评估指标体系，主要从领导作用、师资队伍、课程建设、实践教学、特色专业建设、教学管理和社会评价7项主要指标进行评估。

在省级层面，根据《中共湖南省委 湖南省人民政府关于加快发展现代职业教育的决定》（湘发〔2014〕18号）和《湖南省现代职业教育体系建设规划（2014—2020年）》（湘教发〔2014〕50号）有关"实施卓越职业院校建设计划"的要求，为打造湖南职教品牌，建设一批起示范引领作用的职业院校，带动湖南职业教育发展水平整体提升，提高职业教育服务"转方式、调结构、促升级"能力，湖南省教育厅实施了卓越职业院校建设计划。

目前，对职业院校办学水平的综合评价主要是全国高等职业院校适应社会需求能力评估及中国特色高水平高职学校和专业建设评审。

1. 全国高等职业院校适应社会需求能力评估

全国高等职业院校适应社会需求能力评估指标体系包括5个一级指标：办学基础能力、双师型队伍建设、专业人才培养、学生发展和社会服务能力，具体见表7-2。

表7-2 全国高等职业院校适应社会需求能力评估指标体系

一级指标	二级指标
1 办学基础能力	1.1 学校年生均财政拨款水平
	1.2 教学仪器设备配置
	1.3 校舍及信息化教学条件

续表

一级指标	二级指标
2 双师型队伍建设	2.1 学校教师结构
	2.2 双师型教师配备
3 专业人才培养	3.1 专业人才培养模式
	3.2 课程体系
	3.3 校内外实践教学
	3.4 校企合作
4 学生发展	4.1 学校毕业生获得职业资格证书情况
	4.2 就业情况
5 社会服务能力	5.1 学校专业设置
	5.2 向企事业单位提供技术服务
	5.3 满足政府购买服务情况

评估工具包括《高等职业院校基本情况表》《高等职业院校师生情况表》和《高等职业院校专业情况表》3个数据表，《校长问卷》《教师问卷》和《学生问卷》3个调查问卷和在线数据信息管理分析平台。

2. 中国特色高水平高职学校和专业建设评审

2014年6月，《国务院关于加快发展现代职业教育的决定》就明确提出建成一批世界一流的职业院校和骨干专业，形成具有国际竞争力的人才培养高地的目标任务。2015年，教育部印发《高等职业教育创新发展行动计划（2015—2018年）》也明确提出，到2018年，将支持地方建设200所左右的优质专科高等职业院校。为深入贯彻落实全国教育大会精神，落实《国家职业教育改革实施方案》，集中力量建设一批引领改革、支撑发展、中国特色、世界水平的高职学校和专业群，带动职业教育持续深化改革，强化内涵建设，实现高质量发展，2019年，教育部、财政部发布《教育部 财政部关于实施中国特色高水平高职学校和专业建设计划的意见》（教职成〔2019〕5号），总体目标是围绕办好新时代职业教育的新要求，集中力量建设50所左右高水平高职学校和150个左右高水平专业群，打造技术技能人才培养高地和技术技能创新服务平台，支撑国家重点产业、区域支柱产业发展，引领新时代职业教育实现高质量发展。

"双高计划"制订项目绩效评价办法，建立信息采集与绩效管理系统，实行年度评价项目建设绩效，中期调整项目经费支持额度；依据周期绩效评价结果，调整项目建设单位。发挥第三方评价作用，定期跟踪评价。建立信息公开公示网络平台，接受社会监督。中国特色高水平高职学校和专业建设评价指标体系具体见表7-3。

表7-3 中国特色高水平高职学校和专业建设评价指标体系

评价指标	评价内容
1 人才队伍建设	1.1 领军人才培养与引进
	1.2 专业（群）带头人培养
	1.3 中青年骨干教师培养
	1.4 教学创新团队培养
	1.5 高校教师素质提升
2 专业群建设	2.1 教学科研仪器设备购置
	2.2 数据库、图书资料购置
	2.3 信息化设备购置
	2.4 实验室、研究基地建设
	2.5 实习实训基地建设
3 创新人才培养	3.1 校企合作实习实训基地
	3.2 人才培养模式改革
	3.3 专业教学资源库建设
	3.4 标准开发
	3.5 现代学徒制试点
	3.6 精品在线开放课程建设
	3.7 教学改革研究
	3.8 高校思想政治工作质量提升
	3.9 大学生创新创业就业
	3.10 专业竞赛
	3.11 技能抽查
4 学术交流合作	4.1 举办、参加高层次学术会议
	4.2 邀请知名学者讲学

续表

评价指标	评价内容
5 科学研究和产学研平台	5.1 科学研究项目
	5.2 科研创新平台
	5.3 资源共享平台
	5.4 校企联合开发中心
	5.5 协同创新中心
	5.6 职业教育集团
	5.7 产学研合作示范基地
	5.8 新型高校智库建设
6 传承创新优秀文化	6.1 大学文化建设
	6.2 践行社会主义核心价值观
	6.3 弘扬中华优秀传统文化和湖湘文化
	6.4 传承非物质文化遗产

(二) 对专业的评价

1. 专业评估

高职教育专业评估是建立健全高职教育外部质量监管评估体系的重要内容，是对高职教育质量标准体系、评价主体、评价内容的完善，是深化高职教育改革、提高高职教育质量的重要保障。

开展高职专业评估要坚持遵循基本教育规律、适应经济社会发展需要、促进学生全面成长成才发展，坚持学生中心、产出导向，从产教融合与校企合作、培养方案与培养模式、师资队伍与教学条件、教学建设与改革、教学过程与质量保障、培养效果、学生发展、专业特色等方面建立科学的评估指标体系。

要坚持国家主导、地方统筹、行业企业支持、专业机构和其他社会组织参与、院校主体的原则构建高职专业评估组织实施体系。国家层面政要要加强组织指导，要发挥职业教育各行指委作用，吸收行业企业和高职院校参加，制订出台国家高职教育专业评估办法与指标体系，委托行指委加强高职教育专业评估咨询、指导、培训和监督。地方政府落实统筹实施责任，出台各省专业评估实施方案，成立行业企业和高职院校等共同参与的省级专业评估专家委员会，按照以评促建、以评促改、以评促管、评建结合的方针，积极推进高职专业评估实施，落实各高职院校专业建设评估的主体责任，突出高职院校自我评估与持续改进[1]。

湖南省教育厅开展了职业院校新专业办学水平合格性检查，具体评估要素、合格标准与评估方法见表7-4。

表7-4　新专业评估要素与评估内容

评估指标	评估要素	评估内容
1 建设规划	1.1 建设目标与途径	3~5年专业建设规划、建设目标、建设路径、建设举措、专业建设目标达成度
	1.2 人才培养方案	人才培养方案及制订过程佐证材料、培养目标、人才培养模式、课程体系、实践教学比例
	1.3 经费保障	经费投入、生均教学科研仪器设备值
2 教学团队	2.1 专任教师	专任教师数量、学历、结构、专业课程教师配备、从事行业企业实际工作或顶岗实践的经历、双师素质教师培养、认定考核及比例
	2.2 兼职教师	行业企业兼职教师基本信息、占比，兼职教师管理制度、聘用手续、培训与考核情况
	2.3 专业带头人	专业带头人培养制度、认定考核办法
3 课程建设	3.1 课程标准	课程标准、校企合作开发专业核心课程标准过程材料
	3.2 教材建设	国家规划教材选用情况、校本教材开发情况，与企业合作开发实训教材和教辅资料情况，运用信息技术手段开发课程资源情况
4 实践教学	4.1 校内实训	实训（实验）设施设备及条件，实训教学标准，实验课、实训课开出率，实验实训基地使用情况，课程安排表，学生实训（实验）情况
	4.2 校外实训	校外实习基地协议，校外实习手册（或实习报告、总结）、顶岗实习计划，合作企业参与学生实习指导与考核，顶岗实习时间
	4.3 实践教学管理	实训实习管理制度、实训实习管理人员岗位职责

---

[1] 郭广军，金建雄. 高职教育外部质量监管评估体系研究[J]. 中国职业技术教育，2019（25）：78-85.

续表

评估指标	评估要素	评估内容
5 建设成效	5.1 招生与就业	近3年报到率、就业率、专业对口率
	5.2 双证书获取	双证书制度、学生获得职业资格或职业技能证书情况、考试通过率
	5.3 学生满意度	毕业生与在校生对专业教学与服务的满意度、调查过程情况
	5.4 社会服务	社会培训和技术服务情况
	5.5 社会评价	用人单位满意度、用人单位满意度调查过程材料、人才培养成果

2. 专业认证

（1）高职工程教育专业建设与认证

积极探索以《华盛顿协议》《悉尼协议》和《都柏林协议》等为标准的高职工程教育专业建设与认证，着力推进我国高职工程教育标准化，促进高职毕业生跨国就业，以满足"一带一路"人才支撑和国际化人才培养需求。

2015年10月，中国工程教育专业认证协会（CEEAA）成立，主要负责我国工程教育认证工作的组织实施。2016年6月，中国科学技术协会代表我国正式加入了《华盛顿协议》，实现了我国大学本科工程教育专业及工程专业工程师被成员国直接认可，为我国大学本科工程教育及工程师国际化、标准化认证创造了条件。

（2）普通高等学校师范类专业认证

按照国家教育事业发展"十三五"规划工作要求，为规范引导师范类专业建设，建立健全教师教育质量保障体系，2017年10月，教育部印发了《普通高等学校师范类专业认证实施办法（暂行）》，决定分级分类开展普通高等学校师范类专业认证，以评促建，以评促改，以评促强，全面保障和提升师范类专业人才培养质量，为培养造就党和人民满意的高素质专业化创新型教师队伍提供有力支撑。

认证标准分为三级，覆盖中学教育、小学教育、学前教育三类专业。第一级定位于师范类专业办学基本要求监测，包括15个专业办学核心数据监测指标，旨在促进各地各校加强师范类专业基本建设。第二级定位于师范类专业教学质量合格标准认证，以定性指标为主，旨在引导各地各校加强专业内涵建设，保证专业教学质量达到国家合格标准。第三级定位于师范类专业教学质量卓越标准认证,旨在以评促强,追求卓越,打造一流质量标杆。其中,第二、三级认证从践行师德、学会教学、学会育人、学会发展4个方面凝练教师核心能力素质,指标体系由培养目标、毕业要求、课程与教学、合作与实践、师资队伍、支持条件、质量保障和学生发展8个一级指标和若干二级指标构成,引导教师培养落实立德树人根本任务,为师范毕业生从事教育教学工作奠定扎实基础。

3. 专业建设重点项目遴选

(1) 专业教学资源库

职业教育专业教学资源库自2010年正式启动建设以来,中央财政已投入专项资金近5.2亿元,拉动社会各界支持资金6亿元左右,形成了由71个国家级专业教学资源库、1个民族文化传承与创新资源库(包括8个子库)和1个学习平台构成的国家级资源库建设体系。

为贯彻落实《国务院关于加快发展现代职业教育的决定》(国发〔2014〕19号),中央财政继续安排补助资金,支持职业教育专业教学资源库建设,以实现优质数字教育资源全覆盖的目标,湖南省教育厅根据教育部办公厅关于职业教育专业教学资源库建设文件要求,开展了省级职业教育专业教学资源库申报与建设工作。

(2) 省级示范性特色专业和特色专业

按照"对接产业(行业)、工学结合、提升质量,促进职业教育深度融入产业链,有效服务经济社会发展"的职业教育发展思路,围绕湖南支柱产业、优势产业、战略性新兴产业、现代农业、现代服务业、特色产业的发展要求,"十二五"期间,全省建设一批办学基础条件好、整体办学水平高、行业特色明显、就业质量高,在校企合作体制机制建设、人才培养模式改革、课程体系改革、数字化教学资源建设、教学团队建设、专业教学条件建设、社会服务能力建设等方面有明显特色的专业,形成错位发展、优势互补的专业布局,打造湖南高等职业教育特色专业群,有效满足区域内行业企业发展的需求。

(3) 省级一流特色专业群

根据《湖南省人民政府关于印〈发湖南省全面推进一流大学与一流学科建设实施方案〉的通知》(湘政发〔2017〕3号)精神,湖南省教育厅于2018年开展湖南省高等职业教育一流特色专业群建设项目申报工作,主要从专业群综合情况、师资队伍与教学条件、人才培养、科学研究与社会服务、产教融合、国际合作6个一级指标、30个二级指标进行认定与遴选（表7-5）。

表7-5 湖南省高等职业教育一流特色专业群建设项目认定与遴选指标

一级指标	二级指标	
1 专业群综合情况	1.1	基本情况
	1.2	群里专业情况
	1.3	建设思路
2 教师队伍与教学条件	2.1	专业群教学条件
	2.2	群内专任专业教师基本情况
	2.3	群内专任专业教师情况统计
	2.4	群内领军人才
	2.5	专业群带头人及群内专业带头人
	2.6	群内骨干教师
	2.7	群内兼职教师
3 人才培养	3.1	群内毕业生初次就业率
	3.2	群内学生技能竞赛获奖
	3.3	群内优秀毕业生
	3.4	群内教师教学竞赛获奖
	3.5	群内教学项目
	3.6	群内教学成果
4 科学研究与社会服务	4.1	专业群完成的国家级、省级科研成果
	4.2	专业群立项国家级、省级科研项目
	4.3	专业群横向技术服务
	4.4	专业群技术交易
	4.5	专业群职业技能培训
	4.6	专业群精准扶贫
5 产教融合	5.1	专业群校企合作平台
	5.2	专业群校企合作项目
	5.3	专业群校企合作人才培养

续表

一级指标	二级指标
5 产教融合	5.4 专业群校企合作开发标准
6 国际合作	6.1 专业群全日制国（境）外留学生数
	6.2 专业群非全日制国（境）外人员培训量
	6.3 专业群在校生服务"走出去"企业国（境）外实习时间
	6.4 专业群开发国（境）外认可的行业或专业教学标准和课程标准
7 加分	7.1 思想政治教育
	7.2 人文素质培养
	7.3 质量监控
	7.4 其他
8 减分	8.1 师德师风
	8.2 学校基本办学条件
	8.3 质量监控

4. 专业人才培养方案、专业技能抽查标准（含题库）检查评价

为贯彻落实《教育部关于职业院校专业人才培养方案制订与实施工作的指导意见》（教职成〔2019〕13号）和教育部职成司《关于组织做好职业院校专业人才培养方案制订与实施工作的通知》（教职成司函〔2019〕61号）文件精神，进一步做好湖南省高职高专院校专业人才培养方案制订与实施工作，湖南省教育厅自2019年起开展高职高专院校专业人才培养方案和专业技能考核标准（含题库）检查评价工作。专业人才培养方案检查评价分规范性评审和质量评价，采用随机抽查方式进行。质量评价结果将向社会公布，并与职业教育重点建设项目（专业关联）申报或验收挂钩。

（三）对课程的评价

1. 国家精品在线开放课程认定

2015年4月，教育部印发《教育部关于加强高等学校在线开放课程建设应用与管理的意见》（教高〔2015〕3号），文件提出认定一批国家精品在线开放课程。综合考察课程的教学内容与资源、教学设计与方法、教学活动与评价、教

学效果与影响、团队支持与服务等要素，采取先建设应用、后评价认定的方式，2017年前认定1000余门国家精品在线开放课程。到2020年，认定3000余门国家精品在线开放课程。

课程特色方面，要体现出本课程运用信息技术在课程体系、教学内容和教学方法等方面的改革情况；课程应用方面，要体现本校、其他高校以及社会学习者应用情况及效果；课程建设计划方面，要体现出本课程今后五年继续面向高校和社会开放学习服务计划，包括面向高校的教学应用计划和面向社会开设期次、持续更新和提供教学服务设想等。

2. 省级精品在线开放课程认定

为推动湖南省高等职业院校在线开放课程建设与应用共享，促进信息技术与教育教学深度融合，进一步提升高校教学质量，根据教育部办公厅文件的要求，湖南省教育厅组织开展湖南省高等职业教育精品在线开放课程立项建设和国家精品在线开放课程推荐工作。

省级精品在线开放课程要求思想导向正确、科学性强，大规模在线开放课程特征明显，突出以学生为中心的教学设计，课程建设团队充分开展在线教学活动与指导，课程质量高，共享范围广，应用效果好，示范引领性强。具体评价标准见表7-6。

表7-6 湖南省职业院校高职精品在线开放课程评价指标

一级指标	二级指标
1 教学团队	1.1 课程负责人与主讲教师
	1.2 教学团队结构
	1.3 团队合作
2 教学内容	2.1 教学文件
	2.2 课程内容
	2.3 教材
	2.4 教学资源
3 教学实施	3.1 教学设计
	3.2 教学方法与手段
	3.3 教学模式与组织

续表

	一级指标	二级指标
3	教学实施	3.4 课程管理
4	教学效果	4.1 教学质量
		4.2 企业评价
		4.3 师生评价
		4.4 课程特色

3. 湖南省职业教育优秀教材认定

为深入贯彻《国家职业教育改革实施方案》的总体部署，按照《教育部关于印发〈中小学教材管理办法〉〈职业院校教材管理办法〉和〈普通高等学校教材管理办法〉的通知》（教材〔2019〕3号）和湖南省教育厅《关于加强职业院校课程建设的意见》（湘教发〔2018〕41号）有关要求，加强湖南省职业教育教材建设，湖南省教育厅开展了湖南省职业教育优秀教材认定工作，具体认定标准见表7-7。

表7-7 湖南省职业教育优秀教材认定标准

	一级指标	主要观测点
1	编写理念	1.1 思想政治取向
		1.2 教书育人理念
		1.3 教材编写思路
2	内容质量	2.1 产教契合度
		2.2 内容先进性
		2.3 知识准确性
		2.4 结构系统性
		2.5 教学适用性
3	呈现形式	3.1 以真实生产项目、典型工作任务等为载体
		3.2 满足"互联网+职业教育"发展需求
		3.3 新型活页式、工作手册式、智慧功能式教材
4	编写队伍	4.1 编者团队政治立场
		4.2 编写团队职称结构

续表

一级指标		主要观测点	
4	编写队伍	4.3	编写团队能力水平
5	编印质量	5.1	符合出版要求
		5.2	装帧设计
		5.3	版式规范
6	加分项	6.1	编写理念、内容选择、体系结构、呈现形式等核心要素，具有创造性、新颖性，有开创、引领作用
		6.2	具有明显高于同类产品的权威性、前瞻性
		6.3	教学改革成效明显，育人功能显著

（四）对师资队伍的评价

1. 全国职业院校技能大赛教学能力比赛

为贯彻落实《中共中央 国务院关于全面深化新时代教师队伍建设改革的意见》和《国家职业教育改革实施方案》，实施好《全国职业院校教师教学创新团队建设方案》《教育信息化2.0行动计划》，推进教师、教材、教法改革，加强职业院校"双师型"教师队伍建设，更好地适应教学模式和评价模式改革需要，满足基于工作过程的模块化课程、实施项目式教学要求，推动对接国家教学标准并结合实际开展教学，促进教师综合素质、专业化水平和创新能力全面提升，教育部每年举办全国职业院校技能大赛教学能力比赛。

2. 全国高等体育职业教育教师技能大赛

为贯彻全国教育大会精神，落实立德树人根本任务，适应新时代对体育技术技能人才培养的新要求，体育总局科教司、全国体育职业教育教学指导委员会自2012年起举办全国高等体育职业教育教师技能大赛，设置了说专业、说课程、信息化教学课件制作和教学能力比赛等赛项，全面展示参赛教师教学能力、专业水平、信息技术运用能力和职业素养，检验高等体育职业教育教师综合水平，充分展示高等职业院校在专业建设、课程建设和师资队伍建设等方面取得的显著成效。

3. 湖南省职业院校技能竞赛教师职业能力比赛

为贯彻落实《国家职业教育改革实施方案》，加强职业院校"双师型"教师队伍建设，推进教师、教材、教法改革，促进教师综合素质、专业化水平和创新能力全面提升，湖南省每年举办职业院校技能竞赛教师职业能力比赛。比赛设教师教学能力比赛、教师专业技能比赛、思想政治教育教学能力比赛和中职班主任基本功比赛等赛项。

其中，教师教学能力比赛设公共基础课程组、专业课程组、专业技能课程组，重点考察教学团队针对某门课程中部分教学内容完成教学设计、实施课堂教学、评价目标达成、进行反思改进的能力，分别从目标与学情、内容与策略、实施与成效、教学素养和特色创新等方面进行评价。在目标与学情方面，都要适应新时代对技术技能人才培养的新要求，符合教育部发布的有关要求，紧扣学校专业人才培养方案和课程标准，强调培育学生的学习能力、信息素养、专业精神、职业精神和工匠精神。

4. 湖南省普通高等学校青年体育教师课堂教学竞赛

为进一步推动湖南省高等学校体育课程改革，加强青年体育教师队伍建设，增进青年体育教师之间交流，提高体育课程教育教学质量，湖南省教育厅与湖南省高等学校体育教学指导委员会每年举行湖南省普通高等学校青年体育教师课堂教学竞赛活动。参赛对象为全省普通高校在校专职体育专业课和公共体育课青年教师（40周岁以内）。竞赛分本科公共课组、高职专科公共课组、专业术科组和专业理论组4个组别。

5. 职业教育教师教学创新团队遴选

（1）国家级职业教育教师教学创新团队

为深入贯彻全国教育大会精神，落实《国家职业教育改革实施方案》，2019年6月，教育部印发《全国职业院校教师教学创新团队建设方案》，开展首批国家级职业教育教师教学创新团队遴选推荐工作，面向重点产业领域和民生紧缺领域专业，分专业遴选首批100个团队建设立项单位。

申报国家级职业教育教师教学创新团队重要的标志性成果包括：国家（省）级优质高职建设单位或职教师资培养培训基地、国家级教学成果奖励、国家重点建设专业、国家（省）级特色专业、"双高计划"推荐专业、省级以上名师工作室、技能大师工作室、承担集团化办学、现代学徒制试点或订单培养、国家职业教育专业教学资源库和国家在线开放课程开发、学生在国家级及以上学科竞赛中获奖、重大科技攻关项目或研究课题、教师获国家级奖励等。

(2) 湖南省职业院校专业教学团队

为全面贯彻国务院和湖南省政府关于职业教育改革的系列部署,认真落实湖南省教育厅关于职业院校人才培养工作和课程建设的改革举措,湖南省决定开展2020年湖南省职业院校专业教学团队遴选建设工作,其总体目标是对接国家和湖南省重大战略,服务经济社会和职业教育高质量发展需要,聚焦湖南20个工业优势新兴产业链和民生领域紧缺专业,按照"整体规划、分步实施、择优遴选、培育建设、考核认定"的总体思路,遴选建设一批省级职业院校专业教学团队,将教师个体成长和教学团队建设相结合,示范引领职业院校深化教育教学改革、促进教师专业发展、提升人才培养质量、增强社会服务能力,为加快实现湖南职业教育现代化提供有力的师资保障。

通过高水平教学团队示范,提升教师教学能力和专业技能,落实立德树人根本任务,提高技能人才培养水平,增强技术创新服务能力,辐射带动全省职业院校"双师型"教师队伍建设,努力打造名师引领、骨干支撑、专兼结合、德技双馨的高素质教学团队。

(五) 对人才培养质量的评价

1. 举办各级各类学生技能大赛

(1) 全国职业院校技能大赛

《国务院关于大力发展职业教育的决定》指出,定期开展全国性的职业技能竞赛活动,对优胜者给予表彰奖励。全国职业院校技能大赛是国家层面的比赛,通过多种形式技能竞赛活动,有效地调动职业院校学生学习各类职业技能的积极性,促进专业与职业岗位对接、教材与岗位技术标准对接、学历证书与职业资格证书对接,进一步推动职业教育教学模式和人才培养模式的改革。

(2) 全国高等体育职业教育学生技能大赛

为深入贯彻落实国务院关于职业教育改革相关精神,进一步提升学生职业素质和技能水平,推进"以赛促教、以赛促学、以赛促改",全面展示体育职业教育改革发展的成果,体育总局科教司、全国体育职业教育教学指导委员会自2014年起举办全国高等体育职业教育学生技能大赛。参赛院校逐渐由体育职业院校扩大到办有体育类专业的其他高职院校。

健身指导技能比赛主要内容为健康评价与运动健身处方设计、运动健身处方的实施、实施运动健身处方安全防护、康复及效果评价等；体育营销技能比赛包括运动技能展示、体育营销策划和网店运营实践与报告；跆拳道、网球等运动项目比赛主要包括个人技能展示、教学辅导实操演示和项目（课程）推介。

（3）湖南省职业院校技能竞赛

开展技能竞赛是职业院校教育教学的重要环节，是推进"三教"改革、提高教学质量的重要途径。湖南省教育厅、省人社厅定期组织全省职业院校技能竞赛，充分发挥以赛促学、以赛促教的示范引领作用，促进职业院校加强专业建设和人才培养，并选拔优秀选手参加全国职业院校技能大赛。

（4）体育行业协会组织的各类运动技能大赛

体育行业协会组织的各类运动技能大赛包括全国体育行业职业技能大赛（国家体育总局、中华全国总工会、中华全国体育总会主办）、科研类全国航空航天模型锦标赛（国家体育总局、教育部、科技部联合主办）、"健康湖南"全民运动会大力士（体能王）总决赛（湖南省人民政府主办、湖南省体育局承办、湖南省健身协会协办）和湖南省体育行业职业技能竞赛（湖南省体育局、湖南省人力资源和社会保障厅、湖南省总工会联合主办）。

2. 开展毕业设计与专业技能抽查

为进一步推进产教融合、校企合作，提高学生职业能力，湖南省教育厅发布《关于印发〈关于加强高职高专院校学生专业技能考核工作的指导意见〉〈关于进一步加强高职高专院校学生毕业设计工作的指导意见〉的通知》（湘教发〔2019〕22号），对高职高专院校学生专业技能考核工作和毕业设计工作提出了明确具体的要求。

毕业设计是高职高专院校各专业必修的综合性实践课程，是体现人才培养特色和强化学生专业能力综合训练的重要教学环节，也是学生毕业资格认定的重要依据。

文件明确提出，高等职业院校学校毕业设计抽查结果分校统计，并分析毕业设计抽查整体情况，向社会公布。同时，将学校毕业设计工作纳入抽查范围，主要从管理机制、组织实施和质量监控三个方面进行抽查。学生毕业设计抽查和学校毕业设计工作具体评价指标及权重见表7-8和表7-9。

表7-8 职业院校学生毕业设计抽查评价指标及权重

一级指标	二级指标	指标内涵	分值权重（%）
1 设计任务	1.1 专业性	毕业设计选题符合本专业培养目标；设计任务体现学生进行需求分析、信息检索、方案设计、资源利用、毕业设计成果制作、成本核算等专业能力和安全环保、创新协作等意识的培养要求	5
	1.2 实践性	毕业设计选题贴近生产、生活实际或来源于现场实际项目；设计任务具有一定的综合性和典型性；有助于培养学生综合运用所学的专业知识和专业技能解决专业领域中实际问题的能力	3
	1.3 可行性	毕业设计任务书目的明确，任务具体，进程安排合理，成果表现形式得当	10
	1.4 工作量	设计任务难易程度适当，完成合作的每个学生有独立完成的具体任务	2
2 成果质量	2.1 科学性	毕业设计成果能正确运用本专业的相关标准，逻辑性强，表达（计算）准确；引用的参考资料、参考方案等来源可靠；能体现本专业新知识、新技术、新工艺、新材料、新方法、新设备、新标准等	25
	2.2 规范性	毕业设计成果相关文档结构完整、要素齐全、排版规范、文字通畅，表述符合行业标准或规范要求	15
	2.3 完整性	毕业设计成果体现任务书的要求；物化产品、软件、文化艺术作品等应有必要的说明，说明应包含毕业设计思路、毕业设计成果形成的过程、特点等	25
	2.4 实用性	毕业设计成果可以有效解决生产、生活实际问题	15

表7-9 职业院校学校毕业设计工作评价指标及权重

一级指标	二级指标	指标内涵	分值权重（%）
1 管理机制	1.1 管理机构	有明确的管理机构，并确定各管理部门的工作职责，统筹、协调、组织、实施、考核和监督分工明确	5
	1.2 管理制度	制订了毕业设计工作的相关管理制度，对毕业设计工作安排、毕业设计任务分配、指导教师配备、毕业设计教学组织、毕业设计成果要求、毕业设计成果考核做出了明确规定；建立了毕业设计工作问责机制	10

续表

一级指标	二级指标	指标内涵	分值权重（%）
1 管理机制	1.3 相关标准	毕业设计作为必修课列入了各专业人才培养方案；各专业制订了相应毕业设计标准，对毕业设计课题选择、实施流程和技术规范等进行了具体的规定	5
2 组织实施	2.1 工作布置	实施部门制订了详细的毕业设计工作方案，对院（系）毕业设计工作进行统筹安排和布置	5
	2.2 教师配备	配备了数量足够、结构合理的指导教师队伍，指导教师具有中级以上专业技术职务，每位教师指导学生数不超过15人；探索了毕业设计"双导师"制	5
	2.3 任务下达	指导教师给每位学生下达了毕业设计任务，同一选题不超过3名学生同时使用，学生独立完成设计任务；毕业设计选题每年更新30%左右，每4年全部更新一次	10
	2.4 教学组织	指导教师全程指导学生完成毕业设计选题、制订工作计划、开展毕业设计、形成毕业设计成果、参加毕业设计答辩等；毕业设计指导记录完整，指导过程真实有效	10
	2.5 考核评价	毕业设计成果评价、答辩评价等环节规范实施，有评价记录，评价结果客观	10
3 质量监控	3.1 监控运行	学校制定了毕业设计质量监控标准，开展了毕业设计抽查工作	5
	3.2 毕业设计成果质量	学生毕业设计成果质量普遍较高，未发现任何形式的剽窃与抄袭	30
	3.3 结果运用	学校将毕业设计质量抽查结果与部门工作及教师个人考核挂钩	5

专业技能培养是学校教育教学的核心任务之一。考核学生专业技能是否适应相应专业技术岗位要求是专业人才质量评价的重要内容。

2010年，湖南省教育厅提出为提升职业教育人才培养质量，建立健全质量保障体系，必须解决高职院校专业教学质量"谁来监控""监控什么"的问题，通过近十年的探索，构建了以岗位能力为核心、以作品为载体的标准体系；构建了产教深度融合的标准开发与抽查组织实施模式，校企共同组织抽查；构建了以技能抽查制度为基础、校企共同评价为核心的质量监控机制，与传统的质量检测比较，变理论考试为技能测试，变考核学生为评价学校，变封闭评价为开放评价；有效促进了专业建设、教师队伍建设、人才培养质量提升、专业服务产业和质量管理机制创新，把技能抽查结果作为评价专业建设质量、教师绩效考核和学生质量的重要依据。开展专业技能考核工作，可以促使学校进一步完善实践教学体系，加强实践教学管理，深化工学结合教学模式改革；可以促进学校改善教学条件，推进企业新技术、新工艺、新标准融入专业教学，提高教师教学水平和学生实践能力，深入推动产教融合。

3. 毕业生就业率统计与就业工作"一把手工程"专项督查

高校毕业生就业创业情况关系国计民生、关乎国家安定，是党和国家、社会广泛关注的焦点、热点。做好高校毕业生就业创业工作，加强对高校毕业生就业情况统计与监测，对于了解、评价高校的人才培养工作，研究制定高校毕业生就业政策，出台工作措施具有十分重要的意义。教育部、湖南省教育厅印发了一系列文件，要求对毕业生就业率进行统计、监测和公布，启动了高校毕业生就业"一把手工程"督查机制，坚持每两年开展一次专项督查，评价指标见表7-10。

表7-10 高等学校毕业生就业工作"一把手工程"督查评价指标

一级指标	二级指标	三级指标
1 领导重视及条件保障	1.1 领导重视	学校发展规划；毕业生就业工作领导小组
		毕业生就业工作方案
		完善的毕业生就业工作制度
		将毕业生就业工作作为考核的重要内容
		开展毕业生就业状况调查分析
	1.2 队伍建设	足额配置就业专职人员
		就业专职人员的培训
		配足授课教师
	1.3 工作条件	就业工作专用房配置
	1.4 工作经费	就业工作专项经费

续表

一级指标	二级指标	三级指标
2 就业工作及效果	2.1 政策落实	落实国家和省政策方针
	2.2 信息服务	用人单位需求信息收集与发布
		毕业生就业信息网站建设
	2.3 就业指导	开设《大学生职业发展与就业指导课》
		制定就业指导课程教学大纲
		开展职业生涯规划与就业指导活动
		就业指导教材选用
	2.4 创业教育与实践	创新创业教育开展情况
		大学生创业实习或孵化基地建设情况
	2.5 市场建设	制订年度就业市场整体建设方案
		构建供需合作关系
		组织校园招聘活动
	2.6 工作效果	毕业生就业工作
		毕业生就业主管部门组织的各类评比及竞赛活动
	2.7 研究工作	专题调查和研究工作,毕业生就业跟踪调查和满意度调查工作

二、企业评价

企业评价是现代职业教育人才培养价值的直接体现,最具有效度,体现了评价的结果性。

(一) 企业对职业院校人才培养工作的评价

企业对职业院校人才培养工作的评价主要从学校办学与人才培养、师资队伍、课程建设、实践教学、社会声誉等方面进行。具评价指标体见表 7-11。

表 7-11　企业对职业院校人才培养工作的评价指标

一级指标	二级指标	评价内容
1 学校办学与人才培养	1.1 学校事业发展规划	学校事业发展规划与区域经济发展规划的匹配度
		专业与当地产业匹配度
	1.2 办学目标与定位	全日制普通高职办学规模
		短期培训种类与规模
	1.3 对人才培养重视程度	人才培养经费投入情况
		教师培训进修经费
		学生奖学金发放情况
		企业订单学生所占比例
2 师资队伍	2.1 专任教师	专任教师企业一线工作经历
	2.2 兼职教师	兼职教师承担实践技能课程教学的比例
		兼职教师教学能力培训情况
		年支付企业兼职教师课酬
3 课程建设	3.1 课程内容	课程体系设置情况
		课程教学目标确定
		课程教学内容选择
		校企合作开发课程情况
	3.2 教学方法手段	课程教学设计（教学做一体）
		教学方法、手段、考试/考核方法
		授课地点选择
	3.3 实践课程主讲教师	行业企业技术骨干担任实践课程教师情况
	3.4 教学资料	选用行业最新教材情况
		校企合作开发实训教材情况
4 实践教学	4.1 顶岗实习	校外实习基地情况
		年生均校外实训基地实习时间
	4.2 实践教学课程体系设计	行业企业参与教学方案设计情况
		实践类课程占总学时的比例
		专业课程设置

续表

一级指标	二级指标	评价内容
4 实践教学	4.2 实践教学课程体系设计	专业产学合作
	4.3 实践教学管理	实训、实习管理制度
		校内实践教学管理人员配备情况
		校外实习指导教师配备情况
	4.4 实践教学条件	校内实训基地和校外实习基地教学条件
		实践教学经费保障情况
		专业合作、社会捐助情况
	4.5 双证书获取	毕业生职业资格证书获取率
5 社会声誉	5.1 生源	第一志愿上线率、报到率
	5.2 就业	直接就业率、对口就业率
	5.3 社会服务	教师技术服务情况
		社会技能培训开展情况
		政府购买服务到款额、技术服务到款额

（二）企业对职业院校教师的评价

在深度参与学校专业论证、课程设置、人才培养方案编制、教材编写及教育教学等过程中，行业企业对教师的专业水平、实践操作能力有较深的了解，是教师评价的重要一方。因此，应赋予行业企业评价权利，尤其是在职业院校教师技能水平考核、职业资格或技能等级证书培训与考核、教师下企业实践锻炼等环节中，使行业企业介入学校教师专业水平评价中。

1. 参与职业院校教师技能水平考核

按照职业教育的要求，教师的技能水平与教学能力同等重要，教师技能水平的高低甚至直接影响到学生技能水平的高低。因此职业院校在开展教学运行质量监控时，不仅要测试教师的教学能力，还要测试教师的技能水平。在测试教师技能水平的过程中，行业企业是专业课教师专业技能同行评议中必不可少的组成部分，具有完全的评价能力。

2. 开展职业资格或技能等级证书培训与考核

在职业教育师资队伍建设中,"双师型"教师队伍的建设是非常重要的一个方面,在各类职业资格证书的培训与考核中,行业企业要发挥重要的指导与评价作用,对教师的专业理论、职业素养和专业能力进行综合评定,使教师通过培训与考核,真正做到课程标准对接职业资格证书标准,考核内容融入教学内容。

在职业院校实施"1+X"证书制度,是深化复合型技术技能人才培养培训模式、评价模式改革和提高人才培养质量的重大制度创新。在"1+X"证书制度推行的过程中,需要大量的培训师,更需要职业院校专业教师在课程教学中去贯彻落实国务院、教育部和省教育厅的文件精神。企业作为"X"证书开发组织和培训评价组织重要的组成部分,应对职业院校教师的专业素质和技能等级进行评价。

3. 接收教师下企业实践锻炼

国务院在《国家职业教育改革实施方案》中提出,实施职业院校教师素质提高计划,建立100个"双师型"教师培养培训基地,职业院校、应用型本科高校教师每年至少1个月在企业或实训基地实训,落实教师5年一周期的全员轮训制度。针对教师下企业实践锻炼,行业企业是当之无愧的评价主体,对教师专业实践能力、解决行业企业生产管理问题和开展企业人员培训等方面进行评价。

(三) 企业对职业院校学生的评价

企业为职业院校学生成长提供了必不可少的学习资源、学习渠道和实践操作训练平台。行业企业的岗位标准和用人标准是学校教育教学标准的重要参考,是学生技能水平和专业发展评价的重要依据。教育部门和学校应充分让渡出学生评价的权利,使行业企业真正成为评价的主体,掌握评价的主动权。在领域上,实践教学是行业企业评价地位显现和作用发挥不容置疑的主阵地。在时间上,行业企业对学生的评价应贯穿学生成长的始终,从招生录取到入学学习,再到毕业考核,乃至毕业后进入劳动力市场的职业生涯发展。企业对职业院校学生的评价主要是充分参与学生学业评价和毕业生满意度评价。

1. 企业专家参与专业课程考核

合作企业与职业院校共同制定人才培养方案。校企共育人才的同时,行业企业专家也要参与职业院校课程考核,根据课程目标和考证要求,确定课程考核标准,改革考核方式,全方位评价教学质量,包括评价学生态度、职业素质和专业技能水平。

2. 企业专家参与专业技能和毕业设计抽查工作

为进一步完善湖南省高职高专院校学生专业技能抽查和毕业设计抽查工作（以下简称两项抽查工作）评审专家库，2020年3月，湖南省教育厅印发《关于推荐高职高专院校学生专业技能抽查和毕业设计抽查评审专家的通知》，要求各院校在全国职业院校专业设置管理与公共信息服务平台备案的专业均须推荐专家，每个专业推荐专家不少于3名，且行业企业专家至少1名。这从制度上保障了行业企业专家对职业院校人才培养质量的评价。

3. 企业专家指导学生顶岗实习

顶岗实习是职业院校培养学生实践能力的重要环节，为进一步规范职业学校学生实习管理，维护学生、学校和实习单位的合法权益，提高技术技能人才培养质量，更好服务产业转型升级需要，依据教育部等五部门联合印发的《职业学校学生实习管理规定》及相关法律法规、规章，2019年2月湖南省教育厅印发了《湖南省职业学校学生实习管理实施细则》，文件规定职业学校和实习单位应当建立校企"双导师"指导制度，根据实习工作需要，分别选派经验丰富、业务素质好、责任心强、安全防范意识高的实习指导教师，聘请实习单位技术骨干、能工巧匠为兼职指导教师，全程指导、共同管理学生实习。自主顶岗实习时，原则上由实习单位安排技术骨干进行指导和管理。实习结束后，学生先进行自我总结，然后企业实习指导老师对学生实习期间的思想素质、工作表现和综合能力做出评价。

4. 用人单位对毕业生进行满意度评价

用人单位可以通过人力资源部门考核、校企座谈会等对毕业生的思想道德素质、身心素质、综合素养、知识结构、专业技能水平、自我管理能力、职业沟通能力、团队合作能力、协调能力、组织管理能力、信息收集和处理能力、独立思考能力、独立工作能力、解决问题的能力、创新创业能力、创造卓越绩效能力和总体满意度等进行评价，对职业院校人才培养工作提出意见和建议。

企业作为用人单位，对职业院校办学和人才培养有着非常直观的感受，企业的评价对职业院校人才培养工作具有重要的借鉴价值。总之，在健全职业教育的第三方评价机制上，应充分发挥企业的主体性作用，横向上拓宽企业评价的广度，纵向上增加企业评价的深度，切实筑起职业教育高质量发展的监督机制和评价堡垒。

三、社会评价

(一) 第三方机构评价

专业教育评估服务机构和专业学会等第三方机构可提供高职教育质量评价、督导评估、专业评估、专业认证、决策咨询等服务，为高职院校教育质量评价保障提供依据。作为专业教育评估服务机构的麦可思数据（北京）有限公司，长期为国内高校提供年度数据跟踪与咨询服务，每年出版《中国大学生就业报告》（又称《就业蓝皮书》），与上海市教育科学研究院合作撰写《中国高等职业教育质量年度报告》，与厦门大学合作成立了厦门大学-麦可思中国高等教育数据中心，与西安交通大学共建高等教育质量评价协同研究中心，与西南政法大学合作成立法学专业人才培养与评价协同研究中心。国家教育咨询委员会委员胡瑞文认为："教育评价需要一个客观、公正的和高校没有竞争关系的第三方机构实施。麦可思能得到这么多高校的信任，是非常可贵的。"

中国高等教育学科奠基人潘懋元先生认为："麦可思的《就业蓝皮书》数据翔实，统计分析精辟。期刊《麦可思研究》能及时反映高等教育发展特别是大学生就业的最新情况，对高等教育现状研究有重要的参考价值。"《麦可思研究》自媒体平台与教育部"微言教育"一同荣获搜狐2015年度教育自媒体奖，并荣获腾讯教育盛典2017年度最具价值自媒体。

政府要高度重视、大力支持高职教育第三方评估机构的发展，营造公平、公正、独立、透明的第三方高职教育质量评价环境。高职院校要主动引入购买第三方高职教育质量评价服务，对学校的教育教学质量、服务水平、办学条件、师资力量、就业状况等开展评估和监测，充分发挥第三方的独立评价作用，增强第三方评估机构的外部质量保障的监督评价效力，以优化办学资源配置，改革产教协同人才培养模式，修订校企合作人才培养方案，促进高职院校内部质量保证体系建设与诊改[1]。

1.《中国高等职业教育质量年度报告》

《中国高等职业教育质量年度报告》从第三方的视角，以大量的数据分析为

---

[1] 郭广军，金建雄. 高职教育外部质量监管评估体系研究[J]. 中国职业技术教育，2019 (25): 78-85.

支撑，全景展现我国高等职业教育一年来的发展质量。报告共分六个部分：学生发展——从学生培养到学生就业状况数据分析；教育教学——从高职院校专业建设入手对学校的教学状况进行分析；政府责任——介绍各地方政府对高职教育的支持和履行责任等方面内容；国际合作——重点介绍我国高职院校对接"一带一路"倡议，服务"走出去"的进展；服务贡献——介绍高职院校服务地方产业发展和乡村振兴等方面的内容；面临挑战——主要阐述制约高职教育高质量发展的内外部因素。2019年报告除继续发布"教学资源50强""国际影响力50强""服务贡献50强"榜单外，还发布了"育人成效50强"榜单，凸显对高等职业教育立德树人的重视。

2. 高等职业院校毕业生就业质量年度报告

政府就业部门要加强对高校就业质量年度报告的质量监管，要积极引入社会第三方机构参与毕业生就业质量的调查、评价工作，保证就业数据的真实性和有效性，提高质量报告的权威性和公信力。

3. 中国高职高专院校竞争力排行榜

杭州电子科技大学中国科教评价研究院和浙江高等教育研究院、武汉大学中国科学评价研究中心联合中国科教评价网共同推出金平果排行榜，又称"中评榜"，金平果2019年中国高职高专院校竞争力排行榜，其中包括高职教育地区竞争力排行榜、高职院校综合竞争力排行榜、高职分类型排行榜和高职分地区排行榜等共计41个高职榜单，它属于《中国大学及学科专业评价报告（2019—2020年）》的高职高专部分，该报告全面、系统、公正、客观地评价了中国（除港澳台地区）2613所大学的实力和水平。

金平果2019年高职高专排行榜采用得分、排名与等级相结合的表示方法，共设立了4个一级指标、22个二级指标和70多个观测点（表7-12）。指标体系设计着重考虑并兼顾规模与效益、数量与质量、教学与科研以及社会科学与自然科学的平衡关系，既有绝对数指标也有相对数指标。

表7-12　2019年中国高职高专院校综合竞争力评价指标体系

一级指标	一级权重	二级指标
办学条件	0.25	建筑面积、占地面积、教学仪器、生均仪器、图书总量、生均图书、教育经费、教研基地

续表

一级指标	一级权重	二级指标
师资力量	0.225	杰出人才、专职教师数、高职比双师比、生师比、教学团队
科教产出	0.325	在校生数、就业率、优势专业、教学成果、科研项目、科研论文、专利
学校声誉	0.2	社会声誉、学术声誉

4. 第三方机构对职业院校人才培养质量的评价

（1）在校学生成长评价

在校生成长评价主要从新生教育与适应性、学习行为、专业认知与职业成熟度能力素养增值四个方面进行评价，具体评价指标见表7-13。

表7-13　在校学生成长评价指标体系

一级指标	二级指标	评价内容
1 新生教育与适应性	1.1 迎新活动	社团招新、迎新联欢会、专业认知教育、心理健康指导、学校生活介绍
	1.2 社团活动	学术科技类、社会实践类、公益类、社交联谊类、文化艺术类、表演艺术类、体育户外类等各类社团活动、各学院社团活动的参与度
	1.3 适应性问题	遇到问题及未缓解的比例、遇到各类问题及未缓解的比例：学习问题、经济问题、生活问题、人际关系问题、恋爱问题
	1.4 退学意愿	所选专业与自己预期不符、想读本科、不适应本校的生活、学费高、就业前景差、不适应本校的学习
2 学习行为	2.1 学习主动性	认真对待作业、合理分配学习时间、课后复习笔记、专心上课、借鉴他人的学习方法、与同学讨论问题、与老师讨论问题、搜集/阅读参考资料、总结所学知识、制订短期学习计划
	2.2 课外学习	课外学习时间
	2.3 竞赛活动与考证	参加各类竞赛活动的比例、竞赛活动需要改进的方面、考取各类证书人群的比例、考取各类证书的原因、考证人群行为分析
	2.4 毕业设计/项目	完成的总体情况（很顺利、顺利、不顺利、很不顺利）、花费的时间、对指导老师的满意度、与指导老师交流的频度、希望学校在毕业设计/项目方面提供的指导

续表

一级指标	二级指标	评价内容
3 专业认知与职业成熟度	3.1 转专业意愿	有意转换专业的比例、想转入转出的专业比例、有意转换专业的最主要原因
	3.2 专业认同度	总体专业认同度、各学院/专业认同度、专业认同度影响因素分析及改进、专业认知教育的参与度与满意度、对专业的认知情况（专业的就业与发展、知识体系、课程设置、技能要求、职业素养要求）
	3.3 职业成熟度	职业成熟度（职业目标、职业自信、职业自主、职业参照四个维度）、职业期待错位率、职业错位率
4 能力素养增值	4.1 德育增值	遵纪守法、诚实守信、环境意识、乐于助人、关注社会、包容精神、人文美学、勤俭朴素、人生的乐观态度
	4.2 基本能力增值	创新能力：科学分析、批判性思维、积极学习、新产品构思四种能力
	4.3 职业素养增值	环境适应能力、协作解决问题能力、压力承受能力、责任约束感、信息获取和选择能力、忠诚度认识、洞察力、策略谋划能力
	4.4 职业发展能力增值	自我定位能力、工作搜寻能力、职业规划能力、持续学习能力、资源掌控能力、自我行销能力

注：此指标体系源自麦可思公司。

（2）应届毕业生培养质量评价

应届毕业生培养质量主要从就业质量、教学培养过程反馈两方面进行评价，具体评价指标见表7-14。

表7-14 应届毕业生培养质量评价指标体系

一级指标	二级指标	评价内容
1 就业质量	1.1 就业计分卡	就业率、月收入、专业相关度、校友满意度、自主创业比例
	1.2 就业情况	就业率（总体就业率变化趋势、毕业去向分布）、月收入（总体月收入变化趋势、月收入分布、主要从事职业的月收入、主要就业行业的月收入）、工作与专业相关度、就业现状满意度、职业期待吻合度、离职率

续表

一级指标	二级指标	评价内容
1 就业质量	1.3 社会需求	职业特色（职业需求变化趋势、主要专业毕业生实际从事的主要职业）、行业特色（行业需求变化趋势、主要专业毕业生实际就业的主要行业）、用人单位特色（类型变化趋势、不同类型用人单位的月收入、各专业毕业生的用人单位类型、规模变化趋势）、区域贡献度（主要就业城市需求及其月收入）
	1.4 创新创业教育达成情况	自主创业现状（比例变化趋势、职业类/行业类、动机、资金来源）、创新创业教育培养（创新能力满足度变化趋势、创新创业教育分析、创新创业教育最需要改进的地方、创业教育对毕业生创业能力、知识和素养方面的影响、对自主创业帮助最大的活动）
2 教学培养过程反馈	2.1 教学对人才培养的支撑情况	教学建设效果评价（教学满意度变化趋势、各专业毕业生的教学满意度）、核心课程建设效果评价（总体核心课程重要程度及满足度变化趋势、主要专业核心课程有效性综合评价）、教学改进需求（对教学的整体改进需求、重点关注专业、实践教学改进需求）、师生互动（与任课教师课下交流程度、各专业毕业生与任课教师课下交流程度）
	2.2 能力/知识/素养培养达成情况	培养目标了解程度（总体了解度、各方面了解程度、各专业毕业生的培养目标了解度）、毕业要求了解度（总体了解度、各专业毕业生的毕业要求了解度）、素养培养达成情况（积极努力、追求上进、乐观的人生态度、包容精神、遵纪守法、关注社会、诚实守信、乐于助人、勤俭朴素、环境意识、人文美学）、基本工作能力培养达成情况（总体基本工作能力满足度、主要专业类最重要的基本工作能力及培养效果）、核心知识培养达成情况（总体核心知识满足度、主要专业类最重要的核心知识及培养效果）
	2.3 职业资格证书	获得职业资格证书的比例、各专业毕业生获得职业资格证书的比例

注：此指标体系源自麦可思公司。

(3) 毕业生培养质量中期评价

毕业生培养质量中期评价主要从中期发展、培养过程反馈、创新创业情况、优秀毕业生影响因素和声誉建设五个方面进行，具体评价指标见表7-15。

表 7-15 毕业生培养质量中期评价指标体系

一级指标	二级指标	评价内容
1 中期发展	1.1 职业领域	职业行业流向（毕业生总体就业状态分布、毕业生职业分布、各院系/专业毕业生主要从事职业、毕业生行业分布、毕业生主要行业的发展信心度）、工作与专业相关度（毕业生工作与专业相关度、各院系/专业毕业生的工作与专业相关度）、岗位职称（总体岗位类型、技术/职称级别、行政级别、管理类毕业生的职务层级）
	1.2 职业发展	职位晋升（晋升比例、晋升频度分布、晋升次数、各院系/专业毕业生职位晋升比例）、薪资水平（总体月收入、各院系/专业毕业生的月收入、主要职业类的月收入、主要行业类的月收入）、就业现状满意度（总体就业现状满意度、各院系/专业毕业生的就业现状满意度）
	1.3 能力达成情况	各项能力达成度（理解性阅读、批判性思维、服务他人、针对性写作、科学分析、协调安排、有效的口头沟通、新产品构思、解决复杂的问题、积极学习）、各院系毕业生能力达成度
2 培养过程反馈	2.1 在校培养评价	总体评价、各院系/专业毕业生对在校培养的评价、工作与专业相关/无关人群对在校培养的评价、职位晋升/未晋升人群对在校培养的评价
	2.2 教学评价	对母校教学的满意度评价（教师指导的效果、与其他同学互动学习的经历、学业规划与来自教师的建议、理论与实际相结合的教学模式、跨学科学习经历、学习的自主性）、各院系/专业毕业生对母校教学的满意度评价、满意度低的教学环节的院系分析、职位晋升/未晋升毕业生对母校教学的满意度评价
	2.3 课程评价	对专业课程设置的合理度评价、希望加强培养的课程类型、各院系/专业毕业生对专业课程设置的合理度评价、通识教育对职业发展的重要度、各类通识教育需要加强的比例、对通识教育的满意度评价、各院系/专业毕业生对通识教育的满意度评价
	2.4 能力培养分析	在校经历对各项能力的影响（理解性阅读、批判性思维、服务他人、针对性写作、科学分析、协调安排、有效的口头沟通、新产品构思、解决复杂的问题、积极学习）
3 创新创业情况	3.1 自主创业比例	自主创业比例、自主创业所在地区
	3.2 自主创业状态	自主创业项目与专业相关的比例、自主创业项目的盈利情况、自主创业项目的雇员人数
	3.3 创新创业教育反馈	创新创业教育的参与度和有效性（创业辅导、创业实践、创业教学课程、创业竞赛活动）、创新创业教育最需要改进的地方（创新创业教育课程缺乏、创新创业类实践活动不足、教学法不适用、创新创业课程教师不具备实践经验）

续表

一级指标	二级指标	评价内容
4 优秀毕业生影响因素	4.1 背景因素	性别分布、高中阶段的学校类型、父母的最高教育水平、父母所属职业阶层
	4.2 学校因素	在校参与的活动类型分布（社团活动、社会实践活动、文体活动或比赛、社区或志愿者服务、学术讲座、专题讲坛/讲堂、科学技术或专业相关竞赛、国际交流、学习、科研项目）、在校经历（获得校级及以上奖励、学生干部、在校入党、社团干部）
	4.3 培养反馈	优秀毕业生对在校培养的评价、优秀毕业生中期各项能力的达成度（理解性阅读、批判性思维、服务他人、针对性写作、科学分析、协调安排、有效的口头沟通、新产品构思、解决复杂的问题、积极学习）、优秀毕业生对教学的评价（教师指导的效果、与其他同学互动学习的经历、学业规划与来自教师的建议、理论与实际相结合的教学模式、跨学科学习经历、学习的自主性）、优秀毕业生认为需要加强的课程类型（实践实训课程、专业核心课程、跨专业的拓展课程、公共课程）、优秀毕业生认为需要加强的通识教育（综合素质类、自然科学类、社会科学类、人文社科类、公共艺术类）、优秀毕业生认为工作中职业素养的重要度（环境适应、协作解决问题、压力承受、信息获取和选择、洞察力、责任约束感、策略谋划能力、忠诚度认识）、优秀毕业生认为工作中职业发展能力的重要度（持续学习、自我定位、职业规划、资源掌控、自我行销、工作搜寻能力）
5 声誉建设	5.1 校友推荐度	毕业生对母校的推荐度、各院系/专业毕业生对母校的推荐度
	5.2 校友关注度	毕业生对母校的关注度、各院系/专业毕业生对母校的关注度、毕业生关注母校的途径（母校APP、微信或微博等平台、搜索母校相关新闻、回访母校、联系老师了解母校动态、阅读母校网页）、毕业生与母校间的联系程度
	5.3 校友回馈度	毕业生对母校的回馈度、各院系/专业毕业生对母校的回馈度、毕业生回馈母校的途径（向他人推荐母校、向用人单位推荐校友、反馈培养建议、参加母校组织的活动、在母校发布招聘启事、帮助母校的校企合作、为母校筹集或捐赠财物）
	5.4 社会声誉评价	毕业生对母校的社会声誉评价
	5.5 校友服务	在母校组织校友聚会活动、使用母校的图书馆系统、建立校友查询网、通报母校最新信息、提供校友刊物、在本人所在地组织校友聚会活动、提供学校的永久性电子信箱

注：此指标体系源自麦可思公司。

（二）家长评价

著名的教育家苏霍姆林斯基曾这样说过："最完备的教育是学校与家庭的结合。"作为职业教育质量的评价主体之一的职业院校学生家长，他们是学校教育的直接"消费者"，家长的信任和支持是学校的宝贵财富，学校的办学和人才培养往往离不开家长的大力支持。他们关注职业教育的发展，期待职业教育质量的提高，他们的评价最大限度地影响着职业教育的发展。积极构建职业教育质量的学生家长评价平台，对于职业教育的持续健康发展有着十分重要的意义。学生家长对职业教育质量的评价主要分为对学校、教师和学生的评价。

1. 对学校的评价

家长对学校的评价主要包括硬件建设和软件建设两个方面。硬件包括校园环境、教学场所、实习实训设备、学生宿舍、食堂、医务室和图书馆等。软件包括学校的综合实力、专业建设水平、师资队伍、教学管理、学生管理、后勤管理、校园文化与社会声誉等。

2. 对教师的评价

百年大计，教育为本；教育大计，教师为本。教师是学校办学水平和人才培养质量的关键。教师的工作态度、专业能力和教育教学能力都是家长对职业院校教育质量评价的必要因素。家长关注教师是否热爱教育事业，是否具有高尚的师德师风，关注教师是否具有扎实的专业基础和过硬的专业技能，也关注教师对学生的教育引导和关心爱护程度。教师的教育教学能力和专业能力体现在对学生感染力和影响力上，也体现在教学效果上。

3. 对学生的评价

家长对职业院校人才培养质量的评价分为对在校生和毕业生的评价。对在校生的评价主要看学生在校期间人生观、世界观、价值观、思想品德、综合素养养成和学业成绩等情况；对毕业生的评价主要包括就业率、就业质量和可持续发展能力等。

孩子入校后，家长首先会关注孩子的思想道德品质，关注孩子是否树立了正确的人生观、世界观和价值观；是否具备健康的体魄和良好的个性心理；是否养成健康的生活方式和良好的行为习惯；是否具备基本的道德素养和社会公德；是否形成了高尚的道德认知和文明行为等。学业成绩方面，家长主要关心孩子在校期间对必备的文化基础知识、专业基本理论掌握与应用等情况，即关注孩子的文化修养和专业技能水平。

在对毕业生的评价中，家长首先会关注孩子就读专业的就业率，就业率能直接反映职业院校的办学水平，有较高的公信力和可比性；其次，家长会关注就业质量，主要包括平均薪资水平、就业单位层次、工作环境、工作条件、专业对口率、职业稳定率、岗位满意度、职业发展空间、岗位晋升率、自主创业及对口升学等情况。在对就业质量评价时，家长往往会关注毕业生的成才典型，以此来判断该专业毕业生的发展潜力，这也是职业院校学生质量社会评价的一个重要外在指标。

四、教师评价

教师评价可以从对学校、教师和学生的评价三个方面进行。

（一）教师对学校的评价

从广义的角度来看，教师对职业院校的评价包括对学校的总体满意度、对干部队伍、教学系部、教辅部门和职能部门的评价。

总体满意度方面，工作环境主要从学校所处地域、行业及发展前景、社会声誉、校园文化氛围、学校福利待遇和规章制度等方面考虑，能否提高教师身心健康水平和职业幸福指数，激发教师的工作活力；专业发展主要从教师学科背景与学校专业的契合度、学校政策和制度对教师职业生涯规划、专业成长与职业发展的支持度方面进行评价，如学校的培养培训、绩效考核、教师奖惩、职称评审与教师聘用等制度。与此同时，教师对学校的评价还涉及干部队伍、教学系部、教辅部门和职能部门的评价，具体指标见表7-16。

表7-16 教师对学校的评价指标体系

一级指标	二级指标	主要内容
1 总体满意度	1.1 工作环境	学校所处地域、行业及发展前景
		学校社会声誉
		校园文化氛围
		学校福利待遇
		学校规章制度

续表

一级指标	二级指标	主要内容
1 总体满意度	1.2 专业发展	教师学科背景与学校专业的契合度
		支持教师专业发展的政策和制度（完善、科学、公平）
		促进教师专业发展的途径及举措（有效）
2 干部队伍	2.1 领导班子	把握正确政治方向、发挥政治功能、履职尽责、担当作为、防范化解风险、科学谋划能力、遵守政治纪律和政治规矩、落实全面从严治党责任情况
	2.2 中层干部	总体评价和个体评价（德、能、勤、绩、廉）
3 教学系部	3.1 专业建设	专业群建设情况、人才培养方案、专业技能抽查标准等
	3.2 课程建设	国家级、省级、院级精品在线开放课程建设情况、优质教材建设情况
	3.3 教学团队	国家级、省级专业教学团队立项情况、教师参赛获奖情况
	3.4 教学管理	管理制度完善、管理过程规范、教学管理有效、教学质量
	3.5 人才培养	职业核心能力与"五格"素养培养、就业创业情况、可持续发展情况
4 教辅部门和职能部门	4.1 履职情况	履行部门职责情况、部门工作目标任务完成情况
	4.2 履职效果	服务意识
		管理育人与服务育人效果

（二）教师对同行的评价

2016年8月，《教育部关于深化高校教师考核评价制度改革的指导意见》重点强调高校教学评价的重要性，旨在通过"完善教学质量评价制度，多维考评教学规范、教学运行、课堂教学效果、教学改革与研究、教学获奖等教学工作实绩"，让教学评价真正发挥作用，解决目前大学教学评价中存在的诸多不足。

有效监控和评价教学质量能有效支持学生达成学习目标，同行评价是评教的重要组成部分，他们能从专业角度为教师教学提出参考意见，并能客观判断课程教学是否达成教学目标，主要解决专业教学遇到的棘手问题和学生实际需求。通过向教师反馈教学意见，促进内部教学交流，以提升教学质量。

评价前，被评价者需要填写教学评价计划表，除了被评价者的姓名、所教课程等基本信息外，被评价者需要写明学生的背景信息，包括学生人数与显著特征、学生之前的学习反馈情况、预计将会遇到的教学挑战等。课堂教学质量评价指标、主要内容和分值见表7-17。

表7-17 课堂教学质量评价表

指标	主要内容	分值
1 教学态度	遵守作息时间，按时上下课	20
	备课充分（课前器材准备充分），教学资料齐全规范	
	讲课熟练（讲解和示范熟练），仪表端正，精神饱满	
	严格要求，善于管理，责任心强	
	重视课堂建设，勇于教学创新	
2 教学内容	教学目标明确，内容科学，概念准确	30
	内容充分、系统，深度适宜（内容丰富，运动量适度），符合大纲要求	
	教学进度与授课计划相符	
	注意吸收该学科最新成果（最新技术），对相关知识（技术）游刃有余	
	重视联系实际，举例贴切，诱导探索思考（突出技能训练，做到精讲多练）	
	突出重点少而精，讲清难点深入浅出	
	总结当堂授课要点，作业布置得当	
	结合教学内容指导学习方法和研究方法（练习方法）	
3 教学方法	教学过程优化，教学组织合理，能有效利用课时	20
	语言准确、简练、生动流畅，使用普通话	
	板书工整、简洁、有条理，字体规范、清楚美观（示范准确、动作技能娴熟，纠正错误动作及时）	
	教学方法灵活，启发性强，能激发学生求知欲	
	开展双向交流，注意发挥学生主体作用	
	善于运用现代化教学手段及图表、教具、实物等	
4 教学效果	学生注意力集中，兴趣浓，课堂气氛好	20
	有利于较好地掌握课堂上的知识（和技能）形成	
	有利于分析和解决问题及创新能力的培养	
	有利于思想素质和学习能力的提高	
	课堂教学具有艺术性，具有个性	
5 教书育人	在品德、言行、举止、作风上为人师表，以身作则	10
	寓思想教育于教学过程之中，能提高学生的综合素质	

考虑不同学科和专业对教学的要求,在参照以上评价标准进行评价时,评价者要给予教师基于证据的描述性反馈,要着重从以下方面进行详细记录。

1. 教师如何激发学生的学习热情

评价者要关注学生对教师教学的反应,包括学生的整体学习热情,教师是否有激发学生学习的专门环节或方法,以及学生的学习热情是否在某个阶段明显降低。同时,还应当关注自己的听课感受,教师教学是否对自己有启发,哪些环节特别引人入胜等。要重点记录教师采用了哪些方法,吸引并保持了学生持续的注意力。

2. 教师在课堂上的交流沟通是否有效

这里的"交流沟通"有两层含义,评价者一方面要观察教师讲解知识的能力,包括选用的教学资料是否满足学习所需,并且利于学生理解掌握;另一方面要留意教师根据学生课堂学习情况进行及时反馈的能力,要记录是否有令人印象深刻的做法及教师需要改进的地方。

3. 教师是否鼓励学生积极思考并观察学生的学习效果

评价者特别需要留意教师采用了哪些方法或教学技巧,鼓励学生自主思考并交流观点。同时,教师采取了哪些措施调动学生的积极性,引导学生主动参与课堂学习活动。此外,还要记录教师是否能有效判断学生对所学知识的掌握情况,以便及时调整教学方法或环节。

4. 教师的课堂管理水平如何

评价者要评判教师的课堂教学环节设计是否合理,能否达成课堂教学目标,比如教师能否有效掌控教学节奏,各环节的开展是否有条不紊,引入新知识和课堂总结等细节是否流畅自然,是否所有学生,不论座位远近,都能清楚看到和听到教师的教学过程等。

在评价之后,评价者应及时对评价结果给予解释或反馈,提供针对性改进意见和教学改进建议,便于教师依据评价结果改进教学。

(三) 教师对学生的评价

教师对学生的评价可以从学业和综合素质两个维度进行。

1. 学业评价

有效的评价能融洽师生的情感,激发学生学习的主动性,让课堂充满生机和快乐。在教学过程中，教师应深入推进课程考核改革，采用过程评价与结果评价、定性评价与定量评价、教师评价与学生自评、互评多主体评价相结合的方式进行学生评价。

传统学业评价过于重视课程结束后的总结性评价，缺乏对学生学习过程的关注，学生学习过程中的学习效果无法得到及时反馈，因此要将过程评价与结果评价相结合。

教学活动是高度复杂的专业性活动，难以简单地量化评价，简单的量化指标并不能反映学生学业的全貌。质性评价本质上并不排斥量化评价，而是为了更真实地反映教育现象。将量化评价统整于质性评价，并在适当场景中加以运用，定性评价与定量评价相结合，才能更好地发挥教学评价促进发展的功能。

就评价主体而言，提倡多主体参与评价，将教师评价与学生自评、学生互评相结合，教师对学生的评价有助于帮助学生发现自己没意识到的长处或不足，并给学生提供目标导向和方法导向，激发学生学习的内驱力。但不能将学生排除在评价主体之外，不应该剥夺学生参与建立评价标准和自我评价的机会，要让学生有机会与教师共同构建课程评价标准。

2. 综合素质评价

人的个性千差万别，智能结构也不尽相同，教育应以学生为本，对于学生发展的评价，要考虑学生的个体差异性，采用动态评价的方式，多措并举，为每个学生提供适合的教育，设计灵活多样的发展路径供他们选择。

由于学生所处的文化环境、家庭背景和自身的思维方式及素质的不同，学生与学生之间存在着个性差异，我们允许一部分学生经过一段时间的努力来达到目标，为此可采取延迟评价法，全面、客观、准确评价学生，用发展的眼光去观察、评价学生，有助于学生个性发展，有助于学生自我激励、自我反思，有助于学生、家长、教师之间的相互沟通，使教师与家长保持一致的教育目标。

五、学生评价

（一）学生对学校的评价

20多年前，国外采用一种新的评价方法，即学生参与的方法，来度量高等学校乃至整个高等教育的质量水平。这一方法弥补了以政府、学校或第三方机构等为主体进行评价的不足。

对学校进行评价的主体主要包括在校生、应届毕业生、毕业三年以上学生三类。在校学生满意度调查涉及对校园环境、学生工作和生活服务等学校总体满意度以及对专业、师资、课程等教学工作满意度。应届毕业生满意度调查内容在上述基础上增加社团活动满意度和就业指导服务评价等内容。毕业三年以上学生对学校人才培养工作的评价主要从对学校培养过程反馈、优秀毕业生培养反馈和社会声誉三方面开展，对学校培养过程反馈包括在校培养评价、教学评价、课程评价、能力培养分析、创新创业教育反馈等；优秀毕业生培养反馈包括对在校培养的评价、中期各项能力的达成度、对教学的评价、认为需要加强的课程类型、认为需要加强的通识教育、认为工作中职业素养的重要度和认为工作中职业发展能力的重要度等。

实践证明，学生评价是一种评价现代高等学校服务和现代高等教育服务行为的有效方式。我国有必要建立具有中国特色的大学生满意度调查和结果发布制度。这既是完善高等教育评估的需要，也是改善高等教育服务质量管理策略的需要，也是落实科学发展观、贯彻以人为本、以学生为本的需要，更是高等教育服务质量信息公开、透明的需要[1]。

（二）学生对教师的评价

学生对教师的评价主要从师德师风、教育教学能力、专业技能等方面进行。

对于课堂教学质量评价，教学态度方面，学生主要从教师备课准备、讲解（示范）、关心学生、课堂管理、课外辅导等方面进行评价；教学内容方面，学生主要从教学目标、教学内容、实践教学和教学重难点方面进行评价；教学方法方面，学生则从教学组织、语言板书、动作示范、信息化教学手段等方面进行评价；最后，从课堂氛围、知识、能力和素质提升、教师教书育人等方面评价教学效果。

（三）学生自评

心理学家卡尔·罗杰斯提出教学要"以学生为中心"，他主张让学生确定学习目标和评价标准，通过自我评价成为自我负责的学习者。1998年，联合国教科文组织提出，高等教育需要转向"以学生为中心"的新视角和新模式，要求各国重视学生在高等教育改革中的地位，关注学生和学生的需要。因此，高职院

---

[1] 欧阳河. 应建立大学生满意度调查制度 [J]. 教育与职业, 2009 (28): 22.

校要积极构建"以学生为中心"的评价体系,从"课堂、教师、教材"三中心向"以学生为中心"转变,具体来说,即"以学生学习为中心、以学习效果为中心、以学生发展为中心"。

1. 学业评价

"以学生为中心"的教学评价要突出学生的主体性地位,让学生参与学业评价标准的制定,应以学生学习效果而不是以教师教学效果作为评价标准,以促进学生学习和学生发展。

"以学习效果为中心"的教学评价应该由传统关注教师教转移到更加关心学生的学习效果,强调通过学生的发展状况反映教学质量,目的在于评价学生理解、应用知识的能力,培养学生自我评价能力,真正关注学生学习过程和成果,从而指导学生学习方向,激励学生持续努力。

"以学生发展为中心"的教学评价观强调思考学生为什么学、学什么、学生希望教师怎么教、学生应该怎么学等方面,评价内容更加多元、广泛,真正关注学生的发展、学习和学习成果。

2. 综合素质评价

学生在综合素质自评时,既要看到自己的优点与长处,也要正视自己的缺点与不足,既立足现实,又展望未来,有助于学生客观认知自我。学生从德智体美劳五个方面制订个人3~5年发展规划,确定个人发展目标和标准,包括现状分析、发展目标、主要任务、保障措施、规划实施等,对照发展规划,审视自身发展实际,对综合素质养成进行自评。

(四)学生互评

不管是学业评价,还是综合素质评价,要发挥朋辈的监督与帮助作用,学生之间互相进行评价,评价各目标达成度,根据达成结果进行深入反思,找到问题的根源,并对学习思路与方法进行调整。加强学生相互评价,可以改变以往只有教师评价的情况,确立学生课程评价主体的地位,有助于促进学生的发展,也有助于同伴间的相互竞争,培养合作意识和团队精神。

第三节 五环相扣评价体系的理论模型与实践探索

2020年9月22日,习近平总书记在教育文化卫生体育领域专家代表座谈会上强调，要抓好深化新时代教育评价改革总体方案出台和落实落地，构建符合中国实际、具有世界水平的评价体系。习近平总书记的重要指示批示为深化新时代教育评价改革指明了前进方向、提供了根本遵循。

依据高职教育质量保障理论，确保高职教育客体需求与主体需求相统一、高职教育人文主义价值与实用主义价值相统一和高职教育认识论与政治论相统一，基于整体思考的评价观和湖南特色职业教育监控体系建设模式，我们构建了"行业、企业、社会、教师与学生"五环相扣评价体系的理论模型，并在办学和人才培养过程中积极开展了实践探索。

一、理论模型

体育高职教育五环相扣评价体系中，行业评价是严谨且系统的，有不断完善的指标体系，更具有信服度，体现了评价的科学性；企业评价是现代体育高职人才培养价值的直接体现，更具有效度，体现了评价的结果性；社会评价是在特色的塑造、创新与构建方面进行的检测，重视的是内涵的差异性，而差异与特色正是生命繁衍的动力，因而实质上是在为继续腾飞搭建平台，更具新度，体现了评价的特质性；教师评价在现代体育高职人才培养的主要活动场所中进行，是对培养的人才与人才的培养的第一阶段评价，更具真实度，体现了评价的阶段性；学生评价是近年来新引入的评价方式，增强了评价结果的可信度，为人才培养模式的改进和提高提供更为明确的思路指引，更具角度新颖性，体现了评价的自主性。这五个评价环节共同构建了现代体育高职教育人文本位的科学性、结果性、特质性、阶段性、自主性的多边评价体系。

现代体育高职人才培养五环相扣评价体系要坚持以学生为中心，促进学生全面发展，以教师与学生评价为核心，健全学校内部质量保障体系，引导教师潜心育人的评价制度更加健全，促进学生全面发展的评价方式更加多元，改革学校评价，推进落实立德树人根本任务；同时在党委和政府教育工作评价改革中，接受行业、企业和社会等外部评价，将外部质量评价的动力传导转化为高职院校内部质量决策、质量标准、质量制度、质量生成、质量改进、质量文化的内生动力与效能，促进高职教育外部质量评价体系与高职院校内部质量保障体系的协调联动、有效衔接，形成体育高职人才培养质量保障内外耦合、闭环反馈、持续改进、正向提升的多元协同治理体系。现代体育高职人才培养五环相扣评价体系的理论模型见图7-2。

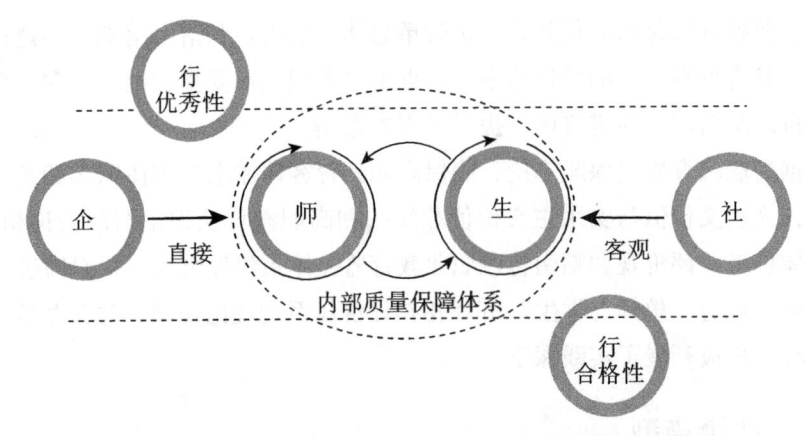

图 7-2　现代体育高职人才培养五环相扣评价体系的理论模型

二、实践探索

以湖南体育职业学院为例，学院多年来以行业、企业、社会、教师与学生为评价主体，以学校、专业、课程、教师和学生为评价客体开展了积极的探索，取得了显著成效。

（一）行业评价

学院在湖南省教育厅"三查"和"三评"质量监控模式下，积极参加教育行政主管部门开展的各项评估、督查、重点项目申报与遴选、教师与学生各类技能比赛。学院在教育部人才培养工作水平评估中被评为"优秀"等级，是湖南省职业院校示范性（骨干）院校，拥有中央财政支持的职业教育实训基地和提升专业服务产业发展能力建设项目，社会体育专业建成了湖南省职业教育特色专业，运动训练与教育专业群为湖南省职业院校一流特色专业群培育项目，运动训练专业立项为省级专业教学团队。推拿手法学教学团队不畏强手、迎难而上，参赛作品《手随心转、法由心生》荣获2020年湖南省职业院校教师职业能力竞赛思想政治教育教学能力比赛课程思政说课比赛二等奖；在湖南省第五届普通高等学校青年体育教师课堂教学竞赛中，荆伟等老师分别荣获高职专科公共课组一等奖、专业理论组二等奖和专业术科组三等奖。

学院积极开展院级精品在线开放课程建设，以院级课程建设为基础，积极申报省级精品在线开放课程，短短两年时间，6门课程认定为省级精品在线开放课程，2门课程入围省级精品在线开放课程建设项目。教材建设成效显著，《运动人体科学基础》被推荐为全国优秀教材（体育职业教育类），《实用体育管理学》被认定为湖南省职业教育优秀教材。《体育营销策划实务》和《中医传统疗法》确定为全国体育高等职业教育核心教材。

学院在接受湖南省教育行政管理部门的质量监控与评价的同时，接受体育行业协会和体育行业指导委员会对教师教学能力、专业技能和学生体育职业技能的评价。

自2012年承办国家体育总局科教司主办的首届全国高等体育职业院校教师基本功比赛以来，学院成绩在全国体育职业院校中名列前茅，特别是在2019年国家体育总局科教司主办、黑龙江冰雪体育职业学院承办的全国高等体育职业教育教师技能大赛中，荣获五个一等奖和一个二等奖。罗鑫老师荣获第七届湖南省体育行业职业技能竞赛跆拳道个人项目一等奖，被湖南省人力资源与社会保障厅和省总工会授予"湖南省技术能手"和"湖南省五一劳动奖章"荣誉称号。

在2019年全国高等体育职业教育学生技能大赛中，学院学生荣获三个团体一等奖、一个团体二等奖、五个个人一等奖、两个个人二等奖；创业项目在国家体育总局科教司指导、全国体育院校体育产业创新创业服务平台主办的全国大学生体育产业创新创业大赛总决赛中斩获一银一铜，创业项目《功夫小子》以湖南黄炎培职业教育奖创业规划大赛一等奖第一名的成绩入围国赛，荣获第四届中华职业教育创新创业大赛二等奖。各专项学生在湖南省大学生武术、羽毛球、足球、篮球等比赛中屡获佳绩。

学院毕业生初次就业率和对口就业率名列前茅，毕业生创业积极性和成功率均高于同类院校毕业生，湖南体育职业学院为湖南省普通高等学校就业工作"一把手工程"优秀单位。

这些成绩的取得是行业对学院办学水平和人才培养质量的高度肯定，充分体现了学院在人才培养质量方面的显著成效。

（二）企业评价

多年来，学院深入开展校企合作，校企共同开展人才培养工作，企业专家参与专业合格性评估，对专业建设进行评价；企业专家参与专业课程考核、毕业设计指导和实习实训指导，对学生进行客观评价；同时参与毕业生跟踪调查，对毕业生知识、能力和素质进行评价。

第三方机构麦可思公司出具的 2019 年度毕业生就业质量年度报告显示：用人单位对毕业生、学校的人才培养工作和招聘会组织的满意度评价均较高，具体数据见表 7-18。

表 7-18　2019 年度用人单位满意度调查

调查项目	很不满意（%）	比较满意（%）	满意（%）	非常满意（%）
对毕业生的满意度	0	12.5	47.5	40
对人才培养工作的满意度	0	7.5	45	47.5
对招聘会组织工作的满意度	2.5	15	42.5	40

数据来源：麦可思-湖南体育职业学院 2019 年度毕业生就业质量年度报告。

特步（中国）有限公司、北京中体健身发展有限公司和北京浩沙健身有限公司等合作企业都认为学院办学紧密对接体育行业产业，专业定位准确，布局科学合理，课程体系科学，构建五环相扣人才培养模式，体教融合培养新型体育人才。用人单位普遍反映学院毕业生综合素质高、能吃苦耐劳、学习能力强，迅速成长为企业的技术骨干和管理骨干，各专业毕业生供不应求，各大企业主动要求和学院建立校企合作关系，都充分肯定了学院的人才培养质量和办学水平。

（三）社会评价

学院非常重视社会声誉，在社会评价方面，一方面委托第三方机构开展人才培养质量评价，另一方面积极探索学生家长评价机制与方式方法。

1. 委托第三方机构开展人才培养质量评价

（1）湖南体育职业学院毕业生就业质量年度报告（麦可思公司）

学院从 2019 年起委托第三方机构麦可思公司撰写湖南体育职业学院毕业生就业质量年度报告，全面客观地反映了学院办学水平和人才培养质量。报告内容包括毕业生就业基本情况、就业特点、就业相关分析、就业发展趋势以及对教育教学的反馈。

在专业体系方面，2019 年的报告明确指出专业体系特色鲜明，通过大力推进"学、研、训、赛、产"五环相扣的人才培养过程改革，按照"优化示范特色专业、改造一般传统专业、增设新兴交叉专业"的建设思路，不断调整专业结构、优化专业布局、凝练专业方向、汇聚学术队伍、构筑专门高地，正加快构建

"以体为主，以经、教为两翼，医、艺、文、管多学科协调发展"的专业格局。2020年的报告指出，学院在专业建设方面形成了专业领域的五大融合，即体教融合、体医融合、体艺融合、体产融合、体军融合，着力打造了竞技体育文化、群众体育文化、体育教育文化、体育产业文化等专业文化特色。

在人才培养模式方面，2020年度报告指出，学院人才培养模式先进，积极构建实施了"目标环、机制环、过程环、活动环、评价环"相结合的现代体育高职人才培养的五环模式，具体是将学生培养成为具有鲜明国格、聪颖智格、健康体格、健全人格、高尚品格的"五格"人才，形成由政府、行业、企业、学校、社会五方共同参与的办学机制，践行"学、研、训、赛、产"相结合的专业人才培养路径，推行求真、求善、求美、求实、求创相结合的育人活动体系，实施行业、企业、社会、教师、学生共同考核的评价方式。

在人才培养质量方面，2020年度报告指出，学院秉承"一切为了学生、为了一切学生、为了学生一切"的宗旨，遵循"厚德、强能、尚勇、创新"的校训，营造了"全员育人、全程育人、全方位育人"的校园文化氛围，建立了学校、家庭、社会、用人单位四方联动的育人机制；打造了运动训练与教育一流特色专业群；在全国11个体育类专业中牵头制定了社会体育、健身指导与管理、电子竞技运动与管理3个国家级专业教学标准；学院全面实行毕业证和职业技能证"双证书"制度，近三年来，有两千余名学生通过了行业主管部门组织的各类职业鉴定考试，资格证书取证率在90%以上。学院定向士官生培养效果显著，得到中央军委、省军区、省武警总队及省教育厅、省体育局等单位领导的充分认可和高度评价。

学生就业前景宽广。2020年度报告指出，学院依托湖南体育职业教育集团，与省内外一批知名体育企业或教育机构签订合作办学及就业协议，大力实施"订单式"人才培养，先后与湖南壹比壹教育科技有限公司（新引擎）、湖南安踏体育用品公司签订了产教深度融合协议；并与武汉体育学院、衡阳师范学院、湖南人文科技学院、怀化学院、湖南农业大学和涉外经济学院等开展专升本合作办学，与湖南师范大学、湖南农业大学、湖南工业大学建立研究生联合培养基地，搭建了毕业生继续教育平台。多年来，毕业生初次就业率均保持在90%以上，为社会培养了一大批基层体育教师、教练、社会体育指导员、保健康复人员、体育经营管理人员等行业企业一线的优秀体育人才，深受社会和用人单位的好评。

(2) 2019 广州日报高职高专排行榜

"2019 广州日报高职高专排行榜"以职场竞争力指数、教育竞争力指数、品牌竞争力指数和二次评估指数四个一级指标建构综合指数，科学评价 1400 所高职高专，推出"2019 广州日报高职高专排行榜——TOP100"以及五个子榜单。湖南体育职业学院以 99.81 的得分，荣登 2019 广州日报高职高专职场竞争力排行榜全国第 2 位（图 7-3）。

榜单证明，学院毕业生就业率高，收入高，职场竞争力强，反映了学院在教学改革、教学能力、人才培养质量等方面取得的成绩，办出了真正让学生安心、家长放心、社会认可、人民满意的高等职业教育。

2019广州日报高职高专排行榜 — 职场竞争力TOP100

排名	院校	职场竞争力指数	所在地区
1	深圳职业技术学院	100.00	广东
2	湖南体育职业学院	99.81	湖南
3	上海电影艺术职业学院	99.66	上海
4	上海工艺美术职业学院	99.65	上海
5	浙江工贸职业技术学院	99.47	浙江
6	北京青年政治学院	99.31	北京
7	杭州职业技术学院	99.10	浙江
8	北京经贸职业学院	99.01	北京
9	温州职业技术学院	98.99	浙江
10	安徽现代信息工程职业学院	98.43	安徽
11	浙江广厦建设职业技术学院	98.41	浙江
12	上海旅游高等专科学校	98.31	上海
13	北京工业职业技术学院	98.26	北京

图 7-3　2019 广州日报高职高专排行榜——职场竞争力 TOP100

2. 构建职业教育家长评价体系

2020 年 10 月，中共中央、国务院在《深化新时代教育评价改革总体方案》

中指出要通过信息化等手段,探索学生、家长、教师及社区等参与评价的有效方式,客观记录学生品行日常表现和突出表现,特别是践行社会主义核心价值观情况,将其作为学生综合素质评价的重要内容。

鉴于高等职业教育与基础教育的特点,职业院校和家庭受时空限制,学校与家长关系比较松散疏离,为充分发挥家长在职业教育质量中的积极作用,学院努力突破时空限制,积极构建院、系、导师三级家校联系长效机制,积极开展家校互动,家校协同育人,取得了一定的成效。

(1) 构建院、系、导师三级家校联系长效机制

第一,在学院层面,在一站式服务平台上设立职业院校网上家长学校,成立家长学校校务会,搭建学校和家庭的沟通平台,设置家校互动用户个性化页面,家长通过账号登录,及时了解学校有关教育工作的各项政策、规章制度和学校的动态;开辟家长论坛,举办网上家庭教育讲座,使原本单一作用的教育活动成为家校互动的活跃主体,充分发挥信息技术对教育的推动融合功能,使信息技术成为学校家庭联动的有效载体。期待网上家长学校能够在职业院校中得到推广,届时可以由省级教育行政主管部门开展示范家长学校评选活动。另外,在每学期期末,学校通过家校互通等手机软件将孩子的学业成绩、在校期间的表现和学校有关注意事项以信函的方式发送到家长手机端,进一步加强家校沟通,提升协同育人成效。

第二,在系部层面,借鉴中小学幼儿园家长委员会的成功经验,探索职业院校家长委员会制度,通过系部家长委员会动员组织家长参与系部教育教学活动和管理工作,为家长学校建言献策。把家长委员会作为建设依法办学、自主管理、民主监督、社会参与的现代大学制度的重要内容,作为发挥家长在教育改革发展中积极作用的有效途径,作为构建学校、家庭、社会密切配合的育人体系的重大举措。

第三,建立学生成长导师制度和职业院校家校走访制度,建立班级家长微信群和导师-家长微信群,畅通家校联系的有效通道。学生入校后,为每个学生配备一名成长导师,原则上一位老师最多担任10个学生的成长导师,成长导师全面负责学生思想教育、学业指导和职业生涯规划等;同时借鉴中小学家访制度,探索职业院校家校走访制度,规定辅导员和成长导师定期开展特殊学生群体走访和一般群体抽样走访工作。

（2）积极开展家校互动

第一，精心组织新生家长见面会，上好家长学校"第一课"。在新生来校报到那两天，组织来校的家长参加新生家长见面会，介绍学校的发展历程、办学成就、校园环境、校园文化、专业建设和师资队伍建设情况，让家长了解学校的人才培养情况，了解学生未来三年在学校的成长发展路径以及家校如何协同育人，促进学生身心健康成长、德智体美劳全面发展等。同时选举具有正确教育观念、热心职业教育工作、富有奉献精神、具有一定组织管理和协调能力、善于听取意见、办事公道、责任心强的家长参加家长学校校务会，对学校的发展规划、教育教学安排和管理工作进行评价与监督，为学校的发展献计献策；广泛听取家长对学校的意见和建议。

第二，以系部家长委员会为依托，邀请家长定期来校观摩公开示范课或教研教改课，让家长走进学校、走进课堂，近距离地了解学校教育教学情况，让家长客观、准确地评价教师；通过观摩学生的技能考核，评价学校的人才培养质量；邀请家长出席学校重大活动，见证学生的成长和学校的发展，如开学典礼、迎新晚会、毕业典礼、专业汇报演出、新年晚会、文化艺术节和周年庆典等大型活动；邀请士官学院学生家长参加孩子的入伍欢送会，共同分享喜悦与光荣，见证孩子的责任与担当。通过参与学校这些活动，家长对学校、教师和学生进行客观评价，有针对性地提出意见与建议，以便学校、教师及时调整、改进人才培养和教育教学工作。

第三，通过微信群，辅导员及时发布班级动态，成长导师通过学生的学业档案，通过与任课教师和学生沟通，定期向家长发布孩子在学校的思想动态、学业进展和行为表现，家长可以及时、全面了解孩子在校期间的思想、学习和生活情况，并随时可以与辅导员、成长导师沟通探讨孩子的教育问题；辅导员和成长导师也可以通过与家长的沟通深入了解学生的家庭背景、成长历程等情况，有的放矢开展成长辅导工作。学院将家校联系、协同育人落到实处、细处，真正做到家长和学校零距离沟通，在孩子成长的过程中不缺席，更好地关注到孩子的成长。

辅导员、成长导师和任课教师针对特殊学生群体定期开展走访，同时利用寒暑假时间或市场调研、实习检查等机会对一般学生开展抽样走访。学院欢迎家长在方便的时候走访学校，把家长教育的潜能充分激发出来。通过家校走访制度激发教师与家长交流的热情，让教师把对学生的情感自然地与家长对孩子的情感融合在一起。

院系党支部和行政负责人则通过调查问卷向家长了解辅导员、成长导师和任课教师在引导学生成长过程中的履职尽责情况,掌握家长对教师评价的第一手资料,及时进行反馈与整改,真正做到家校互动,共同提高人才培养质量。

总之,家长评价是职业教育评价中重要的一环,要充分调动家长的积极性,让他们真诚地参与到学校的各项活动中来,对学生的教育培养、教师的教育教学和学校的管理等进行评价与监督,切实提高职业教育质量。通过多年的实践,学院家校协同育人取得了良好的效果。毕业生的综合素质和核心竞争力也得到了兄弟院校的高度肯定和一致认可,学校的社会声誉不断提升,在省内外的影响力不断扩大。

(四)教师评价

教师是学院办学的主体,学院以教师为评价主体,在对学校、教师及学生评价方面开展了积极探索。

1. 对学校的评价

(1)总体满意度评价

通过听取学院发展规划、教职工队伍建设、教育教学改革、校园建设以及其他重大改革和重大问题解决方案、年度工作、财务工作、工会工作及其他专项工作报告,同时结合章程、规章制度和决策的落实情况、校内绩效、福利分配、教职工职务晋升、聘任、考核与奖惩情况,对学校开展总体满意度评价。

(2)对干部队伍的评价

通过领导班子述职述廉会议,对领导班子把握正确政治方向、发挥政治功能、履职尽责,担当作为、防范化解风险、科学谋划能力、遵守政治纪律、落实全面从严治党责任情况等方面进行评价。

通过中层干部述职述廉会议和干部选拔任用考核,从德、能、勤、绩、廉等方面,对中层干部和拟提拔干部进行民主评议,包括对干部队伍的总体评价和对干部个人的具体评价。

(3)对部门工作的评价

参与年度部门绩效考核,对系部的专业建设、课程建设、教学团队建设、教学管理、人才培养质量进行满意度评价;对教辅机构和职能部门的工作目标任务完成情况、履职情况、服务意识与服务质量进行满意度评价。

2. 对教师的评价

(1) 督导与专家评教

为促进教学质量的提升，坚持"督为手段，导为目的"的督导工作理念，学院建立了教学督导制度，通过督导和专家随堂听课、随机查课、公开课、示范课、集体评课、个别点评等形式开展教学督导。督导组主要工作职责是：参加校内有关教学工作的评价活动，通过深入教学一线对教师的教学情况进行监督、检查、指导、评价和沟通，对教师的教学内容和教学方法、教风、学风建设及教学管理等方面进行专题检查，对教师执行课程标准、教学计划、授课进度、教案、课堂教学、实习实训、作业布置与批改、辅导答疑、毕业设计等教学环节进行督查，对教师特别是中青年教师的教学能力进行培养和指导，帮助教师提高教学水平。

教学督导组对各教师课程教学质量督导检查的结果，将作为青年教师的年度考核、职称评定的参考依据。

(2) 同行评教

建立融知识、能力和素质评价于一体的课程教学评价标准，将课程教学组织、课程教学设计、课程设计实施、学生学习效果、课程教学系统和课程评价标准等要素纳入课程教学评价体系。创新课程评价方法和手段，开展课程考核方式改革，对课程教学中存在的问题进行及时诊改，引导教师和学生在课程实施与课程学习中自主成长和发展。

以教研室为单位，分课程小组开展各种教研教改活动。定期开展示范课展示与评教活动，以系部或教研室为单位，推荐教师进行示范课展示，全体老师集体观摩。在评教环节中，首先由教师进行自评，然后由课程小组成员和其他教师进行评价，在集体评课过程中，从教姿教态、教学语言、动作示范、队形变换、教学构思、课堂教学设计、教学组织、课程思政理念、教学方法与手段、教学效果等方面，对授课教师进行全面客观的点评，并对教学设计、教学组织和课程思政等进行深入的研讨。

期末开展教学文件检查工作，组织全体教师对课程标准、教学计划与教案的三统一及教案等级进行互评。

3. 对学生的评价

（1）建立学生学业档案

在教学中，给每位学生建立学业档案，档案记录了学生各学习阶段的学习情况。每一单元结束后都以评价报告单的形式对学生进行全面评价，并放进学业档案，让学生能够清楚地认识到各单元学习上的不足，同时也能够让老师对全班学生的学情有一个更清楚的了解；教师每月进行一次综合评价。

在课程教学工作中，教师充分利用诊断性评价、形成性评价和终结性评价等各种评价方式进行评价。在教育教学活动开始之前或进行之中，对学生的教育背景、存在问题及其原因作出诊断，以便"对症下药"，并据此进行教育教学设计。

在学生学习过程中，教师基于对学习全过程的持续观察、记录和反思，对学生的表现、所取得的成绩以及所反映出的情感、态度、策略等方面的发展做出评价，比如，对一节课或一个知识点之后的测验成绩或小组合作学习后的汇报给予肯定，其目的是激励学生学习，帮助学生有效调控自己的学习过程，使学生获得成就感，增强自信心，培养合作精神。

在学期末和学年末，教学活动告一段落后，注重考查学生整体掌握某门学科的程度，了解教学活动的最终效果，检验学生的学业是否最终达到了各科教学目标的要求。

教师在评价的过程中奉行有迹可循、有法可依的原则，注重评价的公正、科学、有效，注重评价方式，挖掘闪光点。评价首先是看学生在教学过程中的互动及反馈，其次应关注学生的学习能力、学习态度、情感和价值观的发展。评价主要在于及时地反映学生学习中的情况，促使学生进行积极地反思和总结，而不是最终给学生下一个结论。

（2）改革课程考核与评价方式

学院分公共基础课、专业基础课和专业核心课等课程大类，对课程考核与评价方式进行改革与创新，取得了显著的成效。

公共基础课理论考核不再以一张试卷闭卷考试的终结性考核方式进行，而是采用过程性考核的方式进行，如利用超星学习通的考试功能，在每节课结束时，以小测验的形式检验学生本次课的学习效果，期末取所有测验成绩平均值作为本门课程的理论考核成绩；除了用客观题考查学生对知识点的理解掌握情况，还用开放性的主观题考查学生的思维方式和分析问题、解决问题的能力。以这种方式

现代体育高职人才培养的五环模式
20年卓越体育工匠培养的"湘体"创新实践

引导学生端正学习态度，激发学生的学习兴趣，提高学生学习的主动性和积极性，也让教师及时了解每位学生每次课的学习效果，为教师及时调整教学策略提供即时信息反馈。除此以外，在期末设置实践考核项目，检验学生能力目标达成情况，如统计学应用课程设置了实践考核，运用Excel统计频数、计算统计指标、绘制统计图以及进行相关与回归分析等，考查学生运用统计学原理与方法解决实际问题的能力；大学生职业生涯规划课程要求学生撰写职业生涯规划并上台进行演讲；创业基础课程要求学生以小组为单位成立创业团队，选择创业项目，撰写创业计划书，并开展项目路演；文学欣赏课程设置了三个小组考核模块，以小组演唱的形式展现古典诗词的现代乐章，以诗歌朗诵及赏析方式品读中外现代诗歌之美，以戏剧表演方式品味戏剧中的百味人生。为提高学生的学习积极性，体现学生在考核与评价中的主体地位，增进评价效果，很多课程增加学生互评环节，评分方式由教师、每班各小组评委团或者全体学生打分，取平均分计入小组得分；英语、计算机和普通话等课程则采用以证代考的形式进行综合结业考核。

专业基础课除了专业理论考核，还设置了实践考核环节，如实用运动人体科学课程设置了识骨认标志、搭关节、展示运动形式、识韧带和骨骼肌的练习演示等实践考核模块，要求学生以小组为单位综合运用关节运动形式进行操课动作编排以及前往健身俱乐部真实职业环境完成相关考核，并以课件形式进行成果展示，综合考查学生的专业能力。大众健身营养学课程则设置了膳食调查、膳食评价和食谱制定等实操考核模块。

专业核心课理论课同样重视学生实践动手能力的培养，如社会体育活动策划与组织课程要求学生撰写一份社区调研报告、社会体育活动竞赛规程和社会体育活动策划方案或某运动项目的竞赛策划方案与竞赛规程等；体育市场营销课程则要求学生撰写营销策划方案。术科课程技能考核则采用统一考核的方式进行，校内同类课程师资和行业企业专家组成考核评委组，对学生的技术技能进行综合评价；篮球、足球、网球和羽毛球等对抗性的运动项目采用以赛代考方式进行考核；体操、跆拳道、套路等课程则采用技能展示的方式进行考核；表演类的课程，如摩登、拉丁、舞蹈编导和现代舞等课程，则采用以演代考方式，以小组为单位选择题材，进行音乐编辑与组合创编，最终以作品或节目形式进行展现。

这些课程考核方案，一是体现了理实一体化的教学要求，实践与理论相结合，既有测试认知水平的理论知识考试，又有以考核动作技能为主以及了解测试知识广度和运用为目的的实践操作考试；二是体现出过程与结果相结合，既重视学习的结果，又重视学习的过程，尤其是学生学习态度、情感和价值观的引导与培养；三是专业成绩与能力评估结合，既有各门知识课程和技能课程的成绩单，也有体现学习效果、个人素质和合作能力的作品；四是发挥了行业企业专家和学生等多元评价主体的作用和积极性。通过考核与评价改革，激发了学生的内在学习动力，学习主动性、积极性大幅提升，课程学习效果都大有改观，取得了显著成效。

（3）开展综合素质评价

在对学生的综合素质评价中，充分考虑学生的各项差异，充分尊重学生的个体差异，了解他们的需求与追求，从每个学生的实际出发，关注每个学生的发展过程和进步状况，结合学生的发展规划与发展状况，从德、智、体、美、劳五个方面进行评价，涵盖了好学勤学善学的学习能力、审问慎思明辨的思维能力、爱劳精技笃行的践行能力、竞争合作立人的竞合能力和乐业精业敬业的创业能力等职业核心能力培养和鲜明国格、聪颖智格、健康体格、健全人格、高尚品格等"五格"素养养成情况，具体指标体系见表7-19。

表7-19 综合素质评价指标体系

评价指标	评价内容
德	热爱祖国、社会责任、遵纪守法、集体观念、诚实守信、团结协作等
智	学习能力、思维能力、践行能力、竞合能力、创业能力等
体	健康生活方式、身体素质、心理健康、健全人格、情绪、意志等
美	人文素养、文化理解、审美感知、艺术表现、创意实践、文明行为等
劳	劳动观念、劳动习惯、劳动技能、劳动实践、劳动精神、工匠精神等

（五）学生评价

1. 学生对学校的满意度评价

学院建立大学生满意度调查制度，满意度评价分在校学生、应届毕业生和毕业三年以上学生三个群体展开。学生根据在校期间使用学校服务的经验，对学校服务质量做出主观评价后，量化为比较精确的满意度值，让学生从教育服务质量评价边缘走入评价中心，真正落实"以学生为本"的管理理念，办好人民满意的职业教育，从根本上改变了作为教育服务最重要的利益相关者的学生，其评价权十分脆弱甚至缺失的状况。

学院定期召开校友会会议，向校友介绍学院的办学成就和发展动态，同时了解校友对学校各项工作的满意度，并征求校友对促进学院发展的意见和建议。

根据调查结果，学院可以较全面地掌握各院系教育服务质量的情况，较准确地诊断出存在的问题，找到差距，制订相应的质量管理策略，对于学校的质量管理具有重大的现实意义。

参考麦可思公司在校学生对学校总体满意度评价，学院确定了在校学生对学校满意度评价指标体系，主要从校园环境、生活服务、学生工作和教学工作四方面开展，具体评价指标见表7-20。

表7-20 在校学生对学校满意度评价指标体系

一级指标	二级指标
1 校园环境	1.1 校风学风
	1.2 学校自然环境
	1.3 文娱体育设施
2 生活服务	2.1 学校的医疗服务
	2.2 洗浴条件与管理
	2.3 住宿条件与管理
	2.4 食堂服务与饭菜质量
3 学生工作	3.1 辅导员工作
	3.2 就业指导
	3.3 心理咨询与辅导
	3.4 社团活动
4 教学工作	4.1 专业建设水平
	4.2 师资队伍水平
	4.3 教学场地与设施设备

应届毕业生对学校满意度评价主要从学生工作改进需求、社团活动、就业指导服务、生活服务评价和教学工作五个方面开展，具体评价指标见表7-21。

表 7-21　应届毕业生对学校满意度评价指标体系

一级指标	二级指标
1　学生工作改进需求	1.1　辅导员或班主任专业素质
	1.2　辅导员或班主任工作
	1.3　学生社团活动组织
	1.4　学生资助服务
	1.5　解决学生问题情况
2　社团活动	2.1　体育户外类
	2.2　社会实践类
	2.3　公益类
	2.4　文化艺术类
	2.5　表演艺术类
	2.6　社交联谊类
	2.7　科技类
3　就业指导服务	3.1　求职成功的信息渠道
	3.2　就业指导服务总体满意度
	3.3　求职服务有效性（辅导求职策略、辅导面试技巧、发布招聘需求与薪资信息、辅导简历写作、直接介绍工作、大学组织的招聘会、职业发展规划）
4　生活服务评价	4.1　洗浴服务
	4.2　食堂饭菜质量及服务
	4.3　学校医务室服务
	4.4　宿舍管理与服务
	4.5　教室设备与服务
	4.6　学校保安服务
	4.7　学校交通服务
5　教学工作	5.1　专业建设水平
	5.2　师资队伍师德师风与教学水平
	5.3　教学场地与设施设备

注：此指标体系大部分源自麦可思公司。

毕业三年以上学生对学校满意度评价主要从在校培养评价、教学评价、课程评价、能力培养分析和创新创业教育反馈五个方面开展，具体评价指标见表7-22。

表 7-22　毕业三年以上学生对学校满意度评价指标体系

评价指标	评价内容
1　在校培养评价	1.1　各院系/专业毕业生对在校培养的评价 1.2　工作与专业相关/无关人群对在校培养的评价 1.3　职位晋升/未晋升人群对在校培养的评价 1.4　各类活动作用评价（社团活动、社会实践活动、文体活动或比赛、社区或志愿者服务、学术讲座、专题讲坛/讲堂、科学技术或专业相关竞赛、科研项目） 1.5　在校经历作用评价（获得校级及以上奖励、学生干部、在校入党、社团干部）
2　教学评价	2.1　对母校教学的满意度评价（教师指导的效果、与其他同学互动学习的经历、学业规划与来自教师的建议、理论与实际相结合的教学模式、跨学科学习经历、学习的自主性） 2.2　各院系/专业毕业生对母校教学的满意度评价 2.3　满意度低的教学环节的院系分析 2.4　职位晋升/未晋升毕业生对母校教学的满意度评价
3　课程评价	3.1　对专业课程设置的合理度评价 3.2　希望加强培养的课程类型（实践实训课程、专业核心课程、跨专业的拓展课程、公共课程） 3.3　各院系/专业毕业生对专业课程设置的合理度评价 3.4　通识教育对职业发展的重要度 3.5　各类通识教育需要加强的比例（综合素质类、自然科学类、社会科学类、人文社科类、公共艺术类） 3.6　对通识教育的满意度评价 3.7　各院系/专业毕业生对通识教育的满意度评价
4　能力培养分析	4.1　在校经历对基本能力的影响（理解性阅读、批判性思维、服务他人、针对性写作、科学分析、协调安排、有效的口头沟通、新产品构思、解决复杂的问题、积极学习） 4.2　职业发展中期基本能力的达成度（能力同上）

续表

评价指标	评价内容
4 能力培养分析	4.3 职业素养达成度（环境适应能力、协作解决问题能力、压力承受能力、信息获取和选择能力、洞察力、责任约束感、策略谋划能力、忠诚度认识）
	4.4 职业发展能力达成度（持续学习能力、自我定位能力、职业规划能力、资源掌控能力、自我行销能力、工作搜寻能力）
5 创新创业教育反馈	5.1 创新创业教育的参与度和有效性（创业辅导、创业实践、创业教学课程、创业竞赛活动）
	5.2 创新创业教育最需要改进的地方（课程、实践活动、教学方法、教师实践经验）

注：此指标体系主要源自麦可思公司。

2. 学生对教师的评价

让学生评价教师、挑战教师，通过生评师，培养学生不唯书、不唯师，只唯实的求知精神，重建民主、和谐、平等的师生关系。在每一次教学评价之后，学院将评价结果反馈给教师，为教师改进教学提供建议，促进教师教学专业化发展，达到教学相长的目的。学生对教师的评价主要从师德师风、业务能力、教学行为、课程教学内容、实践教学和教学效果六个方面进行，具体评价指标见表7-23。

表7-23 学生对教师的评价指标体系

	评价指标	主要内容
1	教师师德师风	在品德、行为方面能为人师表，以身作则；爱岗敬业、无私奉献
2	教师业务能力	专业理论知识扎实、专业技能过硬、教育教学水平高
3	教师教学行为	重视出勤考评、有计划地组织课堂教学、语言表达清晰明确、使用插图或举例解释教学难点、要求提交实训报告、提供案例或事例讨论、反馈作业、要求完成作业或任务的课堂陈述、重视课堂互动环节、明确传达课程目标和要求、重视教学内容的趣味性、课后提供辅导答疑、要求预习和复习、注重启发式教学、注重课程学习挑战性
4	课程教学内容	实践与理论的结合、实践与理论教学比例分配、学科间的交叉与融合、知识面、介绍本专业发展动向
5	课程实践教学	老师指导和示范情况、与专业培养目标及职业岗位的关联度
6	课程教学效果	学生思想素质和道德品质的提高、动手能力、跨学科学习能力培养、学习兴趣的激发、学习的自主性

注：此指标体系主要源自麦可思公司。

3. 学生自评与互评

在学业评价中，学生以学时为单元，根据教师设定的知识、能力和素质教学目标，进行自我评价和学生互评，评价各目标达成度，并根据达成结果进行深入反思，找到问题的根源，并对学习思路与方法进行调整。

在开展综合素质评价时，学生在导师的指导下，从德智体美劳五个方面制订个人3~5年发展规划，确定个人发展目标和标准，包括现状分析、发展目标、主要任务、保障措施、规划实施等。每学期末，学生对照发展规划，审视自身发展实际，对综合素质，尤其是"学、思、行、竞、创"职业核心能力和"鲜明国格、聪颖智格、健康体格、健全人格、高尚品格"的"五格"素养养成进行自评和互评，综合教师评价、自评与互评结果，编写学期自我发展诊改报告，再修订个人发展目标和标准，继续规划实施、反馈修正。

通过自评，学生更加客观认识自我，能够主动加强自律，自我管理更加有效；通过学生互评，学生更加全面了解自己目前的状态，既看到自己的成绩，也看到自身存在的不足以及与优秀同学之间的差距，有效地调动了学生的学习热情，营造比、学、赶、帮的学习氛围，激发了学生在竞争中合作、在合作中竞争的意识，培养了学生的团队意识和团结协作精神，促进了学生的全面发展。

通过以上评价，学生对学校人才培养工作和自我发展都较为满意。毕业生在就业、创业之后，非常乐意回到母校向老师汇报思想、工作情况，组织同学会，积极参加毕业生座谈会、校园文化艺术节、专业教育、创业宣讲会、系庆等活动；部分优秀毕业生迅速成长为行业企业的技术能手和中高层管理人员，欣然接受各专业的课程教学工作；成功创业的毕业生主动与学校建立校企合作关系，如湖南晨曦青少年体育俱乐部、长沙博思德文化教育咨询管理有限公司、湖南菲特尼斯体育健康发展有限公司、长沙市金仑道馆、湖南多艺猴艺术体育培训有限公司、湖南壹比壹教育有限公司等，设立订单班，设置奖学金，资助贫困学子完成学业，为广大学弟学妹提供就业机会，真正体现了体院学子立足体育、服务社会、勇于担当的社会责任感。

参考文献

[1] 新华社. 国家中长期教育改革和发展规划纲要（2010—2020年）[EB/OL]. (2010-07-29) [2020-10-14]. http://www.gov.cn/jrzg/2010-07-29/content_1667143.htm.

[2] 国务院. 国务院关于加快发展现代职业教育的决定[EB/OL]. (2014-06-22) [2020-10-14]. http://www.scio.gov.cn/ztk/xwfb/2014/gxbjhzyjyggyfzqkxwfbh/xgbd31088/Document/1373573/1373573.htm.

[3] 教育部. 现代职业教育体系建设规划（2014—2020年）[EB/OL]. (2014-06-16) [2020-10-14]. http://old.moe.gov.cn/publicfiles/business/htmlfiles/moe/s8159/201406/170737.html.

[4] 国务院. 国务院关于印发国家职业教育改革实施方案的通知[EB/OL]. (2019-02-13) [2020-10-14]. http://www.gov.cn/zhengce/content/2019/02/13/content_5365341.htm.

[5] 教育部. 2019年全国教育事业发展统计公报[EB/OL]. (2020-05-20) [2020-10-14]. http://www.moe.gov.cn/jyb_sjzl/sjzl_fztjgb/202005/t20200520_456751.html.

[6] 教育部. 教育关于印发《高等职业教育创新发展行动计划（2015—2018年）》的通知[EB/OL]. (2015-10-19) [2020-10-15]. http://www.moe.edu.cn/srcsite/A07/moe_737/s3876_cxfz/201511/t20151102_216985.html.

[7] 刘晓莹. 创新人才驱动未来制造业[N]. 科技日报, 2015-09-06.

[8] 教育部. 高职扩招专项工作情况发布[EB/OL]. (2019-05-08) [2020-10-15]. http://www.moe.gov.cn/fbh/live/2019/50620/.

[9] 教育部. 教育部办公厅等六部门关于做好2020年高职扩招专项工作的通知[EB/OL]. (2020-07-10) [2020-10-15]. https://gaokao.chsi.com.cn/gkxx/zc/moe/202007/20200710/1940392905.html.

[10] 新华社. 中共中央 国务院印发《"健康中国2030"规划纲要》[EB/OL]. (2016-10-25) [2020-10-15]. http://www.gov.cn/zhengce/2016/10/25/content_5124174.htm.

[11] 国务院. 国务院关于加快发展体育产业 促进体育消费的若干意见[EB/OL]. (2014-10-

20) [2020-10-15]. http://www.gov.cn/zhengce/content/2014-10/20/content_9152.htm.

[12] 搜狐网. 国家体育总局关于印发《体育产业发展"十三五"规划》的通知 [EB/OL]. (2017-03-10) [2020-10-15]. https://www.sohu.com/a/128498362_495062.

[13] 国家体育总局. 全国体育人才发展规划（2010—2020 年）[EB/OL]. (2011-03-07) [2020-10-15]. http://www.sport.org.cn/search/system/ldrs/2018/1114/193451.html.

[14] 金吾伦. 跨学科研究引论 [M]. 北京：中央编译出版社, 1997.

[15] 魏宏森, 曾国屏. 系统论——系统科学哲学 [M]. 北京：世界图书出版公司, 2009.

[16] 国务院办公厅. 国务院办公厅关于深化产教融合的若干意见 [EB/OL]. (2017-12-19) [2020-10-17]. http://www.gov.cn/zhengce/content/2017-12/19/content_5248564.htm.

[17] 方卫华. 创新研究的三螺旋模型：概念、结构和公共政策含义 [J]. 自然辩证法研究, 2003 (11): 69-72, 78.

[18] 马树超, 郭文富. 高职教育深化产教融合的经验、问题与对策 [J]. 中国高教研究, 2018 (4): 58-61.

[19] 史旦旦, 马洁虹. 第一次工业革命对职业教育之影响——基于技术视角的诠释 [J]. 河北职业教育, 2010, 6 (2): 51-53.

[20] MORRAR R, ARMAN H, MOUSA S. The Fourth Industrial Revolution (Industry 4.0): A Social Innovation Perspective [J]. Technology Innovation Management Review, 2017, 7 (11): 12-20.

[21] 中国新闻网. 落子"工业互联网" 美国工业 4.0 着眼软实力 [EB/OL]. (2016-05-13) [2020-10-17]. http://www.gov.cn/zhuanti/2016-05/13/content_5072984.htm.

[22] Institut Montaigne. Industrie du Futur, Prêts, Partez [M]. Paris: Institut Montaigne, 2018.

[23] 安培. 日本"工业 4.0"与职业教育发展研究 [J]. 中国职业技术教育, 2017 (27): 28-32.

[24] 王永固, 许家奇, 丁继红. 教育 4.0 全球框架：未来学校教育与模式转变——世界经济论坛《未来学校：为第四次工业革命定义新的教育模式》之报告解读 [J]. 远程教育杂志, 2020, 38 (3): 3-11.

[25] 国务院. 国务院关于积极推进"互联网+"行动的指导意见 [EB/OL]. (2015-07-01) [2020-10-17]. http://www.gov.cn/gongbao/content/2015/content_2897187.htm.

[26] 李克强. 政府工作报告——2019 年 3 月 5 日在第十三届全国人民代表大会第二次会议上 [EB/OL]. (2019-03-05) [2020-10-17]. http://www.gov.cn/zhuanti/2019qglh/2019lhzfgzbg/index.htm.

[27] 韩锡斌, 葛连升, 程建钢. 职业教育信息化研究导论 [M]. 2 版. 北京：清华大学出版社, 2019: 41-43, 7.

[28] 习近平. 决胜全面建成小康社会夺取新时代中国特色社会主义伟大胜利——在中国共产党第十九次全国代表大会上的报告 [J]. 石油政工研究, 2017 (5): 19-42.

[29] 新华社. 中共中央、国务院印发《中国教育现代化2035》[EB/OL]. (2019-02-23) [2020-10-17]. http://www.gov.cn/zhengce/2019-02/23/content_5367987.htm.

[30] 教育部. 教育部 财政部关于实施中国特色高水平高职学校和专业建设计划的意见 [EB/OL]. (2019-04-01) [2020-10-17]. http://www.moe.gov.cn/srcsite/A07/moe_737/s3876_qt/201904/t20190402_376471.html.

[31] 杨娣. 德国职业教育"关键能力"及其践行的研究 [D]. 苏州：苏州大学，2017.

[32] 金雪云, 杜金莲. 借鉴德国经验的中国工程人才关键能力优化培养 [J]. 计算机教育, 2019 (8): 179-182.

[33] 余慧娟. 中英关键能力培养现状的分析与比较 [J]. 职教通讯, 2014 (22): 30-35.

[34] 肖化移, 邱滢滢. 国外高职学生职业能力标准的比较与启示 [J]. 职教论坛, 2016 (4): 87-91.

[35] 谭焱良, 罗薇. 大学生素质拓展活动教育研究 [M]. 长沙：湖南师范大学出版社，2008.

[36] World Economic Forum. The Future of Jobs [EB/OL]. (2019-11-18) [2020-10-17]. http://reports.weforum.org/future-of-jobs-2016/.

[37] 李梦卿, 杨秋月. 黄炎培职业教育思想的基本特征、影响及现代应用 [J]. 教育与职业, 2017 (2): 5-10.

[38] 中国劳动社会保障部. 《国家技能振兴战略》研究报告 [EB/OL]. (2013-11-22) [2020-10-17]. http://www.docin.com/p-709850141.html.

[39] ENNIS R. Critical thinking: a streamlined conception [J]. Teaching Philosophy, 1991, 14 (1): 5-24.

[40] 教指委. 高等职业学校专业教学标准制订指南 [EB/OL]. (2017-06-29) [2020-10-20]. https://wenku.baidu.com/view/e0e91615af1ffc4fff47ac4a.html.

[41] 劳耐尔, 赵志群, 吉利. 职业能力与职业能力测评：KOMET理论基础与方案 [M]. 北京：清华大学出版社，2010.

[42] 教育部. 教育部关于职业院校专业人才培养方案制订与实施工作的指导意见 [EB/OL]. (2019-06-11) [2020-10-20]. http://www.moe.gov.cn/srcsite/A07/moe_953/201906/t20190618_386287.html.

[43] 陈之西. 浅析现代学徒制与双元制的区别 [J]. 科技视界, 2018 (26): 171-173.

[44] 李博. 基于"产学官合作"的日本实践型高职教育模式 [J]. 教育与职业, 2017 (13): 104-109.

[45] 杨文杰, 祁占勇. 法国职业教育制度的发展历程、基本特征及启示 [J]. 教育与职业, 2018 (3): 30-36.

[46] 孙兴洋, 王万川, 邓光. 国外行业特色型高校办学特色及其对我国高职院校的启示 [J].

教育与职业, 2018 (9): 49-54.

[47] EICHHORST W, RODRIGUEZ-PLANAS N, SCHMIDL R, et al. A Roadmap to Vocational Education and Training Systems Around the World [J]. IZA Discussion Papers, 2012, 3 (3): 20-23.

[48] 马成荣. 新时代中国特色职业教育体系理论研究报告 [J]. 中国职业技术教育, 2019 (28): 16-21.

[49] 顾明远. 教育大辞典 [M]. 上海: 上海教育出版社, 1998.

[50] 徐纯, 谢莉花, 钱逸秋. 凯兴斯泰纳经典职教理论在现代职教理论中的延伸与创新 [J]. 教育与职业, 2018 (7): 26-33.

[51] 潘丽云, 何兴国. 基于机制设计理论谈职业教育校企合作机制 [J]. 教育与职业, 2020 (8): 46-50.

[52] 刘晓梅. 行业协会参与职业教育产教深度融合研究 [J]. 教育与职业, 2018 (17): 29-35.

[53] 龚方红, 周桂瑾, 俞林. 职业院校现代学徒制的理论架构及运行机制 [J]. 教育与职业, 2016 (17): 15-18.

[54] 张辉. 产教融合的方法学研究: 机理与逻辑 [J]. 中国职业技术教育, 2019 (31): 30-35.

[55] 潘海生, 王佳昕. 产教融合命运共同体的时代意蕴、路径选择与行动指南 [J]. 中国职业技术教育, 2019 (28): 22-27.

[56] 董树功, 艾頔. 产教融合型企业: 价值定位、运行机理与培育路径 [J]. 中国职业技术教育, 2020 (1): 56-61.

[57] 邢晖. 多元协同联动 推动职业教育发展 [N]. 光明日报, 2019-01-22 (13).

[58] 平和光. 关于推进职业教育体制机制深化改革的建议 [EB/OL]. (2018-08-17) [2020-10-21]. http://www.civte.edu.cn/zgzcw/jcll/201808/9c94ede9d114420487d7e223cbfa09a0.shtml.

[59] 中华人民共和国教育部. 教育部办公厅关于推荐全国行业职业教育教学指导委员会 (2020—2024年) 委员的通知 [EB/OL]. (2019-12-25) [2020-10-21]. http://www.moe.gov.cn/srcsite/A07/moe_953/201912/t20191227_413755.html.

[60] 黄才华. 职业教育教学改革中行业企业发挥作用的现状与模式研究 [J]. 中国成人教育, 2008 (21): 15-18.

[61] 郭扬. 近年来高职教育人才培养模式的七大转变 [J]. 中国高教研究, 2009 (5): 63-65.

[62] 习近平. 坚持和完善中国特色社会主义制度 推进国家治理体系和治理能力现代化 [J]. 求是, 2020 (1).

[63] 俞琬琳. 现代学徒制研究综述 [J]. 轻纺工业与技术, 2020, 49 (4): 192-193.

[64] 关晶. 英国学位学徒制: 职业主义的高等教育新坐标 [J]. 高等教育研究, 2019, 40 (11): 95-102.

[65] 陈云志. 澳大利亚集团培训学徒制经验及其对我国现代学徒制建设的启示 [J]. 教育与职业, 2018 (16): 82-86.

[66] 李隽. 浅谈加拿大高等职业教育模式 (CBE) [J]. 湖北函授大学学报, 2010, 23 (1): 21-22.

[67] 陈云霞. 高等职业教育人才培养模式研究 [D]. 兰州: 兰州大学, 2010.

[68] 孙兴洋. "中国教育现代化 2035" 视域下高职院校服务能力建设 [J]. 教育与职业, 2019 (9): 20-24.

[69] 孙福胜, 杨晓丽. 马克思恩格斯职业教育理论探析 [J]. 大连教育学院学报, 2020, 36 (1): 60-63.

[70] 张希希. 论活动教学理论的历史发展 [A] //中国地方教育史志研究会、《教育史研究》编辑部. 纪念《教育史研究》创刊二十周年论文集 (16) ——外国教育思想与人物研究 [C]. 中国地方教育史志研究会、《教育史研究》编辑部. 北京: 中国地方教育史志研究会, 2009: 3.

[71] 戴本博. 外国教育史 (上) [M]. 北京: 人民教育出版社, 1989: 12-286.

[72] 王钢城, 张军. 从理想到实践: 国家素质教育政策的演进 [J]. 当代教育科学, 2004 (20): 44-46.

[73] 杨理连. 高职素质教育与人才培养的协同性分析——以天津职业大学素质教育模式的实践探索为例 [J]. 职教论坛, 2012 (24): 56-58.

[74] 卢小平. 高职院校素质教育课程方案研究与实践 [J]. 职业教育研究, 2010 (3): 45-47.

[75] 方波. 摭谈高职素质教育之核心体系构建 [J]. 长春工业大学学报 (高教研究版), 2010, 31 (2): 58-61.

[76] 鲁伟. 课程论视阈下高职院校学生素质教育课程体系的构建 [J]. 中国职业技术教育, 2012 (20): 56-60.

[77] 王振宇, 秦光兰, 林炎琴. 为幼儿教育发现中国儿童, 为儿童创办中国幼儿教育——纪念陈鹤琴先生诞辰 125 周年 [J]. 学前教育研究, 2018 (1): 3-12.

[78] 陈鹤琴, 陈秀云, 柯小卫. 活教育 [M]. 南京: 南京师范大学出版社, 2012.

[79] 曹荣. 试论中职学生学习的重构——基于陶行知 "教学做合一" 思想 [J]. 交通职业教育, 2017 (2), 36-38.

[80] 顾明远. 学生成长在活动中——我提倡 "活动教育" [J]. 辽宁教育, 2014 (22): 42-44.

[81] 孟庆国. "有教养" 的高职生的养成之道 [J]. 湖北广播电视大学学报, 2009, 29 (1):

22-23.

[82] 白宛松. 习近平出席全国教育大会并发表重要讲话 [EB/OL]. (2018-09-10) [2020-10-25]. http://www.gov.cn/xinwen/2018-09/10/content_ 5320835.htm.

[83] 王金岗, 朱光东. 国际比较视野下高职教育评价中政府作用研究 [J]. 教育与职业, 2017 (5): 41-46.

[84] 韩喜梅, 潘海生, 王世斌. 职业教育质量第三方评估机制的国际经验与启示 [J]. 中国职业技术教育, 2019 (24): 73-80.

[85] 王江清. 评查协同 结果倒逼 省级职业教育质量监控体系建设模式探索 [J]. 中国职业技术教育, 2020 (22): 25-28.

[86] 郭广军, 金建雄. 高职教育外部质量监管评估体系研究 [J]. 中国职业技术教育, 2019 (25): 78-85.

[87] 姜大源. 职业教育学研究新论 [M]. 北京: 教育科学出版社, 2007: 26-28.

[88] 欧阳河. 应建立大学生满意度调查制度 [J]. 教育与职业, 2009 (28): 22.

后 记

自 2000 年开始招收第一届高职学生，湖南体育职业学院已走过 20 个春秋。2007 年我们凝练了"产、学、研、训、赛"五环相扣人才培养特色，2013 年开始实施"体育高职院校'五环模式'改革"（湖南省教育体制改革试点重点项目），2018 年系统提出现代体育高职人才培养五环模式，其间在理论研究与实践探索方面不断总结提炼、修正完善、实践推广，汇总之后形成本书。如今即将付梓，五环模式的探索终于取得了阶段性的突破。

五环模式的理论研究与实践探索，以湖南体育职业学院为主阵地，在体育高职教育这片沃土汲取了丰富营养的同时，也积累了生动的实践经验，全体师生的亲身实践为五环模式奠定了坚实的实践基础，并给予了最真实的实践反馈，使研究得以不断地深入、完善。

这是一个急速发展的时代，发展方向的多元性与不确定性对复合型技术技能的人才提出了更严峻的挑战。这是每一个职教人必须面对和思考的问题，原有的育人模式一定要做出改革：不要只关注育人的单一环节，对育人目标、机制、过程、活动、评价等方面要进行综合考虑，并将它们统一于育人过程中。五环模式是适应新时代体育高职教育发展新形势的一种育人模式，2019 年广州日报高职高专职场竞争力排行榜全国第二名的成绩，也证明了湖南体育职业学院现代体育高职人才培养五环模式的育人成效是显著的。

当然，任何模式都是时代的产物，具有鲜明的时代特征与一定的时代局限性，希望各行各业关心高职教育特别是体育高职教育的人士多给我们提出宝贵的意见，加入五环模式的探索中来，或将五环模式在其他行业育人过程中进行推介，不断完善复合型技术技能人才的育人模式，为社会主义现代化建设提供智力支持，为中华民族伟大复兴的伟业贡献力量。

本书的出版，需要感谢湖南农业大学李尚群教授和周原宇、余思辰两位硕士研究生，他们整理了大量文献，提出了许多宝贵意见，并提供了部分素材。

在本书的撰写过程中，我们参考了大量的文献资料。在此，我们向相关文献的作者表示诚挚的谢意，未能找寻到出处的作者请及时与我们联系。

由于时间仓促，加之作者水平有限，书中疏漏与不当之处在所难免，敬请广大读者批评指正，不胜感激。

2021 年 1 月